四当室杂钞

种道群◎著

北京燕山出版社
BEIJING YANSHAN PRESS

图书在版编目（C I P）数据

四当室杂钞 / 种道群著 . -- 北京 : 北京燕山出版社, 2020.2
ISBN 978-7-5402-5617-3

Ⅰ . ①四… Ⅱ . ①种… Ⅲ . ①文史 - 中国 - 文集 Ⅳ . ① C52

中国版本图书馆 CIP 数据核字 (2020) 第 017023 号

四当室杂钞

作　　者：种道群　著
责任编辑：王月佳
出版发行：北京燕山出版社有限公司
社　　址：北京市丰台区东铁匠营苇子坑路 138 号嘉城商务中心 C 座
电　　话：010-65240430（总编室）
传　　真：010-63587071
印　　刷：河北盛世彩捷印刷有限公司
开　　本：710mmx1000mm　1/16
字　　数：301 千字
印　　张：19
版　　次：2020 年 2 月第 1 版
印　　次：2020 年 2 月第 1 次印刷
定　　价：59.00 元

自序

南宋尤袤有遂初堂藏书三万余卷，为一时之冠。陆游戏称："异书名刻堆满屋，欠身欲起遭书围。"遂初居士尝言其于书："饥读之以当肉，寒读之以当裘，孤寂读之以当友朋，幽忧读之以当金石琴瑟。"斯乃真读书人，盖非真读书人不能道书之三味也。或曰：读经味如稻粱，读史味如肴馔，读诸子百家味如酰醢。其说终未如遂初所言四当切要也。今人读书，多以之为敲门之砖，一旦入仕则弃之不复顾矣，斯辈岂解的四当之三味哉。

余性愚昧，唯喜耽于书卷，尝见遂初居士四当之说，遂假之以为书斋名也。自退食后，老怀索寞，精力益衰，唯日以读书自娱耳。每遇罕闻之事，即录而存之，积二岁余得数百事，存之无益，弃之不忍，是以编纂是书。然余自知腹中之笥远逊当世学人，安知吾所以为罕见罕闻者乃博雅之士习见习闻者乎？既思付梓，则以《四当室杂钞》名之也。

种道群书于四当室

著雍阉茂仲夏

目录

卷一　　/ 1

卷二　　/ 35

卷三　　/ 69

卷四 / 103

卷五 / 147

卷七　　/227

卷一

八行书始于汉

旧时书信皆用一纸八行式，八行以红色为多，行之字无定数，今人称之旧式笺也。《后汉书·窦融列传》：“融玄孙章与马融、崔瑗同好。融与章书，书惟一纸，纸八行，行七字。”是知八行之书始于汉也。因书信多用八行书，是亦为之代名。《文苑英华》卷二一四引北齐邢劭《齐韦道逊晚春宴》诗“谁能千里外，独寄八行书？”唐李治《寄校书七兄》诗：“因过大雷岸，莫忘八行书。”宋梅尧臣《送辛都官知鄂州》诗：“愿君访旧迹，因报八行书”。是唐宋时人皆以八行书谓书信，犹鱼素、双鲤、鳞鸿、尺素、尺纸类。

八行书既行，文人雅士间鱼雁往来，诗作唱和，应运而生。书既八行，复择于纸，汉蔡邕非纨素不书，北宋时人亦择纸而书，盖佳纸宜书耳。此风既行，至清季民初而有所谓“彩笺”出。盖以上好宣纸暗印以诗词、花鸟、书画，故又以“花笺”“锦笺”“鸾笺”“银笺”称之。彩笺悦人，可谓锦上花也。旧京荣宝斋以水印制彩笺，其画乱真，尤为可贵。

笔虎李阳冰

处州仙都摩岩间有李阳冰所书小篆“倪翁洞”三字，其书瘦劲豪爽，乃阳冰于乾元间初为缙云令时所书。阳冰学书，初师李斯《峄山碑》，所游处遍搜上代碑刻，择其善者而学之，故其书艺日进。《国史补》记其学书近痴事，云：“绛州有碑，篆字与古文不同，颇为怪异。李阳冰见而寝处其下，数日不能去。验其文是唐初，不载书者姓名，碑上有‘碧落’二字，人谓之碧落碑。”今人言唐代书家，初则称欧阳询、虞世南、褚遂良、薛稷；开元后言楷则称颜真卿、柳公权，言草则称张旭、怀素，未有言阳冰者，殊不知阳冰之小篆实无望其项背者矣。《宣和书谱》二载：“方时颜真卿以书名世，真卿书碑，必得阳冰题其额，欲以擅连璧之美，盖其篆法妙天下如此。”阳冰亦尝自言曰：“斯翁之后，直至小生。曹嘉、蔡邕，不足言也。”故时人谓其“笔虎”。虎者，谓其才气雄杰也。《玉箱杂记》云：“曹植七步成章，号绣虎。”是子建为文中虎，阳冰为书中虎也。

笔冢

今人凡言草书者，莫不首推唐怀素，或谓其才智超人也。陆羽尝撰《怀素传》云：“疏放不拘细行，饮酒以养性，草书以畅志。酒酣兴发，遇寺壁、里墙、衣裳、器皿，靡不书之。贫无纸，乃种芭蕉万馀株以供挥洒。”是其习书之勤非常人可为之也。《国史补》云：“长沙僧怀素好草书，自言得草圣三昧。弃笔堆积，埋于山下，号为笔冢。”《零陵总记》亦云：“怀素台在郡东五里横陇之上。唐开元中，有僧怀素居是台，学者因谓之怀素台。有墨池、笔冢存焉。”夫秃笔既多，复为之冢，是亦敬之也。惜花者搜落英入冢，礼字者以弃纸焚化寺炉之中，皆以一心敬之也。怀素之笔冢实效之于智永。《书断》云：“永公住吴兴永欣寺，积年学书，后有秃笔头十瓮，每瓮皆数石。人来觅书，并请题额者如市，所居户限为之穿穴，乃用铁叶裹之，人谓‘铁门槛’。后取笔头瘗之，号为‘退笔冢’。”

夫一艺之成，心血融之也，非独诗书琴画，即百工之术，亦复如此。王右军临池学书，池水尽黑，其秃笔头当亦数石也。清王文治《论书绝句三十首》其十一云：“墨池笔冢任纷纷，参透书禅未易论。细取孙公书谱读，方知渠是过来人。”斯论甚善。

婢口退墨

余尝闻乾隆帝游江南，浙省官员贡龙井之茶，谓“乃谷雨时命二八少女以檀口采之”。噫，口多唾液，沾之必污，岂复有益，此阿谀之词也。近读《清代闺阁诗人征略》卷一，姚淑条载：“李研斋之继室曰钟山秀才，浮渲梳头凝妆特妙，每一出游则秦淮丽人争相窥仿。其婢墨池，性亦明慧，秀才常画兰竹，池辄侍侧。宜墨之淡，令以口受笔退其墨。李诗云：‘别有香在口，莫畏胭脂黑。’此墨池所由名矣。”以小檀口而退墨，是婢亦善画者也。兰竹雅品，水墨浓淡尤显精神，此婢女亦兰竹君子矣。处幽兰之室，芬芳必沐其身。昔郑康成有诗婢之佚事，秀才亦欲效之乎？红袖添香世之所罕，而秀才得退墨之婢，幸哉。

曹娥碑

《世说新语·捷悟》载魏武与杨修解曹娥碑事，然余嘉锡先生谓其皆妄也。盖曹娥墓在上虞，魏武未尝至上虞。即蔡中郎避难于吴，亦未尝至越也。《会稽典录》明言："曹娥碑在会稽中，而魏武、杨修未尝过江也。"以当时形势，孙权霸越，曹何以至上虞？盖因杨修知鸡肋而人附会耳。王弘撰谓："当时有两蔡邕，皆字伯喈，一阵留人，即中郎；一上虞人，以孝行举，终隐不仕，即辩柯亭之竹，撰孝娥之碑者也。事固有巧合者，遂致传讹耳。"

魏武之未至上虞，晓知三国形势人皆可知，然《世说新语》既撰之，而千百年来人皆以之为实，实为奇事也。余年来读书，逾感惑者增，抑孟子云尽信书，则不如无书乎？绩溪胡适之谓：读书当于无疑处有疑，斯言善矣。

东坡论琴乐

近岁，琴乐复兴，人多有乐之者，或曰：此雅乐也。呜呼，器之为乐，岂有雅俗之别哉。庄子《齐物论》有天籁、地籁、人籁之说，天籁者，"吹万不同，而使其自已也"；地籁者，"众窍是已"；人籁则"比竹是已"。是故雅俗之别在人而非器也。

夫琴者，周末春秋以来"礼崩乐坏"，"汉施郑声于朝廷，唐升夷部于堂上"（《宋史·乐志》引宋徽宗诏）。雅奏绝响，诗乐亦亡，琴声难免郑卫，然犹为中华之声也。东坡尝论琴乐曰："世以琴为雅声，过矣。琴正古之郑卫耳。今世所谓郑卫者，乃皆胡部，非复中华之声。自天宝中坐部与胡部合，自尔莫能辩者。或云今琵琶中有独弹，往往有中华郑卫之声，然亦莫能辩也。"（《苏轼文集》卷七一）

东坡所谓坐部与胡部合者，乃天宝十三年坐部（法部，或谓梨园法曲）

与胡部并，燕乐与其变体词曲乐则“皆胡部”。余谓琴乐既为中华正声，琴亦为中华古器，夫宋之琴即周之琴，今之琴亦即宋之琴。其历两千载，虽多有文化之变革，未尝改弦更张，其形体、乐律一如古制也。依东坡论，琴乐虽为“古之郑卫”，然究为“九代遗乐”也。世事变迁，人主好恶，琴亦不能免其舛运。唐人南卓《羯鼓录》记玄宗：上性俊迈，酷不好琴。曾听弹琴，正弄未及毕，叱琴者出曰：“待诏出去。”谓内官曰：“速召花奴，将羯鼓来，为我解秽。”

噫，帝王恶之，文士知乐者亦皆尚琵琶，不解琴声也。故白乐天作《琵琶行》，时人视为绝艺逸响。而韩退之赋《听颖师弹琴》诗，欧阳修讥为“自是听琵琶诗，非琴诗。”（苏轼《欧阳公论琴诗》）。至宋一改唐风，太宗喜琴，徽宗尝造“万琴堂”，遍搜天下名琴而蓄之。故余谓琴之兴实源于宋，虽中有式微，琴脉绵延，未尝绝也。

范仲淹论琴之中和之道

《范文正公文集·与唐处士书》述其尝与崔遵度论琴艺，崔遵度得琴道之人也，著有《琴笺》传世。文正公请于崔曰：“琴为何物？”崔曰：“清厉而静，和润而远。”文正公为之惑。归而思之，悟曰：“清厉而未静，去之者躁也；和润而不远，去之者佞也。不躁不佞，是为君子，此岂非中和之道乎？”复知与崔之相和者，唐处士也，故作书请焉。其书曰：“盖闻圣人之作琴也，鼓天下之和而和天下。斫琴之道大哉。秦祚之后，礼乐失驭。予嗟乎琴散久矣，后之传者，妙指美声，巧以相尚，丧其大，矜其细，人以艺观焉。”

呜呼，文正公一语中的，和者，吾中华之气度也。中华思想之真谛，中华艺术之精神，中华音乐之理想，尽在一和字矣。徐上瀛《溪山琴况》谓琴有二十四况，其首要之事即谓音和。琴家弄琴所寻者琴意之内涵也。吾谓中华之琴风，非求琴之音宏与巧技，而求其独特之音色，淳厚之韵味，深邃之内况也。陆放翁《老学庵笔记》载文正公操琴事曰：范文正公喜弹琴，然平日只弹《履霜》一操，时人谓之“范履霜”。夫《履霜操》传为西周之曲也。文正公有《鸣琴》诗曰：“思古理鸣琴，声声动金玉。何以报昔人，传此尧舜曲。”言其志也。

龚自珍不工馆阁小楷

龚定庵有清三百年第一狂士，然不工小楷，终失之殿考也。黄浚《花随人圣庵摭忆》云：“星伯先生曰：‘定庵不能作小楷，断断不得。如其夫人与考，则可望矣。’盖颉云夫人有书名也。”盖明清二代，科举中试者必重小楷，所谓“馆阁体”者也，其字必乌、方、光、大，朝廷虽无明诏，然主试者皆以之取士，故欲入试者必工其体也。余尝睹明清二代圣旨，所书字体皆所谓“馆阁”矣。

科举之试，虽有所囿，然其式既定，关乎天下士子，以之取舍，亦为中充，若八股之式，行之六百年未易，其岂无可取之处哉？窃谓馆阁之字，光明正大，绝类君子之行止，虽乏特异奇妙处，人尽可观也。朝廷取士盖用于政，政者正也，奈何特异奇妙。若以书家特异，代皆有之，张旭以狂草行世，其《郎官石记》楷法绝伦。如能工正书，随己所愿创新，何体不能为哉。若晋元帝之凤尾诺书，王羲之之龙爪书，齐武帝之花鸟之书，梁代孔敬通之反左书，唐代韦陟之五云书，虽向之连绵书，李后主之撮襟书、金错刀书，宋徽宗之瘦金书，陈尧佐之推墨书等，皆为创新之法，成一时之风尚也。然其所谓创新之书，无不以楷为本，无本则无枝，若无源则无流者也。以馆阁取士诚有失偏颇，亦天下大考之无奈何者哉，今之每岁高考，虽诟之者不断，于其大关节处终亦不可改易也。曾文正公尝上书咸丰帝书云：“自道光中叶以来，朝士风气专尚浮华，小楷则工益求工……衡文取士，大典也，而考差者亦但求小楷、试律之间。”文正公知馆阁之弊，然欲去馆阁而复以何体代之？抑或弃书者耶？其亦无言之也。

余方书左文，宗宝兄电吾书家之迹，观之不能辩，类云霉，似爬虫，几疑余外孙之涂鸦也。询之，云为今之大书家所谓“丑书”之作，呜呼，龚定庵不善馆阁而抱恨，今之丑书则大行于世，余无可言哉。

古乐今乐辩

今人有好托古以自重者，琴曰古琴，筝曰古筝，上古之时，八音皆备，岂独丝之一音耶？若以三代之器而曰古，则箫曰古箫，鼓曰古鼓，钟曰古钟，埙曰古埙也。为之乐亦然，或以某曲为唐宋传谱则名之曰古乐，其未知古乐今乐之别也。

《礼记·乐记十九》曰：

魏文侯问于子夏曰："吾端冕而听古乐，则唯恐卧；听郑、卫之音，则不知倦。敢问古乐之如彼何也？新乐之如此何也？"子夏对曰："今夫古乐：进旅退旅；和正以广；弦、匏、笙、簧，会守拊、鼓；始奏以文，复乱以武；治乱以相；讯疾以雅。君子于是语，于是道古；修身及家，平均天下，此古乐之发也。今夫新乐：进俯退俯，奸声以滥，溺而不止；及优侏儒，糅杂子女，不知父子，乐终不可以语，不可以道古。此新乐之发也。今君之所问者乐也，所好者音也。夫乐者，与音相近而不同。"

夫所谓"古乐"者，郑玄以为乃先王之正乐也。听"古乐"须整衣冠而危坐，情肃而端。赏"今乐"则身心兴奋不已也。子夏所谓"新乐"者，郑、卫之声也，盖许慎曰："郑卫，新声所出国也。"古乐之制乃为"道古""修身""平均天下"，即君之欲达治国理政而作。新乐之声，异于儒家所倡"乐德"，其声艳而溺人，故祭祀弗用也。《国语·晋语八》载：晋平公悦"新声"，师旷预其亡国。故《礼记·乐记》云："世乱则礼慝而乐淫，是故其声哀而不庄，乐而不安，慢易以犯节，流湎以忘本，广则容奸，狭则思欲，感条畅之气，灭平和之德。"嵇康《声无哀乐论》云："若夫郑声，是音声之至妙。妙音感人，犹美色惑志，耽槃荒酒，易以丧业。自非至人，孰能御之？"是故古乐之不传也久矣，今之唐宋传谱皆新乐，盖其或谱之诗词，或以琴箫而倚声，丝竹清越，缠绵哀怨，缓管繁弦，变化多端，皆郑卫之遗音，亦子夏所谓新乐者也。

古琴曲多魏晋人物

古琴名曲，情韵深厚，儒释道皆及。《鸥鹭忘机》表道家之冲虚，《泣颜回》述儒家之仁心，《普庵咒》则宣佛家之色空。余览《古琴秘谱遗存》凡百曲，心颇有感，盖古琴之遗曲，琴家多喜魏晋人物，噫，此岂无由焉。

窃以为魏晋之时，道既不行，内乱频生，外患相继，士夫逆于司马氏者，多遭杀戮。故斯时崇玄学，尚清谈，士夫多擅七弦，盖假琴而抒志，托兴而长啸，忘世虑于形骸之外而借以避祸也。夫竹林七贤概善乐，琴阮相和，佯狂山野，亦无奈之举矣。“夜中不能寐，起坐弹鸣琴”之阮籍，“目送归鸿，手挥五弦”之嵇康，“但识琴中趣，何劳弦上声”之陶潜，“人琴俱亡”之子敬，皆以不羁之行而谱魏晋之章也。观夫其清雅脱俗、飘逸不拘之迹，聆夫其清远雅健之琴，相得益彰矣。故后之琴家，继踪玄远，追慕名士，所制之曲多喜斯人斯事也。

若夫《酒狂》，状阮籍之醉态；《广陵散》述中散临刑东市，神气如故；《归去来辞》绘五柳之隐逸情怀；《梅花三弄》渲子遒之傲骨，托前人之逸事而言志，其意源于《诗》，而魏晋之风度跃然于弦上焉。

琴谱多传之于古，然魏晋人物之谱则自成一格，异于前而别于后，抚琴者不可不知。商周之时，礼乐盛行，文质彬彬，其琴曲蕴人之情志，若《神人畅》状部落祭祀，实表天人合一之意也。孔子作《归山操》乃夫子伤政道之凌迟，望山而怀也。至于唐，诗既行，其音铿锵，其意悠扬，若王摩诘之《阳关三叠》。宋人求韵外之致，尚哀怨之音，若《古琴吟》。明清之琴曲则多江山易代之悲，窘困人生之叹，若《梧叶舞秋风》者。

呜呼，晋人之琴全在性情，性愈真而其音愈纯，或有言琴之艺、琴之德者，追之于晋可也。《世说新语·伤逝》曰：“顾彦先平生好琴，及丧，家人常以琴置灵床上，张季鹰往哭之，不胜其恸，遂径上床，鼓琴，作数曲竟，抚琴曰：‘顾彦先颇复赏此不？’因又大恸，遂不执孝子手而出。”噫，此非高山流水之觅乎？此非知己情真之痛乎？此非伤逝缅怀之痴乎？非晋人不复有此举矣。

余尝颇赏张岱《陶庵梦忆》所言：“幸生岩壑之乡，共志丝桐之雅。

清泉磐石，援琴歌《水仙》之操，便足怡情。”独抒性灵，上追晋人，琴人之德也。处州有周丽萍君，嗜琴，尝与之论古之琴谱，复有此感。

广窑沙胎琴

琴之形制，魏晋前未定，间有变也，然其取材则无复变化。宋朱长文《琴史·尽美》谓：“琴有四美，一曰良质，二曰善斫，三曰妙指，四曰正心。四美既备，则为天下之善琴，而可以感格幽冥，充被万物。”以是知良材乃佳琴之首备也。《后汉书·蔡邕传》载：吴人有烧桐以爨者，邕闻火烈之声，知其良木，因请而裁为琴。果有美音，而其尾犹焦，故时人名曰“焦尾琴”焉。

琴之选材，自古多以梧桐居多，余偶阅《花随人圣庵摭忆》，其三十有“宋广窑琴”条，谓：“友人郑君颖孙，以音乐名，曩示余以宋广窑琴照片，故宫物也。言琴质至佳。后数月，余游景阳宫，得睹此琴，渊渊宝器，信为异物，惟清高宗旧题为瓷琴。近北平郭世五君，则考定为宋广窑沙胎，非瓷。”奇哉，以窑器制琴，余未之闻也。考广窑乃宋之瓷窑，位于广东阳江，宋南渡后始建。其胎质粗而色褐，器色多天蓝，惟不甚匀。釉厚处或作靛蓝，釉薄处或作灰蓝，无釉处色如黄酱。其言郭世五者，名葆昌，别号觯斋主人，尝任袁世凯门下庶务司丞。袁复辟帝制，郭为“洪宪”国陶务监督使，赴景德镇督烧“洪宪瓷器”。郭考其琴曰：

“其为器也，象制中程，修短合度。胎骨毕露，其质紫砂。徽中有文，填以白泑。维轸与足，悉皆白玉为之。龙池之中，有铭曰：‘维沙陶瓦，制从鸿濛。鸢飞鱼跃，为歌南风。’前述其制，后言其用也。风沼之内，则题‘修身理性’四字，盖用《琴操序》语。字作秦篆，深雕而罩以薄泑。其色月白，极晶莹澄澈之致。意者泑本周身，或以不尽平匀，或以滑不宜指，初以琴面砻治，浸淫遂及全体，观于临岳之下，馀泑微存，自是明证。审其制作，沙质而瓷泑，以指扣之，声如瓦缶，在宋惟广窑制器如此，他窑则否。”

又云：“埏埴之难，工作之巧，千百年未必能得一二。南宋至今数百年，仅有此器，不可谓非旷代之宝也。”

窃谓器之为乐也，舒其胸中大块耳。上古之时，所谓圣人制乐，焉有如此繁复之工艺哉？近时世风尚奢，故无论琴箫亦复趋奢，人既求于奢，其心必乱，心乱则不正，何来正声哉？闻有一琴价或百万者，若真琴人得之，可谓宝属其主，若藏于庸人之手，以其珍而耀于人前，则其琴亡矣。

汉时书写以点叠字

今人为书，於字之叠者，下辄作二点，几已成俗也。清王弘撰《山志》卷二“叠字”条载：“昔有人以问李西涯，西涯谓：‘非二点，乃古上字也。’然《后汉·邓骘传》有‘元二之灾’。章怀注云：‘元二即元元也。’古书字当再读者，即於上字之下为小二字，言此字当两度言之，后人不晓，遂读为元二。西涯未察也。……予谓以点叠字，此苟简之道，然可施之於草，不可施之於楷。”

余查《后汉书·邓骘传》：邓骘“拜为大将军，时遭元二之灾，人士饥荒，死者相望，盗贼群起，四夷侵畔”。斯文上有“遭”字，下有“人士饥荒”字，岂可谓“元元焉？王弘撰谓：“永初元年、二年，郡国地震，大水。邓骘以二年十一月拜大将军。是所谓‘元二’者谓永初元年、二年也。”以二点为叠字，故生此歧义也。李西涯一时学人，亦不免失误。元元一词，谓黎庶也。唐陈子昂《感遇》诗云“圣人不利己，忧济在元元”可证。

又，李西涯乃明成化间神童也，方其以神童举於京时，适直隶贡蟹至，英宗即出一对试之云：“螃蟹深身甲胄”，李对曰：“蜘蛛满腹经纶”（《七修类稿》）。然学问之道，焉有其涯哉？近人钱钟书先生，人谓其学贯中西，或请于“皮里阳秋”义，一时瞠目。故庄周有知也无涯之叹焉。

槲叶著书

韩丕，字太简，宋太宗太平兴国三年进士，声名籍甚。《宋史》本传谓“丕幼孤贫，有志操，读书于骊山……家虽甚贫，处之晏如”。宋张师正《倦游杂录》记其以槲叶著书事，谓：“骊山白鹿观，向有道士王某，通五经。结茅庐数十区，讲授生徒几百人，韩丕亦尝从之学。王间遣生徒往近村市酒。

一日，命韩挈榼以往。王谓诸生曰：‘韩秀才风骨粹重，向去进士不可量也。然到山岁余，未尝见其所业。’命破扃，索其寝室中，于席下得槲叶厚四五寸，或二三叶，或十数叶，以细梗贯之，乃韩之著述也。王见之惊骇，自此厚加礼待。其后官至贰卿、翰林学士”。

噫，槲叶物贱，叶大如荷，诚可为书，亦可知其家寒素也。以叶为书者，元时则有陶宗仪，以《南村辍耕录》传世。江阴孙大雅序其书曰：“余友天台陶君九成，避兵三吴间，……作劳之暇，每以笔墨自随。时时辍耕，休于树阴，抱膝而叹，鼓腹而歌，遇事肯綮，摘叶书之，贮一破盎，去则埋于树根，人莫测焉。如是者十载，遂累盎至十数。一日，尽发其藏，俾门人小子，萃而录之，得凡若干条，合三十卷，题曰《南村辍耕录》”。

先贤勤学者不乏其人，然困于斯者亦鲜矣。窃谓二说，固发人向学之志，若深究之则亦未必尽实也。予谓其说抑或源于唐顾况《红叶题诗》乎？顾况诗云：“花落深宫莺亦悲，上阳宫女断肠时。帝城不禁东流水，叶上题诗欲寄谁？”枫叶著墨且飘之于水，其迹尚历历可视，余未之信也。然自《红叶题诗》后，其续绵绵未之绝矣。王实甫《西厢记》云：“不闻黄犬音，难传红叶诗，驿长不遇梅花使。”清李渔则尝制一似秋叶状匾，谓之“秋叶匾”，其《闲情偶寄》释曰：“御沟题红，千古佳事。取以制匾，亦觉有情。”是以知前朝故事多有所本也。

姜白石布衣相交八宰相

姜夔，字尧章，号白石道人，少年孤贫，屡试不第，终生未仕，一布衣尔，然精音律，善文词，所著素以空灵称。今有《白石道人歌曲》传世，所谓古曲者，仅此也。余素喜其曲，故於有宋一代史乘凡及之者皆为留意，讵其交游固泛，然以布衣之身而相交八宰相，亦一奇事也。八相者，范成大、钱良臣、楼钥、吴潜、京镗、谢深甫、张岩、郑侨也。八相皆与白石有游，或曲或词，或书或诗，唱和不绝，以为知音，范成大致能尤与其善。

白石道人尝作《暗香》、《疏影》词，范成大序之曰：“辛亥之叁，予载雪诣石湖。止既月，授简索句，且征新声，作两曲，石湖把玩不已，使工妓肄习之，音节谐婉，乃名之《暗香》、《疏影》。”《砚北杂志》卷下载：

“小红，顺阳公青衣也，有色艺。顺阳公之请老，姜尧章诣之。一日授简征新声，尧章制《暗香》、《疏影》两曲，公使二妓肄习之，音节清婉。尧章归吴兴，公寻以小红赠之。”既赠小红，复赋诗曰：“自琢新词韵最娇，小红低唱我吹箫。曲终过尽松陵路，回首烟波十四桥。”盖白石每喜自度曲，吹洞箫，而小红辄歌而和之焉。范公有《酬姜尧章》诗云：“鹅鵞声暗雪意豪，直前不惮夜行劳。更能橐鞬尊裴度，千古人知李愬高。”《齐东野语》卷十二“姜尧章自述”条云：“某早孤不振，幸不坠先人之绪业，少日奔走，凡世之所谓名公巨儒，皆尝受其知矣。……枢使郑公爱其文，使座上为之，因击节称赏。参政范公以为翰墨人品，皆似晋、宋雅士。……丞相京公不特称其礼乐之书，又爱其骈俪之文。丞相谢公爱其乐书，使次子来谒焉。……若东州之士则楼公大防、叶公正则，则尤所赏激者。”所道及诸人或为参知政事，或为左右相，故余谓其相交八相者也。

白石精音律，然不合於太常，《词林纪事》卷十三载：“姜尧章从奉常议乐，以弹瑟之语不合，归番阳。过吴，见陆务观谈其事，务观曰：‘何不忆二十五弦弹夜月’之诗乎？尧章闻之，不觉自失。”放翁所言乃唐钱起《归雁》诗也，诗云：“潇湘何事等闲回，水碧沙明两岸苔。二十五弦弹夜月，不胜清怨却飞来。”于戏，太常之官囿於礼，尊古制，虽千年而未能易之，岂能与白石相合哉。余谓白石一布衣耳，乃得盛名於天壤间若此，则轩冕钟鼎，真可敝履矣。

昆曲沦为车前子

世间之物，有兴则有衰，有生则有亡，东坡所谓“月有阴晴圆缺，人有悲欢离合，此事古难全”即是理也。昆曲之问世凡六百年也，其兴也勃而衰也速，今人复欲挽其颓废於末世，亦尽人事耳，然物理之势焉能颠倒哉。

明徐渭《南词叙录》谓昆曲源于南戏，“本无宫调，亦罕节奏，徒取其畸农市女顺口可歌而已”。南戏四大声腔既成，赖昆山魏良辅汇南北曲之优长，借海盐、余姚声而出其新腔，是谓昆曲者也。其曲“尽洗乖声，别开堂奥，调用水磨，拍捱冷板，声则平上去入之婉协，字则头腹尾音之毕匀，功深熔琢，气无烟火，启口轻圆，收音纯细”（明沈宠绥《度曲须知》）。

昆山腔既兴，传奇剧作亦复附之，乃有《浣沙记》《牡丹亭》出矣。康熙间《桃花扇》《长生殿》出，昆剧至其盛也。《清稗类钞·戏剧类》昆曲戏条云："康熙朝，京师内聚班之演《长生殿》，乾隆时，淮商夏某家之演《桃花扇》，与明季南都《燕子笺》之盛，可相颉颃。淮商家豢名流，专门制曲，如蒋苕生辈，均尝涉足於此，故其时为昆曲最盛时代。而昆山之市井鄙夫及乡曲细民，虽一字不识者，亦能拍板高歌一二折也。"

夫乾隆初，京师人所好惟秦声、罗、弋而厌听吴骚。闻歌昆曲，辄哄然散去（清张坚《梦中缘》序）。昆之独领风骚不复旧时矣。《清稗类钞》云："道光朝，京师剧场犹以昆剧、乱弹相互奏演，然唱昆曲时，观者辄出外小遗，故当时有以车前子讥昆剧者。"至光绪时，则伶人落拓，风光不再，旧时伶工，凋亡殆尽焉。

然则昆曲流播海内，虽其衰也不可挽，其腔则南北延续，未尝薪灭。今之梆子、柳子、越调、苏剧、瓯剧、徽剧、婺剧、赣剧、汉剧、湘剧、祁剧、奥剧、潮剧、桂剧、闽剧、梨园戏、川剧、滇剧等皆有昆曲之身影出没其中也。

窃谓昆之兴也自有其势之必然者，衰也亦有其必不可挽者，一兴一衰，尽其物理耳。夫乐者，黄钟大吕用於祭祀也，其后则奏於宫廷歌宴，后世乐经绝，八音皆入於闾巷教坊间，此岂非势之使之焉？琴之为雅音，风尘高士抚之於高山流水间者，今则哄然於剧场大众间，其器之灵既灭，唯闻其声而不复聆其音，焉问其乐也。

李勉制百衲琴

琴之谓百衲者，盖以数小木拼接而成，乃唐人李勉所创。李勉，字玄卿，德宗时尝任司徒，同平章事。《因话录》谓其："戎事之隙，以琴书自娱。自造琴，聚新旧桐材，扣之合律者，则裁而胶缀。不中者，弃之。故所蓄二琴，殊绝，所谓响泉、韵磬者也。"玄卿雅好琴，常斫桐，其所制琴至数百张。《尚书故实》记其制百衲琴曰："李汧公取桐孙之精者，杂缀为之，谓之百衲琴。用蜗壳为徽，其间三面尤绝异。弦一上，可十年不断。"窃意蜗壳岂可为徽，其记恐传写之误，古之琴徽多以蚌壳为之，间有以金、玉为之者。玄卿之制百衲，意谓"取古桐材之精髓，拼连为之，使出正音"。《贾氏谭录》云：

“李汧公勉百衲琴，制度甚古，其音清越无比。”

嗟乎，玄卿知音而制百衲琴，而斯琴传至宋则毁之矣。宋蔡京子蔡絛著《铁围山丛谈》，其六记云：“又唐李汧公者号善琴，乃自聚灵材为之，曰‘百衲琴’。百衲琴流传当祐陵朝，亦入九禁。是天下号殊绝，独玉鹤、百衲乃第一。上时方稽古博雅，若书画奇工得以待诏，日亲近，往往获褒赐。而琴工独闲冷，日月光赫，因日月以冀恩泽，即共奏取御府所宝琴，尽丐理治之。上亦可焉。於是首取百衲琴，破之，乃止八段，然胶漆遽解散，群待诏反大惧，辄卤莽廑得合拼，玉鹤辈八九咸被坏。”宋之徽宗亦帝王中之文士也，然为艺之道焉能尽及，其书画已臻化境，而琴道则无暇及之，故斯时琴运不昌，琴人闲冷，名琴亦至毁坏，盖久蓄之而未加护养故也。

窃谓百衲琴，以数材拼接而成，其音焉可妙哉？书之有百衲者，乃取之诸本之善者成之，琴之制岂类於书欤？陆放翁《秋阴》诗云：“妙墨双钩帖，奇声百衲琴。”放翁岂亲耳闻之欤。清薛雪《一瓢诗话》则云：“不去纤响，惟务雕缋，仅同百衲琴，拼凑虽工，胶滞清音，究非上品。”窃谓斯言善矣。

林琴南还魂题画

林琴南，名纾，号畏庐，博学强记，工诗、文、画，有狂生之称。所作古文，为桐城大师吴汝纶所重，名益著。琴南嗜古，与陈独秀、胡适之新派相左。其不谙西语，然民国间人多读其所译西洋小说，盖其乃邀悉西语者为其讲读，随以古文书之，皆其一生，译著达二百馀部，若《茶花女》《黑奴吁天录》风行于世也。自谓所译乃“耳受手追，声已笔止”。亦民国间闻人也。

至其暮年，卖画为生，每思积资以为幼妻弱子后来生计。其尝肆力於画，山水初灵秀似文徵明，然浑厚中颇含淋漓之趣。有自题画诗云：“平生不入三王派，家法微微出苦瓜。我意独饶山水味，何须攻苦学名家。”张友鸾尝述其还魂题画事，可佐酒兴矣。友鸾谓其作画，每有佳品辄藏诸内室，不为人知，且画无款识，无闲章。积之累年，所蓄颇丰。值其孔圣之年，忽得疾而亡，家人举哀之际，倏而悠悠醒苏，曰：“将画来，待吾落款。”家人恐其劳，其曰：“速取之，待款题毕，吾尚欲书《还魂记》也。”书毕，乃掷笔而卒。

呜呼，《儒林外史》有监生严致和，及其亡，念盏中多一灯草而不欲撒手，琴南所念者妻子之生计也，然还魂之事，究属奇异，姑妄记之。

六尺瑶琴

古琴之初惟五弦，内合五行，谓金、木、水、火、土也；外合五音，谓宫、商、角、徵、羽也。后因文王囚于羑里，思子伯邑考而加弦一，是为文弦；武王伐纣而加弦一，是为武弦，合谓文武七弦琴也。其制古为三尺六寸五，象岁三百六十五日，或曰象周天三百六十五度。其弦皆七，近岁湖北随县曾侯乙墓出土之战国时琴为十弦，长沙马王堆汉墓出土之琴则为七弦也。唐刘长卿诗云：“泠泠七弦上，静听松风寒。”知唐时亦为七弦也。南朝梁殷芸撰《殷芸小说》卷一载：“高祖初入咸阳宫，周行府库，金玉珍宝，不可称言。其尤惊异者……有琴长六尺，安十三弦二十六徽，用七宝饰之，名曰‘璠玙之乐’。”不知其琴果今之瑶琴乎，抑或失传之琴欤？

美婢换书

今人贵宋刻书实源于明，其时文士于宋椠宝重珍爱，无以复加矣。余闲翻叶德辉《书林清话》“藏书偏好宋元刻之癖”条，曰：“《逊志堂杂钞》云：‘嘉靖中，朱吉士大韶，性好藏书，尤爱宋时镂板。访得吴门故家有宋椠袁宏《后汉纪》，系陆放翁、刘须溪、谢叠山三先生手评，饰以古锦玉签，遂以一美婢易之，盖非此不能得也。’”呜呼，人有癖好，则有偏嗜，然痴癖如此，亦为鲜矣。其所出婢实亦精於墨翰，“婢临行，题诗于壁，曰：‘无端割爱出深闺，犹胜前人换马时。他日相逢莫惆怅，春风吹尽道旁枝。’吉士见诗惋惜，未几捐馆”。叶德辉评曰：“夫以爱妾美婢换书，事似风雅，实则近于杀风景。此则佞宋之癖，入于膏肓，其为不情之举，殆有不可理论者矣。”叶氏所评，善也。

读此佚文，忽念寅恪先生於《柳如是别传》尝论钱谦益鬻书事，检之《牧斋初学集》其《跋前后汉书》云：“赵文敏家藏前汉书，为宋椠本之冠，前有文敏公小像。太仓王司寇得之吴中陆太宰家。余以千金从徽人赎出，藏弆二十馀年，今年鬻之于四明谢象三。床头黄金尽，生平第一杀风景事也。是书去我之日，殊难为怀，李后主去国，听教坊杂曲，‘挥泪对宫娥’一段凄凉景色，约略相似。”寅恪先生评曰：“牧斋平生有二尤物。一为两《汉书》，一为河东君。其间互有关联，已如上述。赵文敏家《汉书》虽能经二十年之久‘每日焚香礼拜’，然以筑阿云金屋绛云楼之故，不得不割爱鬻于情敌之谢三宾，未能以之殉葬，自是恨事。至若河东君，则夺之谢三宾之手，‘每日焚香礼拜’达二十五年之久，身没之后终能使人感激杀身相殉。”于戏，钱牧斋终是性情中人，胜于朱吉士之去妾也。吉士之妾能诗，河东君亦能诗，吉士嗜书，牧斋亦嗜书，吉士去妾而牧斋去书，吉士弃妾而捐馆，诗婢必不为之悲，而牧斋逝，如是相殉，故两者岂可并论焉。

又，余尤感吉士诗婢诗“犹胜前人换马时”句，盖其既悲己之易书，复感曹彰之妾易马，一书一马，书犹胜马也。然两妾之遭际岂有异乎？叹叹。

明武宗宠伶官

欧阳永叔尝撰《伶官传序》，叙后唐庄宗宠伶官而败国事，明武宗亦复类之。沈德符《万历野获编》载正德帝宠优伶以至干政，可谓无独有偶也。其卷一“伶官干政”条载：

“武宗之宠优伶，几同高齐及朱耶之季，至赐飞鱼等禁服，然官秩犹为有节，唯臧贤以教坊司右司乐请告疏，云病不能侍左右，上优诏勉留，仍升本司奉銮供职，其礼视朝士有加焉，已为异矣……贤奉命祀碧霞元君，所过州邑，倨坐受谒，肩舆呼殿，官吏望风迎拜，至济南，三司出城郊劳，俱具宾主。”

《明史·武宗实录》载：“明自正统以来，国势浸弱。毅皇手除逆瑾，躬御边寇，奋然欲以武功自雄。然耽乐嬉游，昵近群小，至自署官号，冠履之分荡然矣。”夫后唐李存勖，荒于政而癖音律，宠伶人景进、史彦琼等，使之掌权柄于朝，致乱政乱国，三年而身死国灭。武宗何类于庄宗耶。

夫伶官之称始于周。《诗·邶风·简兮》序曰：“卫之贤者，仕于伶官。”郑玄笺曰：“伶官，乐官也。伶氏，世掌乐而善焉，故后世多号乐官为伶官。”窃谓有唐一代，伶官以李延年技最善，然绝无干政事。帝王之癖好，无可非之也，若以所好而宠，宠之而又无度，则危及社稷矣。伶官者，优伶也，终非正大士子，焉可预于朝政耶？至于赐飞鱼禁服，奉命祀碧霞元君，则类后来阉宦也。

念奴

词牌有名《念奴娇》者，东坡尝填“大江东去，浪淘尽，千古风流人物。”世人传咏千年而不衰。是词牌古来别名极多，如《千秋岁》《白雪词》《百字令》《湘月》《壶中天》皆为一词牌也。究其根本，盖因歌伎念奴之名。《开元天宝遗事》载：“念奴者，有姿色，善歌唱，未尝一日离帝左右。每执板当席顾眄，帝谓妃子曰：‘此女妖丽，眼色媚人。’每啭声歌喉，则声出於朝霞之上，虽钟鼓笙竽嘈杂而莫能遏。宫妓中帝之钟爱也。”斯言念奴为宫伎不实。元稹《连昌宫词》自注云：“念奴，天宝中名倡，善歌。……然而明皇不欲夺侠游之盛，未尝在宫禁，或岁幸汤泉，时巡东洛，有司潜遣从行而已。”宋人王灼考唐中叶已有《念奴娇》曲子，既传播而后复有《念奴娇》词牌也。士林中尝有因一诗一词一文而传世者，念奴一倡耳，竟因善歌而传世，不亦幸乎？

宁王善审音

古之数术有“闻音占卜”法门，谓闻音而知兴亡，晓祸福，春秋时，师旷闻音而知楚败者是也。《唐语林》记唐玄宗时宁王李宪亦善审音，似与师旷同。

李宪，睿宗长子，原为太子而让於弟隆基。能诗歌，通音律，尤善羯鼓与笛。《唐语林》载：“西凉州俗好音乐，制新曲曰《凉州》，开元中，列上献。上召诸王便殿同观。曲终，诸王贺，舞蹈称善，独宁王不拜。上顾问之，宁王进曰：‘此曲虽嘉，臣有闻焉：夫音者，始於宫，散於商，成於角、徵、羽，莫不根柢囊橐於宫、商也。斯曲也，宫离而少徵，商乱而加暴。臣闻：宫，君也；商，臣也。宫不胜则君势卑，商有馀则臣事僭，卑则逼下，僭则犯上。发於忽微，形於音声，播於歌咏，见之於人事。臣恐一日有播越之祸，悖逼之患，莫不兆於斯曲也。’上闻之默然。”盖所演《凉州》之曲，属宫调曲，乃唐开元中西凉府都督郭知运所进。《新唐书·礼乐志十二》记曰：“《凉州曲》，本西凉所献也，其声本宫调，有大遍、小遍。”凉州在今甘肃武威，唐时属右道，其乐多杂西域龟兹诸国之胡音。自郭知运献其乐，其声即行於世，诗人多有依声而作者矣。其脍炙人口者有王翰所作《凉州词》，柳中庸所作《凉州曲》二首则人鲜知也。其一云：“关山万里远征人，一望关山泪满巾。青海戍头空有月，黄沙碛里本无春。”其二云：“高槛连天望武威，穷阴拂地戍金微。九城弦管声遥发，一夜关山雪满飞。”窃意王右丞所作《阳关曲》亦依其声而作也，盖右丞时亦为宁王客。《本事诗·情感》记：“宁王宪贵盛，宠妓数十人，皆绝艺上色。宅左有卖饼者妻，纤白明媚，王一见注目，厚遗其夫取之，宠惜逾等。环岁，因问之：‘汝复忆饼师否？’默然不对。王召饼师使见之，其妻注视，双泪垂颊，若不胜情。时王座客十馀人，皆当时文士，无不凄异。王命赋诗，王右丞维诗先成：‘莫以今时宠，宁忘昔日恩。看花满眼泪，不共楚王言。’”

嗟夫，师旷闻音而辨凶吉，余向未之信也。然宁王所言，及安史作乱，华夏鼎沸，则与其言合，窃谓宁王乃阴知安史之必乱，是假西凉之声而为其预欤？

欧阳修论琴

欧阳文忠公尝作《论琴帖》，云：“为夷陵令时，得琴一张于河南刘几，盖常琴。后作舍人，又得一琴，乃张粤琴也。后作学士，又得一琴，则雷琴也。官愈昌，琴愈贵，而意愈不乐。在夷陵，青山绿水，日在目前，无复俗累，琴虽不佳，意则自释。及作舍人、学士，日奔走于尘土中，声利扰扰，无复清思。琴虽佳，意则昏杂，何由有乐？乃知在人不在器也。若有心自释，无弦可也。”（《贵耳集》卷下）文忠公尝自号“六一居士”，乃藏书一万卷，集录金石遗文一千卷，有琴一张，有棋一局，有酒一壶，复谓以吾一翁，老于此五物之间，岂不为六一乎？是知公亦喜抚琴者也。

窃谓抚琴首当知其音，晓其乐，若未谙音、乐，则其抚全然弦之声也。《礼记·乐记》云：“凡音者，生人心者也。情动于中，故形于声。声成文，谓之音。”又云：“乐者，通伦理者也。是故知声而不知音者，禽兽是也。知音而不知乐者，众庶是也。唯君子为能知乐。是故审声以知音，审音以知乐，审乐以知政，而治道备矣。是故不知声者，不可与言音；不知音者，不可与言乐；知乐则几于礼矣。”文忠公论琴，是知斯理者也。琴之为器，其音之安、怨、哀、喜岂器之发之哉，心使之然也。故谓“琴虽不佳，意则自释”，“琴虽佳，意则昏杂”，奈何，盖在人不在器也。若胸中块垒郁积，不发而欲裂，当斯时也，虽俗琴、陋琴，抚之必有清越之声；若心底忧愤缠绵，不诉而欲亡，当斯时也，虽俗琴、陋琴，抚之必有哀鸣之声。是故知琴之道在心而非器矣。仁心宅厚，发而为声，其音必规于王道也。

欧阳修善品水

古时茶事，无论唐宋之饼茶碾煎或明清之叶茶瀹泡，茶汤之质皆重于水也。晚明苏州文士张大复《梅花草堂笔谈》卷二有“试茶”条，云：“茶性必发于水。八分之茶，遇水十分，茶亦十分矣；八分之水，试茶十分，茶只八分耳。贫人不易致茶，尤难得水。”可知品茶者先须品水也。

自唐始，惠山泉因茶圣陆羽之品鉴而享天下第二泉之誉，其名久而不衰。至宋时，惠山之泉为士大夫间贵昂之礼矣。或曰，一水何以贵哉？盖其难以输送久保鲜也。《雪庵清史》记一逸事云：“泉冽性驶，非扃以金银器，味必破器而走矣。有馈中泠泉于欧阳文忠者，公讶曰：‘君故贫士，何为致此奇贶？’徐视馈器，乃曰：‘水味尽矣。’”张大复亦有记欧阳文忠公品水事，云：“欧阳文忠公之故人，有馈中泠者，公讶曰：‘某故贫士，何得致此奇贶？’其人谦谢，不知所谓。公熟视所馈器，徐曰：‘然则水味尽矣。’盖泉冽性驶，非扃以金银，未必不破器而走，故曰：‘贫士不能致此奇贶也。’”欧阳修于水之容器而判其水质，乃宋人品水之道也。近世多有所谓品茶者，其惟重于叶茶，而所煎水乃随意取之，岂有得茶之三昧哉。

欧阳询书开元通宝钱

今唐开元通宝钱价值百金，余观其字为正体而入隶，亦不甚美，然有唐一代皆行之。五代十国时，后梁、后晋、南汉、南唐、吴越皆铸其钱，至宋初尚有流通。清雍正间，两广市面仍有流通，清廷仍特准以“雍正通宝”钱兑之。《隋唐嘉话》下载：“今开元宝钱，武德四年铸，其文欧阳询率更所书也。”欧阳询书八体尽能，笔力劲险，然通宝钱之字则浑无气力，抑或铸造而变异也。

《隋唐嘉话》记其痴迷前人佳书，可知其书非偶得也。“率更令欧阳询，行见古碑，索靖所书，驻马观之，良久而去。数百步复还，下马伫立，疲则布毯坐观。因宿其旁，三日而后去。”噫，凡攻一物者，欲达其极则必痴情於斯，神思无虑他物，食卧间亦不能息，世之所谓痴者也。观夫古今人物，但於一事有所精致者，皆痴人也，盖非痴不能专心致志矣。

烹茶之水可保鲜

凡烹茶必具佳水，此所谓“茶性必发于水”也。明张岱《陶庵梦忆·闵老子茶》载：余问：“水何水？”曰：“惠泉。”余又曰：“莫绐余。惠泉走千里，水劳而圭角不动，何也？”汶水曰：“不复敢隐。其取惠水，必淘井，静夜候新泉至，旋汲之，山石磊磊藉瓮底，舟非风则勿行，故水之生磊，即寻常惠水犹逊一头地，况他水耶？”又吐舌曰：“奇！奇！”然佳泉天下仅一二，非其近郊之人焉得而品之邪？黄山谷有《井水帖》云：“取水傍十数小石，置瓶中，令水不浊。”《咏慧山泉》诗云：“锡谷寒泉椭石俱。”石圆而长曰椭，所以澄水也。瓶瓮之底置石以澄水，宋时尤行，楼钥《谢黄汝济教授惠建茶并惠山泉》诗云：“细倾琼液清如旧，更瀹云芽味始全。或问此为真品否，其中自有石如拳。”

夫欲泉水保其清冽，圭角不移，难矣。乾隆帝品茶之高手也，其尝制一银斗以品通国之水，以质之轻重分水之上下，乃定京师海淀镇西之玉泉为第一，而中泠次之，无锡之惠泉、杭州之虎跑以次之。据《清稗类钞》饮食类载："鸾辂时巡，每载玉帛水以供御。然或经时稍久，舟车颠簸，色味或不免有变，可以他处泉水洗之。一洗，则色如故焉。"水之可以水洗之，人鲜有闻也。其法乃："以大器储水，刻分寸，入他水搅之。搅定，则污浊皆沉淀於下，而上面之水清澈矣。盖他水质重则下沉，玉泉体轻故上浮，挹而盛之，不差锱铢。"其法果可行乎？余不得知也。抑或世人知高宗好享乐，讹传者欤？

琴操

浙江临安玲珑山有琴操墓，传苏轼为之书碑也。宋方勺《泊宅编》记苏子瞻知杭时，尝与歌伎琴操善，操为子瞻启而入空门事。其记曰：

苏子瞻守杭日，有妓琴操，颇通佛书，解言辞，子瞻喜之。一日游西湖，戏语琴操曰："我作长老，汝试参禅。"琴操敬诺。子瞻问曰："何谓湖中景？"对曰："落霞与孤鹜齐飞，秋水共长天一色。""何谓景中人？"对曰："裙托六幅潇湘水，鬓锁巫山一段云。""何谓人中意？"对曰："随他杨学士，鳖杀鲍参军。"操问如此究竟如何，子瞻曰："门前冷落车马稀，老大嫁作商人妇。"操于言下大悟，遂削发为尼。

夫琴操者，姓蔡，名云英，琴操艺名也。原官宦女，工诗画，善琴瑟，年十三因父祸沦为妓，年十六，因改少游《满庭芳》词而获盛名。后皈依玲珑山寺，子瞻贬儋州，琴操心尚系之，郁积而终，年二十四。尝有歌曰：

"谢学士，醒黄粱，门前冷落稀车马，世事升沉梦一场。说什么鸾歌凤舞，说什么翠羽明珰，到后来两鬓苍苍，只剩得风流孽债，定使我两泪汪汪。我也不愿苦从良，从今念佛往西方。"

《玲珑山志》记曰："玲珑虽小，苏轼曾登。"盖子瞻闻琴操亡，后归杭书其墓碑，故曰曾登者也。近人郁达夫，性情中人也，尝登玲珑山祭琴操墓，赋诗云："山既玲珑水亦清，东坡曾此访云英。如何八卷临安志，不记琴操一段情。"呜呼，性情中人方知性情中事，而能发此性情中语也。叹叹。

琴乃乐之小者

《诗·关雎》朱熹《诗集传》注："窈窕淑女，琴瑟友之。""窈窕淑女，钟鼓乐之。"谓："琴，五弦或七弦。瑟，二十五弦。皆丝属，乐之小者也。""钟，金属。鼓，革属。乐之大者也。"近世注家皆无训何以有大小之别。

《尚书·益稷》曰："诗言志，歌永言，声依永，律和声，八音克谐，天相夺伦，神人以合。""八音"者，金、石、土、革、丝、木、匏、竹也。朱子言琴瑟乃乐之小者，钟鼓乃乐之大者，非谓器之有大小，声之有强弱，乃其所用而有大小之别也。夫上古之乐，其始也非为今之审美悦耳之艺术，实为配礼而行之器耳。《礼记·礼运》曰："夫礼之初，始诸饮食，其焚黍捭豚，污尊而抔饮，蒉桴而土鼓，犹若可以致其敬于鬼神。"乐之既用，取悦于神灵耳。《尚书·益稷》复言："戛击鸣球、搏拊、琴、瑟以咏。"亦此义也。礼之用也有祭天、祀地、祭祀先考乃至山川万物者，故乐之用以其功而别之。考《诗》之所述，乐器之用各有所别。若钟鼓用于庄严之礼仪，而琴瑟则用于温和之场所，礼乃重典，故朱子谓琴瑟为乐之小者也。《周礼·春官·大司乐》云："乃分乐而序之，以祭、以享、以祀。乃奏黄钟，歌大吕，舞云门，以祀天神。"《诗·小雅·鹿鸣》云："我有嘉宾，鼓瑟吹笙。""鼓瑟鼓琴，和乐且湛。"友朋宴飨，其乐用琴瑟，盖其音轻曼，宜于悦情也。

八音之器，各有所专，然配礼之乐，其主律则有别之，此即朱子所谓大小之别也。若俞伯牙之抚"高山流水"，抒其志耳，然亦世俗人伦之情，不可与国之重典同语也。近岁有言琴者，多托古而自重，挟琴而轻八音，其不明琴之小者之用焉。叹叹。

书画赝品

书画赝品，自古即有，赵翼《陔余丛考》卷四十"书家代笔"条："《韵石斋笔谈》谓，东坡时，有丹阳人高述，能仿公书。赵松雪时，有京口人郭天锡，仿松雪书逼肖。董思白有门下士吴楚侯名翘，后改名易，以能书荐授中书。为诸生时，思白颇拂拭之，后思白官京师，诸祈请思白翰墨者，思白率令楚侯代之，仍面授求者，各满志而去。楚侯寓舍绫素堆积，多于思白架上也。然则今世所得思白墨迹，大抵皆楚侯书耳。”盖人之艺既名于世，则必不胜其烦，董其昌亦复如是，似亦有奈何之叹也。

徐珂《清稗类钞》载：“翰林以入直南书房为最荣。帝至南书房，则供奉者出立门外，呼某入，则入……每赐御书，如福寿、嘉祉、松鹤、松寿字，多南斋代笔。”刘声木《苌楚斋续笔》卷三载：“沈敬字习之……入端忠愍公方幕府。以书法与端忠愍公相似，遂专为陶斋制府代笔。世传制府所书之联、扇、题跋，半出习之手笔。”明季，董其昌书画俱名于世，故仿其者众也。《欧陂渔话》卷一引《淞南识小录》云：“新安一贾人欲得文敏（董其昌）书而惧其赝也，谋诸文敏之客，客令具厚币，介入谒，备宾主礼，命童磨墨，墨浓，文敏乃起，挥毫授贾，贾大喜，拜谢而归……明年，贾复至松江，偶过府署前，见肩舆而入者，人曰：‘董宗伯也。’贾望其容，绝不类去年为己书者，俟其出，审视之，相异真远甚，不禁大声呼屈。文敏停舆问故，贾涕泣述始末。文敏笑曰：‘君为人所绐矣。怜君之诚，今可同往，为汝书。’贾大喜再拜，始得真笔。”然摹之者既众，文敏亦不能禁也。其《容台集·论书》云：“吴子赝笔，借余姓名，行于四方，余所至，士大夫辄以所收视余，余心知其伪而不辩，此以待后世子云。”

窃谓书画债压人，非虚语也。《启功隽语》云：“书画债多压人，沈尹默先生、散之老、费新我先生生前都有‘铜钱债易偿，书画债难逃’之叹。”《清稗类钞》“侯青甫善书画”条曰：“江宁侯云松，字青甫，善书画。求者麇集，户限为穿，乃作《金缕曲》词二阕以傍其门，其二曰：‘润笔由来久，古之人一丝一缣，不嫌情厚。翰墨生涯论价值，不出板桥窠臼，於廉惠何伤之有。风雅钱仍风雅用，向荒园老屋添花柳。五簋约，宴良友，漫嗤自享千金帚。算老来祇馀拙笔，尚夸人口。便类碔砆同瓦砾，索报却须琼玖。书数目旁之门右，博得道途闻者笑，谓是翁罔顾言之丑。掩两耳，掉头走。’”

至民国间，张大千为画坛巨擘，人推为“五百年来第一人”。然其初，亦多仿摹前人名作，而以摹石涛、八大为最。石涛之画，无论黄山云烟，江南水墨，枯树寒鸦，笔情恣肆，淋漓洒脱，而大千皆能摹，即罗振玉、陈半丁、黄宾虹不能辨也。今之京师有潘家园，店铺多鬻仿摹书画，然皆明言为仿者，亦不为欺也。窃谓大千仿石涛作，半丁、宾虹尚不能辨，今之言前人名家之作，焉知其真伪哉。

司马光擅指书

近时余尝见有以指为书者，其字虽亦可识，然终无气势章法可言，亦一技耳。或曰有吴凤之、李云飞者，誉为中国指书第一人，谬也。余阅宋人马永卿撰《懒真子录》即载司马温公以指为书事，其卷五载云："温公夏县私第在县宇之西北数十里，质朴而严洁。……后有赐书阁，贮三朝所赐之书籍。诸处牓额，皆公染指书，其法以第二指尖抵第一指头，指头上节微屈，染墨书之，字亦尺许大。"此余仅见云指书者，是知少读书者不可妄言第一云云。

司马光惜书

士人为学，赖之於书，故多视之弥珍，惜之若命也。司马温公因王介甫行新法，数谏而不纳，辞枢密而归洛阳，自号"迂叟"，谓其园曰"独乐园"。温公独乐园有读书堂，藏文史万余卷，而公日夕常阅，虽累年而皆若手未触者。公尝谓其子公休曰："贾竖藏货贝，儒家惟此耳。然当知宝惜。吾每岁以上伏及重阳间，视天气晴明日，即设几案於当日所，侧群书其上，以曝其脑，所以年月虽深，终不损动。至於启卷，必先视几案洁净，藉以茵褥，然后端坐看之。或欲行看，即承以方版，未尝敢空手捧之，非惟手汗渍及，亦虑触动其脑。每至看竟一版，即侧右手大指面衬其沿，而覆以次指面捻而挟过，故得不至揉熟其纸。每见汝辈多以指爪撮起，甚非吾意。今浮屠老氏犹知尊敬其书，岂以吾儒反不如乎？当宜志之。"（《梁溪漫志》卷三）

呜呼，百工之於艺，赖之於器也；士子之於艺，赖之於书也。是故凡读书士子莫不珍其书籍，然若司马君实珍惜如此，则亦非一般士人所可为者也。

宋时有大字本书

俞荫甫《九九消夏录》卷五“字大宜老”条载：“陈振孙《书录解题》称五羊漕司字大宜老。盖谓其书字大，宜於老人阅看也。今世乃盛行密行细字书，大非老眼所宜矣。”噫，人老则眼花，读书尤为费眼，故宋时人已顾及於此也。然宋世刻书，以细字为贵，殆以便於携带耳。若巾箱本类，殊非老眼可宜者也。

余卅年前尝购得大字本，西哲之著也。其字大若豆，一页仅数百字耳。世传乃某贵人年老眼疾，嗜书而困於读，乃嘱有司为之印。斯书刊印绝少，余亦偶得之耳，今余年近古稀，读之尤感便利，始知大字之佳也。

唐太宗论乐与稽康合

稽康声无哀乐之论，自晋以来，辩言者众矣，余阅《贞观政要》，太宗之论乐实与稽中散合也。《贞观政要》七记曰：“太常少卿祖孝孙奏所定新乐。太宗曰：‘礼乐之作，是圣人缘物设教，以为撙节，治政善恶，岂此之由？’御史大夫杜淹对曰：‘前代兴亡，实由於乐。陈将亡也为《玉树后庭花》，齐将亡也而为《伴侣曲》，行路闻之，莫不悲泣，所谓亡国之音。以是观之，实由於乐。’太宗曰：‘不然，夫音声岂能感人？欢者闻之则悦，哀者听之则悲，悲悦在於人心，非由乐也。将亡之政，其人心苦，然苦心想感，故闻之则悲耳。何乐声哀怨，能使悦者悲乎？今《玉树》《伴侣》之曲，其声俱存，朕能为公奏之，知公必不至悲耳。’”

善哉，秦王得天下於马上，而亦知乎乐，胜於太常寺中人也。稽中散曰：“夫天地合德，万物贵生，寒暑代往，五行以成。故章为五色，发为五音；音声之作，其犹臭味在於天地之间。其善与不善，虽遭遇浊适，其体自若而不变也。岂以爱憎易操，哀乐改度哉？”是故中散谓“心之於声，明为二物”。太宗以为“悲悦在於人心，非由乐也”。实为中散之遗声也。太宗弯弓逐鹿之人，亦晓律吕，其得天下而有贞观之治，实自有因也。盖其谓“朕虽以武功定天下，终以文德绥海内”。贞观元年宴日，奏《秦王破阵》之曲。盖太宗在藩为秦王时，士庶军人相与作之。被甲持戟，象战事。太宗见之，故有此言。寻令虞世南改制歌词，更名为《七德舞》，是其知治世当以德也（《近事会元》四）。

图书之厄

偶翻齐鲁书社所辑《藏书家》，所载皆一时藏家述其藏书失书之事。余感其藏书之乐，悲其失书之哀，不胜内心惕然焉。复感其乐其悲者，一人之乐之悲耳，若以吾国图书之厄运论，何足道哉。夫图籍者，数千载先民精神神智之所寄也，然其运何其悲哉。自秦火一烛至“文化大革命”，先人典籍几近绝矣。兹录以左。

夫始皇三十四年，李斯请史官非秦纪者焚之，非博士官所职，天下有藏诗书百家语者皆诣守尉杂焚之，所不去者医药、卜筮、种树之书耳，此为一也。王莽之乱，刘歆总群书，著《七略》，凡三万三千九十卷，莽败，焚烧无遗，此其二也。汉末丧乱，董卓移都，缣帛图书，焚荡泯尽，此其三也。惠帝之乱，京华荡覆，石渠文籍，靡有孑存，此其四也。魏师入郢，江陵城陷，梁元帝焚古今图书十四万卷，此其五也。大业之乱，兵焚隋西京嘉则殿图书三十七卷，此其六也。安史之乱，渔阳兵起，两都倾覆，开元天宝间所聚四部，尺简未存，此其七也。广明之乱，黄巢兵起，肃代二帝搜访四库，复致荡然，此其八也。靖康之变，汴都陷落，宋之图史尽为金人辇载而去，此其九也。临安既陷，伯颜灭宋，中兴馆阁四万五千卷尽为所劫，此其十也。咸丰十年，英法侵京师，毁圆明园，焚大内图籍不可计，此其十一也。光绪二十六年，八国联军复略京师，公私藏书被掠者无数，《永乐大典》散佚殆尽，此其十二也。至近代“文化大革命”，则劫馀之书几尽为之焚。呜呼，图籍之不幸何致於斯也。然吾中华文化之魂岂一烛而可焚之欤?

王维助韩干学画

韩干，京兆人也。明皇天宝中召入供奉，善人物，尤善马，所遗丹青今人视若稀宝也。《酉阳杂俎》续集五记其少时贫，得王右丞之助始得学绘事。“韩干，蓝田人。少时为贳酒家送酒，王右丞兄弟未遇，每一贳酒漫游，干常徵债於王家。戏画地为人马，右丞精思丹青，奇其意趣，乃岁与钱二万，令学画十馀年。”故干之艺实得之右丞之助也。然干於艺别辟蹊径，非囿旧穴，师法天然，亦其出於他人之法也。《宣和画谱》记曰：“明皇天宝中召入供奉，上令师陈闳画马。帝怪其不同，因诘之，奏云：‘臣自有师，陛下内厩之马，皆臣之师也。’上甚异之。其后果能状飞黄之质，图喷玉之奇。”《宣和画谱》谓其“所谓干唯画肉不画骨者，正以脱落展、郑之外，自成一家之妙也”。杜甫《丹青引赠曹将军霸》诗云：“弟子韩干早入室，亦能画马穷殊相。干唯画肉不画骨，忍使骅骝气凋丧。”东坡亦赏其绘马，《韩干马十四匹》诗云：“韩生画马真是马，苏子作诗如见画。”

余谓干之丹青之出於人者，盖得丹青之妙谛也。夫世间之艺，皆有其法，其初也当习之於熟，既而习之於巧，然皆他人之物也。李北海善书，《宣和书谱》谓：“邕精於翰墨，行草之名由著，初学右将军行法，既得其妙，乃复摆脱旧习，笔力一新。”北海尝言：“似我者俗，学我者死。”斯为艺道之真谛也。是以学艺者毋以一味效仿，欲有所成，自当师法自然，天地万物皆艺之本，亦艺之师矣。余见今之习艺者，每以似某师而欣欣然，不知其艺已死也。

戏神雷海青

吾国民间乡邑多有所祀之神，祀祭者多为乡民崇敬之人，若处州庆元有胡三公，婺州永康有胡则公，百里之间必有所祀者也。闽之甫仙、八闽及伶人共奉田公元帅为戏神，田公元帅者，唐玄宗时宫廷乐师，姓雷，名海青，畲民也。海青幼聪颖，及长，精研戏曲，晓乐理，善琵琶、筚篥。《明皇杂录》补遗载其迹曰：

“天宝末，群贼陷两京，大掠文武朝臣及黄门、宫嫔、乐工、骑士。每获数百人，以兵仗严卫送於洛阳。至有逃於山谷者，而卒能罗捕，追胁授以冠带。禄山尤致意乐工，求访颇切，於旬日获梨园弟子数百人。群贼因相与大会於凝碧池。宴伪官数十人，大陈御库珍宝，罗列於前后。乐既作，梨园旧人不觉歔欷，相对泣下。群逆皆露刃持满以胁之，而悲不能已。有乐工雷海清者，投乐器於地，西向恸哭，逆党乃缚海清於戏马殿支解以示众。闻之者莫不伤痛。”

呜呼，安史之乱，玄宗避於蜀，长安尽为禄山所占，雷海清，一乐工耳，国破之日，尤知不附乱逆，刀刃之逼，不能屈其志，是时也，士大夫几人可及焉？王右丞是时亦为禄山拘於菩提寺中，禄山强授之职，不能免，是大关节处尤逊於一乐工也。《广记》有记王右丞为海清赋诗事曰：“王维时为贼拘於菩提寺中，闻之赋诗曰：‘万户伤心生野烟，百官何日更朝天。秋槐叶落空宫里，凝碧池头奏管弦。’”及玄宗归，闻海清事，感慨再三，乃追赠“唐忠烈乐官”。嗟乎，伶人而获谥，古今唯海清一人矣。

今台、港、澳人所祀者，妈祖、海青也。

《阳光三叠》之变迁

《唐诗三百首》以王摩诘《送元二使安西》入於乐府，而《全唐诗》卷一百二十八以“渭城曲”为题入之，今人则概以为七言绝句也。若以绝句论，则其三、四句失粘既明，於诗律亦未能合，余亦尝为之惑矣。冬日得闲，查诸前人所论，方悟其终因歌而变乐府焉。

摩诘《送元二使安西》诗出，声誉鹊起，《唐诗镜》评说曰：“语老情深，遂为千古绝调。”片言之悲，令人魂断。《麓堂诗话》云：“王摩诘‘阳关无故人’之句，盛唐以前所未道。此辞一出，一时传诵不足，至为三叠歌之。后之咏别者，千言万语，殆不能出其意之外，必如是方可谓之达耳。”唐时，其辞即已编为曲，名谓《阳关三叠》，以其辞有“渭城”“阳关”字，或亦以之名。刘禹锡《与歌者诗》云：“旧人唯有何戡在，更与殷勤唱《渭城》。”李商隐《赠歌妓二首》其一云：“红绽樱桃含白雪，断肠声里唱阳关”。

冯延巳《蝶恋花》词云："醉里不辞金爵满，阳关一曲肠千断。"白居易则曰："最忆阳关唱，真珠一串歌。"

东坡尝以《古阳关》歌己《中秋月》，用唐人"但以诗句而下用和声抑扬以就之法"，"和声"者，元人李治《敬斋古今》述其学唱《渭城曲》事云："王摩诘《送元二使安西》诗云：'渭城朝雨浥轻尘，客舍青青柳色新。劝君更尽一杯酒，西出阳关无故人。'其后送别者，多以此诗附腔，作《小秦王》唱之，亦名《古阳关》。予在广宁时，学唱此曲於一老乐工某乙，云：'渭城朝雨（和：刺里离赖）浥轻尘，客舍青青（和：刺里离赖）柳色新。劝君更尽一杯酒，（不和），西出阳关（和：刺里来离来）无故人。'"可知元时其辞唱法，亦如今之少数民族歌唱之多有附语也。《苕溪渔隐丛话后集》卷九"王右丞"条云："右丞此绝句，近世人又歌入《小秦王》，更名《阳关》，用诗中语也。"《东坡乐府》"阳关曲"题下注："中秋作。本名《小秦王》。"然《小秦王》词乃从《秦王破阵乐》来，当属凯歌，而《渭城曲》乃骊歌，风马牛也，焉可从而歌。自东坡作"阳光词"，后人效之不绝。东坡谓阳光三叠"每句皆再唱，而第一句不叠。乃知唐本三叠盖如此"。则知"每句再叠"与"三唱"以应"三叠"为误，而唐宋时唱法乃每句皆再唱而首句不叠也。

以诗律论，则其诗平起首句入韵，前后两联失粘。唐人所作绝句此亦非鲜见者也。李白《送贺宾客归越》、高适《营州歌》、韦应物《滁州西涧》皆是如此，宋人视之为"折腰步句法"，以为"虽中失粘而意不断"。《西清诗话》则谓："'折腰体'，即以王维此诗为例。"盖王维之诗配比入乐而成《渭城曲》歌唱，以使宋人七绝依留"折腰体"，其体既不合诗律而流传，诚乐府之影响也。考之古乐府之《水调》《凉州》《大和》入乐而唱之七言绝句，多有失粘对也。是亦可知既入乐府，合律与否皆可以唱，一诗既为谱，引人仿效，由歌唱而定其辞之声韵格律，且成模式，终而成调，遂成定格也。

清翁方纲《石洲诗话》卷三云："《东坡集》中《阳关词三首》：一《赠张继愿》，一《答李公择》，一《中秋月》……特以其调皆《阳关》之声耳。《阳关》之声，今无可考。第就此三诗绎之，与右丞《渭城》之作，若合符节。……其法以首句平起，次句仄起，三句又平起，四句又仄起。而第三句与四句之第五字，各以平仄互换。又第二句之第五字，第三句之第七字，皆用上声，譬如填词一般。渔洋先生谓绝句乃唐乐府，信不诬也。”俞樾《湖楼笔谈》卷六云：“东坡集有《阳光曲》三首……翁覃溪先生《石洲诗话》谓与右丞《渭城》之作若合符节。……余细按之，翁说诚然矣。惟取四诗逐字排比之，他字无出入，惟第二句之第一字，右丞作是‘客’字，苏《赠张继愿》用‘戏’字，《答李公择》用‘行’字，《中秋月》用‘银’字，似乎平仄不拘。”清王文诰《苏诗编注集成》一五引江藩语云：“《阳光辞》古人但论三迭，不论声调。以王维一首定此词平仄。”

于戏，《阳关》之辞，变迁脉络明矣。右丞之作固为折腰之体，既而入乐，则人仿之，仿其乐且效其辞，其辞折腰则人尽折腰，似亦成《阳关》一体也。然右丞之诗终非入律之作，不可以合律之七言绝视之矣。又，今人之所谓琴歌《阳光三叠》者，非古乐也，清末张鹤辑《琴学入门》，全曲三叠唱，次第增之词句，盖发之诗意耳。

以诗为画

余偶得《唐诗画谱》一册，以唐人五七言绝句诗意，绘为图，左诗右图，相得益彰。人言王维诘诗中有画，画中有诗，此册则以画说诗，以诗图画，自有别趣也。谱乃影印明黄凤池本。以诗为画黄凤池实承之前人也。张华《博物志》言：“汉桓帝时，刘褒画《云汉图》，见者皆热。及画《北风图》，见者皆寒。”北风、云汉皆《毛诗》篇名也。《北风》云：“北风其凉，雨雪其雱。”“北风其喈，雨雪其霏。”盖绘其暴雪之状，故见者皆寒。《云汉》云：“旱既大甚，则不可推。”“旱既大甚，则不可沮。”盖绘其暑热大旱，故见者皆热也。

诗配之画，於蒙童初识实有大益，若为之解，殊不可达意，然视其画则心必喜之，其诗义自有心得，胜於为之解说矣。前人以诗为画其亦有此之意欤？余不得知也。

音由心生

世道升平，而笙笛箫管及弦索琵琶之音兴矣，余亦深慕乎斯也，然朝夕抚弄，无非荡涤胸中块垒耳。近阅钱咏《履园丛话》卷十二叙其学琴事，始恍然矣。台仙曰：始从学于鹿裘道士黄忠夫，习者有七八曲，如《良宵引》《静观吟》《秋江夜泊》《塞上鸿》《梧叶舞秋风》《梅花三弄》《普安咒》之类，乃知世之能琴者，盖星罗棋置焉。其时有俞宗灏号梅华，滕鉴号古明，潘奕正号月池，孔继洛号沛霖，田英号静莲……审其音节，大略相同。一旦恍然有悟曰："琴制虽古，音则非古，实是今之乐，而非古之乐也。"遂废弃不复弹。盖音之起，由人心生，人心不古，音岂能古耶？殆与笙笛箫管、弦索琵琶之音相类似也。呜呼，台仙之言善矣，音由心生，焉复有古今之别哉。余观夫今人抚琴，着非汉非宋之服，行非周非孔之礼，置七弦于喧嚣之所，其复有文武之音哉？或曰：此上古之音也。噫，上古之音存于圣贤之心，著于六经之文，舍其而欲求上古之音，难矣。

元杂剧之孙悟空

冬日闲居，取元杂剧消夜。阅《西游记杂剧》，与吴承恩小说多有不合，吴之小说虽谓原之《大唐西域记》，实多取于杂剧，然因明时挂碍颇多，故于大关节处改易矣。

元杂剧悟空自谓"一自开天辟地，两仪便有吾身"，"小圣弟兄、姊妹五人，大姊骊山老母，二妹巫枝祇圣母，大兄齐天大圣，小圣通天大圣，三弟耍耍三郎"。元时悟空尚为"通天大圣"，至明《二郎神锁齐天大圣》剧易为"齐天大圣"也。吴承恩小说沿袭不改。吴之小说谓悟空乃"花果山有一仙石，石产一卵，见风化一石猴"，众亲尽除，所虑者何欤？窃谓承恩所虑者当碍于明季诛连之律也。嘉靖间，构狱之事时生，承恩当亦有虑，悟空闹天宫乃"十恶不赦"之罪，九曜星官谓其"造反"无误。依大明律，"诸谋反及大逆者，皆斩；父子年十六以上皆绞，十五岁以下及母女、妻妾、祖孙、兄弟、姊妹若部曲、资财、田宅、并没官；伯叔父、兄弟之子皆流三千里，不限籍之同异”。其律尚非为酷，明成祖朱棣之诛方孝儒，创灭十族之举，古之未有矣。人伦之述，焉有十族之说。永乐帝之诛方孝儒时，九族亲戚之外，复增师友一族，所谓瓜蔓抄也。故悟空随须菩提学艺，然离师门言“决不敢提起师父一字，只说是我自家会的便罢”（《西游记》第二回）。悟空既无十族之虑，故方其闹天宫之时，无须瞻顾前后，畏惧首尾也。百密而一疏，至第八十四回“难灭伽持圆大觉，法王成正体天然”曰：“上面无绳扯，下头没棍撑。一般同父母，他便骨头轻。”呜呼，承恩露一破绽也。

卷二

古代之市场管理

古代之市，皆自为一区，别之于民居，故治理亦甚备，监督亦甚严。据《周官》记载，市有胥师以察其诈伪，贾师以定其恒贾，司虣以禁其斗嚣，司稽以执其盗贼，胥以掌其坐作出入之禁令，肆长以掌其货贿之陈列，而司市总其成。其为市之区域，亦甚分明。《东京梦华录》载宣德楼前省府宫宇、朱雀门外街巷、州桥夜市、东角楼街巷等皆以所营之业而归之。其于市之管理则尤为严峻，《礼记·王制》载之甚详，录于右：

有圭璧金璋，不粥于市。命服命车，不粥于市。宗庙之器，不粥于市。牺牲不粥于市。戎器不粥于市。用器不中度，不粥于市。兵车不中度，不粥于市。布帛精粗不中数，幅广狭不中量，不粥于市。奸色乱正色，不粥于市。锦文珠玉成器，不粥于市。衣服饮食，不粥于市。五谷不时，果实未熟，不粥于市。木不中伐，不粥于市。禽兽鱼鳖不中杀，不粥于市。

考其所禁，或遵于礼，若宗庙之器、牺牲、命服命车类；或遵于法，若戎器类；或严于物之质量，或保护农时及生态环境，斯为周而善也。其于伐木、捕鱼类则亦孟子尝言之者。

古人取名不讳龟

今人口语惯以龟字诟人，名与号绝无以龟而称。乡民俗以纵妻淫行者为龟，不知起於何时也。

然赵翼《陔余丛考》卷三十八“讳龟”条则列数历代以龟为名者数十，且言“是唐宋以来，并未以龟为讳也”。《左传》有公子围龟，楚有斗韦龟，汉有京兆尹陈龟，幽州刺史朱龟。盖自春秋始至宋，人未以龟为讳也。余权取人所耳熟者列之。唐有乐家李龟年，诗人陆龟蒙，北宋理学大家杨时，号龟山，南宋状元王十朋字龟龄，此皆世人所知者也。白居易有侄名龟，故其有《闻龟儿咏诗》诗，今人岂有以龟儿称人者欤？宰相吕蒙正，其父名龟图，其弟名龟祥。苏轼於儋耳尝受葛延之所赠龟冠，坡公答以诗。

陆放翁晚岁号龟堂，故其诗时以“龟堂老”“龟叟”自称，《近郊村暮归》诗云“龟屋新裁二寸冠”，自注云“近以龟壳作冠，高二寸许”。

夫古时不以龟为讳，有其本也。《礼记·礼运》以龟与麟、凤、龙合谓“四灵”，复以玄武之别称与苍龙、白虎、朱雀为“四灵”，乃为二十八宿之“四象”也。古人以龟为长寿物，且俱神灵。殷之前，以龟甲占卜，汉时丞相、三公、列侯、将军所佩印信均以金印龟纽，故称“金龟”。唐武则天时，三品以上官员皆佩龟以为服饰，故李商隐《为有》诗云“无端嫁得金龟婿，辜负香衾事早朝”。

崇龟之俗至元后方衰。陶宗仪《辍耕录》录金方嘲讽诗，方对龟大不敬也。其诗云“宅眷皆是撑目兔，舍人总作缩头龟”。撑目兔者，谓无夫之妇人望月而孕，缩头龟者，谓容妻与人通淫，故元之后，龟渐为诟人之语焉。然世亦有执意好古者，清末名臣潘祖荫、民初袁世凯之子袁克定皆以“龟庵”为号，是亦不畏人言者也。

古人之小名

人之於名、字外，幼时尚有小名，此俗古今一也。游国恩先生《离骚纂义》谓小名“兴於两汉，盛於六朝”。余阅《世说新语》，权贵间互以小名相称，比比皆是也。《世说新语·豪爽》载：“卿语阿黑，何敢不逊。”“阿黑”，东晋权臣王敦之小字也。王导则小字阿龙。

余尝读史籍，见《宋书》《南齐书》《梁书》《陈书》《南史》诸史，於帝王《本纪》皆述其名字复记其小字，尤为有趣，他史无此习也。如《宋书·武帝本纪》：“高祖武皇帝讳裕，字德舆，小名寄奴。”《南齐书·高祖本纪》：“太祖高皇帝讳道成，字绍伯，姓萧氏，小讳斗将。”《梁书·武帝本纪》：“高祖武皇帝讳衍，字叔达，小字练儿。”诸如宋少帝刘义符小字车兵、宋文帝刘义隆小字车儿、宋孝帝刘骏小字道民、前废帝刘子业小字法师、陈后主陈叔宝小字黄奴。《颜氏家训·风操》载：“梁武帝小名阿练，子孙呼练为绢。”故王士禛《香祖笔记》卷十亦载此事，以为后世所称之绢即古之练，“今绢布之绢，俗罕知其为练矣”。

古之人称人小字不讳，辛弃疾名词《永遇乐·京口北固亭怀古》“斜阳草树，寻常巷陌，人道寄奴曾住”；“可堪回首，佛狸祠下，一片神鸦社鼓”。“寄奴”，南朝宋武帝刘裕之小名；“佛狸”，北魏太武帝拓跋焘之小名，一词中以小名称两帝，全无轻蔑之意，是知其时风尚也。李商隐有名句“雏凤清于老凤声”，乃赞誉少年韩偓诗才，出蓝而胜蓝也。其诗题曰《韩冬郎即席为诗相送，一座尽惊。他日余方追吟“连宵侍坐徘徊久”之句，有老成之风，因成二绝寄酬，兼呈畏之员外》，此言“冬郎”者，即韩偓之小名也。

古人小名亦类今，喜带一“阿”字，犹今之多见之“阿牛”“阿毛”“阿兰”者。三国时刘禅小名阿斗，人尽知之。如称“阿瞒”者则多不易别之也。曹孟德小名阿瞒，凡读《三国》者皆知，然唐太宗李世民亦小名阿瞒，知之者鲜也，《酉阳杂俎》卷一载，“玄宗，禁中尝称阿瞒”。则李隆基亦小名阿瞒，故称阿瞒当别之矣。袁庭栋先生尝言唐诗人陆龟蒙尝撰《小名录》，专以记古今小名，惜未传世。

韩愈婿自称门人

《韩昌黎集》序，署“门人李汉编”，李汉实昌黎之婿，然但称门人。《朱子集》黄干所编，干乃朱子之婿，亦以门人称。明胡居仁撰《易象钞》，余祐编，祐字子识，弘治己未进士，年十九受业於居仁，居仁以女妻之，而祐卷首亦称门人。盖儒学重道统而轻私亲，文以载道，编其文者重其道也。称门人则自以传其道统，称婿则传其私亲也，故李汉既有门人之称，黄干、余祐亦效之焉。

汉代尊称卑为公

公，乃古时尊称，若周时有周公、召公、毕公，诸侯卿大夫亦称公，若青铜重器毛公鼎之毛公。春秋之时，诸侯大多称公，若晋文公、齐桓公、秦穆公。至战国时，公亦为常人之尊称。《史记》记秦末汉初事，可见有沛公、滕公、戚公、柘公、薛公、萧公、陈公、魏公、留公、吕公等，皆非贵族，亦非长者。《史记·陈涉世家》载，大泽乡起事之戍卒亦敬称为公：“公等遇雨，皆已失期，当斩。”故顾炎武不以为然，《日知录》卷二十《非三公不得称公》条谓：“今日志状之文，人人得称之矣，何其滥与。何其伪与。”宋洪迈《容斋续笔》卷五《公为尊称》条谓“尊其道而师之称曰公”，“年之长者曰公”“凡人相与称呼者，贵之则曰公”。

凡左所论，皆以公之称为尊也。然余阅汉时典籍，时有尊者而称卑者为公，似不以公之称为尊也。

有父称子为公者，若《史记·陆贾列传》载，陆贾与子立约，曰“无久慁公为也”。又《晁错列传》载，错之父见错即有杀身之祸，曰：“公为政用事”，“多怨公者”，“吾去公归矣”。

有君称臣为公者，若，《史记·淮阴侯列传》载，汉高祖责萧何曰：“公无所追，追信，诈也。”又《史记·田叔传》：“孝文帝既立，召田叔问之曰：‘公知天下长者乎？’对曰：‘臣何足以知之。’上曰：‘公，长者也，宜知之。’”《汉书·车千秋传》载，汉武帝谓车千秋曰：“公独明其不然……公当遂为吾辅佐。”《南齐书·周盘龙传》载，周有大功，齐高帝遗其爱妾杜氏厚礼，曰“饷周公阿杜”。《新唐书·裴矩传》载，唐太宗尝称裴“公定多智”。又《郭子仪传》载，唐肃宗尝谓郭曰：“自今公毋有疑。”

有师称弟子为公者，若《史记·叔孙通传》载，叔孙通秦时已为“待诏博士”有弟子数十，尝相言：“出宫，反舍，诸生曰：‘先生何之谀也？’通曰：‘公不知也，我几不脱於虎口。’乃亡去。”

读《史记》至此，疑不能释矣。抑或汉时之称与上古后世皆异哉？近时读钱大昕《十驾斋养新录》，其卷十一有《太史公释名义》条曰“西汉敬其人则曰君”；“《史记》称公，不为尊也”。噫，潜研老人一语而解吾惑也。循其言，复检王先谦《汉书·陆贾传》之《补注》，“汉人称公，无尊卑贵贱皆用之”。是知读书不易，余虽秉烛亦无所为矣。

胡笳催奶

乾隆帝之诗世人鲜有推崇，然其《御制诗集》三集卷三四有《咏驼》诗，读之感人，当有所感发而书之者也。其诗曰：

驼有懒乳者，忽复厌其驹。踶啮不肯哺，弱难饲以雏。嗷嗷待冻毙，行将弃诸涂。唯彼特墨赤，识性计有馀。胡笳奏其旁，哀腔鸣呜呜。感驼心生怜，乳驹乃如初。蘽盐旋长成，致远收良图。口询非耳闻，此事信匪诬。呜呼，驼独非兽乎？凯风之母兽不如。

驼之拒哺，当若牛羊类，时或有之，然蒙人乃假胡笳之乐而感之，此抑或古之对牛弹琴乎？呜呼，驼亦知乐者也。余查诸乐调，乃知蒙古族古有所谓催奶调，为短调之乐，凡母畜有厌哺者，牧者以胡笳吹其傍，久而复哺。蒙人称特墨者，驼也，特墨赤，牧驼者也。

或曰，胡不以马头之琴耶？盖今人皆以马头之琴为蒙人所独操者，未知其琴乃嘉庆后方渐趋定形，乾隆咏驼之时，当无马头之琴也。胡笳为古匈奴之器，蔡文姬《胡笳十八拍》有“胡笳本自出胡中，缘琴翻出音律同”之句可证。不知今之蒙人遇母畜有厌哺者，以马头之琴催之耶？抑或以胡笳催之耶？

黄带子与红带子

满人入关，於典章制度大多沿循明制，惟服饰不与明类，朝服之制亦多有改易。顶戴花翎外，复有腰带之制，前朝未之有，系太宗时所定也。

清太宗崇德元年尝定亲王以下宗室皆束金黄腰带，以示身份。盖以努尔哈赤之生父塔克世为本支，是为宗室，伯叔兄弟等为旁支，称之“觉罗”。宗室系黄带子，觉罗系红带子，以示皇族身份尊贵与识别。既入主中原，顺治十八年方成其制，盖有朝带、吉服带、常服带与行服带四类。带以丝织成，以四圆形或方形之金属镂花版衔接，版上镶嵌宝石珠玉以为饰物，带左右版配两环，以系挂荷包类饰品。带之色其制甚严，帝之腰带用明黄色，宗室皆用杏黄色，爱新觉罗族外官员概系蓝或石青色。

清初入关时，系黄带子者仅数百耳，然至嘉庆间，竟达数万，其增何以速矣。黄、红之带，虽为宗室、觉罗所系，然自顺治至嘉庆，亦有以军功而得赏者。雍正元年，青海平，上授岳钟琪三等公，赐黄带。乾隆三十三年，明瑞因“进剿缅夷”有功，授一等诚嘉毅勇公，赏黄带子。乾隆五十五年，大学士和珅恩赏黄带子。嘉庆时赏秦承业黄带子。至是，则黄带子非独宗室之标识也。

黄带、红带之既有赏，亦有所革。人皆熟知者即为雍正四年正月，清世宗革其弟皇八子允禩、皇九子允禟黄带子。《清通鉴》载，雍正四年正月戊戌“谨述皇考‘朕与允禩，父子之恩绝矣’之谕，遵先朝削籍离宗之典，著将允禩革去黄带子，削除宗籍。其同党允禟、苏努、吴尔占亦革去黄带子，削除宗籍”。革之外尚有“降”之制。腰带之制乃赏有赐，罚有革。宗室、觉罗所犯事若非“背国阿附”，皆有宽宥之策，即权将“黄带”降为“红带”，若“红带”犯事则降为“紫带”，如是而已。

清邹容所书《革命军》亦有言及黄带子、红带子，其曰：“我同胞不见夫彼所谓八旗、宗室人员、红带子、黄带子、贝子、贝勒者乎？甫经成人，即有自然之禄俸。”是知至清末时，黄带、红带之制仍存也。

徽商占籍应试

明清时，徽商遍全国，执商界牛耳者皆徽商也。然为商势客於他乡，明制，应试当属原籍，故徽商为之苦。俞荫甫《九九消夏录》卷十“浙江商籍”条载叶永盛疏请许商人占籍应试事。

明叶永盛，字子沐，泾县人，万历己丑进士，官至太仆寺少卿，《明史》有本传。万历中，永盛以御史巡视浙江盐政。知徽商客於浙者甚众，然子弟无籍，不得应试。永盛遂疏请徽商占籍应试，上准，是商人占籍应试事由此始。永盛亦徽人，复於西湖建崇文书院，徽商子弟可入学也。今传有《叶永盛全集》四卷，后附《乡会中式录》一卷，记徽商占籍后，历科中式者，皆载其姓名。

窃谓应试属本籍，自唐宋即行，盖欲匀各地中式之额也。然为商者焉能居之一地哉？永盛之举，虽有维护桑梓之私，然天下非独徽商，故所护者天下商人之子弟也。万历至今六百馀年也，然应试属籍如故，其见笑於永盛矣。

交杯酒

余时睹有友朋相聚者，酒澜之时则男女互饮交杯酒借以助兴，其行悖矣。夫交杯而饮者，古之婚宴之仪也。《礼记·昏仪》载：“妇至，婿揖妇以入，共牢而食，合卺而酳，所以合礼同尊卑，以亲之也。”《礼记·曲礼》则述：“为酒食以召乡党僚友。”前谓新人入洞房后须共食祭祀之三牲，夫妻饮合欢酒，以示相敬如宾，缔结永好。后则言明备酒而待亲朋，二仪相合，夫妻之礼而成。

婚礼之上新人饮“交杯酒”乃婚礼之仪，古之谓“合卺礼”也。“合卺礼”始于周，《礼记·昏仪》载：“夫妇共牢而食，合卺而握。”其仪盖将一匏瓜剖而为二瓢，谓之卺。婚礼之仪则新人各执一瓢以酒漱口，谓之“合卺”，故人多以合卺为成婚之名也。此俗演绎则成后来之交杯酒。

以瓢为爵而盛酒，夫妻共进之，其义者何？盖匏味苦，饮瓢中之苦酒以示夫妻同甘共苦，患难与共之意。又征夫妻类同此瓢，合而为一也。余考匏乃古之八音之一，《风俗通义·声音》卷六云：“声者，宫、商、角、徵、羽也，音者，土曰埙，匏曰笙，革曰鼓，竹曰管，丝曰弦，石曰磬，金曰钟，木曰柷。”《尚书》：“八音克谐，无相夺伦。”又，笙与生谐音，暗喻夫妻早生也。

以瓢合卺乃古礼，至唐始以杯代瓢为酒器。及宋，破匏为二之爵易为两木杯。合卺之礼易为新人共饮交杯酒。《东京梦华录·娶妇》载：新人“用两盏以彩结连之，互饮一盏，谓之交杯。饮讫，掷盏并花冠子于床下，盏一仰一合，俗云大吉，则众喜贺，然后掩帐讫”。

呜呼，交杯之酒乃婚礼之仪，岂可滥行。世风日下，先王之道不行，可窥一斑矣。

节日假

以节为假始于汉。据《后汉书·礼仪志》载，汉时冬至、夏至各休假五日，“冬至前后，君子安身静体，百官绝事，不听政，择吉辰而后省事”，

“夏至日，礼亦如之”。盖时人以为夏至之“至”有三义，“一者阳极之至，二者阴气始至，三者日行北至”。亦复如是，冬至之“至”亦有三义，“一者阴极之至，二者阳气始至，三者日行南至”。既阴阳相争、阴阳失调之时，人故宜“安身静体”也。复有伏日，俗传“伏日万鬼行”，诸事不宜，故休假一日。

节假之盛则始于唐。开元七年令以二十馀节为假日，假时至四十日。元日、冬至各七假日，夏至、腊日各三日，正月七日（人日）、十五、晦日、春社、秋社、二月八日、三月三日（上巳）、四月八日（佛生日）、五月五日（端午）、初伏、中伏、末伏、七月七日（七夕）、九月九日（重阳）、十月一日、立春、立夏、立秋、立冬等各假一日。开元二十五年令复增帝诞日节假三日、七月十五（中元）节假一日，寒食清明假四日。后世之节假或有增减。

宋初令岁节、寒食、冬至各假七日；圣节、上元、中元各假三日；春社、秋社、上巳、重午、重阳等十八节各假一日；夏至、腊日各假三日。至神宗元丰五年，祠部重厘官吏之假，竟达七十六日。

至明清，节假之制缩减。明初仅元旦假五日、冬至假三日，至永乐间增元宵假十日，亦仅一十八日也。据《大清会典则例》，清时有假节六，然假日仅一十四日矣。其假为元旦七日、上元三日、端午、中秋、重阳、帝诞各一日。自汉至清，节之名目繁多，然皆重时令，以顺天时耳，唯民国后，节之名目重政治，不复顺天时也。

金盘露

元人宋伯仁有《酒小史》，述春秋迄元酒百馀种，中有“处州金盘露”。廿年前处州碧湖酒家尝酿此酒，味甚佳。

《鹤林玉露》丙编卷四载：“杨诚斋退休，名酒之和者曰‘金盘露’，劲者曰‘椒花雨’，尝曰：‘余爱椒花雨，甚於金盘露。’心盖有为也。”“金盘露”之名，自宋始，多有言及。欧阳修词云：“八月微凉生枕簟，金盘露洗秋光淡。”杨诚斋《赋金盘露椒花雨》诗云：“金盘夜贮云表露，椒花晚滴山间雨。”盖“金盘露”“椒花雨”皆酒名也。清曹寅《南辕杂诗·宿任丘》诗云：“三杯野具椒花雨，一领新缝白兔裘。”椒花雨，酒也。宋人唐庚，字子西，尝名酒之和者曰“养生主”，劲者曰“齐物论”。以其说则“金盘露”养生，而“椒花雨”齐物也。京师故宫寿康宫有乾隆帝联：“金盘露满瑶华丽，丹粟祥凝鹤算绵。”是金盘露名亦入於帝王家矣。

《徐文长逸稿》集中诗注云：“处州盛以露酿，四方多来贩，名金盘露。”是知明时处州酿“金盘露”名盛於时。惜今无酿者也。

缙云氏考略

戊戌仲春，偶於江明先生处阅《二十五史与处州》，开卷《史记》即引“缙云氏”，盖以之为今括州缙云县也。殊不知太史公之称“缙云氏”乃引自《左传·文公十八年》，《左传》云：“缙云氏有不才子，贪於饮食，冒於货贿，侵欲崇侈，不可盈厌，聚敛积实，不知纪极，不分孤寡，不恤穷匮，天下之民以比三凶，谓之饕餮。”《史记·集解》引贾逵曰：“缙云氏，姜姓也，炎帝之苗裔。”《集解》又引应劭曰：“黄帝受命，有云瑞，故以云纪事也。春官为青云，夏官为缙云，秋官为白云，冬官为黑云，中官为黄云。”是黄帝以云名官，掌四季之事也。夏官名缙云氏，其后裔以缙云为姓，后略缙为云姓，此云姓之始也。

今处州缙云县，建於武周万岁登丰元年，以境内古缙云山而得名，属括州。是知太史公所言“缙云氏”乃掌夏时民事之官也，传黄帝亦尝号缙云，史乘未有实载。三代之说，本多子虚，焉可以古之名而强附会之哉。太史公所谓“缙云氏”，《集注》言之甚明，迥非难释，然强附之於处郡事，殊难解焉。

缙云酝匠

宋杨亿尝口述一事，载于《杨文公谈苑》，谓：缙云榷署一匠，善酝，经手者罔不醇美。尝令写其方，俾建安姻家造之，味不绝佳。因召匠诘其传方之谬，匠曰：“方尽于是矣。然其酘浆，随天气温炎寒凉，量多少之数，均冷暖之节，揽匀洽，尝味体测，此不可口授，但心能晓耳。家有二子，亦不能传其要。”

酝匠之言善矣。凡一技超乎人者，皆以其历久锻炼而成，既熟谙于身手，且于其中关节处得之于心，即传之他人亦不可为矣。酝匠之说与庄周所论同。《庄子·天道》云：恒公读书于堂上，轮扁斫轮于堂下……（轮扁曰）“臣也以臣之事观之。斫轮，徐者甘而不固，疾则苦而不入，不徐不疾，得之于手而应于心，口不能言，有数存焉于其间。臣不能以喻臣之子，臣之子亦不能受于臣，是以行年七十而老斫轮”。自庄周之说出，后人多有以之附会而言者。欧阳修《归田录》亦载卖油翁事，与酝匠类。其曰：陈康肃公尧咨善射，当世无双，公亦以此自矜。尝射于家圃，有卖油翁释担而立，睨之，久而不去。见其发矢十中八九，但微颔之。康肃问曰：“汝亦知射乎？吾射不亦精乎？”翁曰：“无他，但手熟尔。”康肃忿然曰：“尔安敢轻吾射。”翁曰：“以我酌油知之。”乃取一葫芦置于地，以钱覆其口，徐以杓酌油沥之，自钱孔入，而钱不湿。因曰：“我亦无他，唯手熟尔。”康肃笑而遣之。

近时有司倡工匠精神者，盖自科技日兴，人或多倚之者，然科技日兴而人之惰性亦日增，岂发明科技者之初衷耶？以酝匠论，其熟谙于冷暖之节，温炎寒凉，岂以巧技而能为之者？仪狄、杜康之制酒，其亦依自然之道，谙物之性耳。杨亿、欧阳公宋人也，其尚以业精于勤而教人，况今之人崇巧技之物而轻于艺，尤可戒也。

京城房价

今人每谓京城之房价昂，较之唐宋，亦复如是矣。韩愈《示儿》诗云：“始我来京师，止携一束书。辛勤三十年，以有此屋庐”；欧阳修《答梅圣俞大雨见寄》诗云：“嗟我来京师，庇身无弊庐。闲坊僦古屋，卑陋杂里闾”；苏辙《买宅》诗云：“我老未有宅，诸子以为言”。《幽闲鼓吹》记白居易初至京事，曰：“白尚书应举，初至京，以诗谒顾著作。顾睹姓名，熟视白公曰：‘米价方贵，居亦弗易。’乃披卷首篇曰：‘咸阳原上草，一岁一枯荣。野火烧不尽，春风吹又生。’即嗟赏曰：‘道得个语，居即易矣。’因为之延誉，声名大振。”然乐天有《卜居》诗云：“游宦京都二十春，贫中无处可安贫。长羡蜗牛犹有舍，不如硕鼠解藏身。”翻检史乘，迫于屋仄或赁房而居者众矣。

朱熹尝谓："祖宗朝，百官都无居住，虽宰执亦是赁屋。自神宗置东西府，宰相方有第"（《朱子语类》卷一二七）。此言虽有所夸，然亦可窥是时京都房贵。真宗朝枢密副使杨砺"僦舍委巷中"，及其卒，真宗亲临祭之，然车马不能入，惟"冒雨步进"。考之唐宋朝，会试之举子，待职之官员，其滞留京城者或"寓居僧舍"，或"赁寄邸店"，所在不可胜数矣。《东京梦华录·寺东门街巷》记东京旅店聚集有两大处：汴州桥近郊"东去沿城皆客店，南方官员、商贾、兵级皆于此安泊"；景灵宫以东"第三条甜水巷"以东，亦是客店区。故近代北京人有"吃瓦片儿"一说，意谓依赁屋而为生计者也。

呜呼，古之京官尚需赁屋而居，固以房价昂贵故，然其清廉亦可窥也。近时多有言北上广房价者，书此以资相较耳。

酒食地狱

官场应酬，自来已久，至于宴筵无度，不独暴殄天物，人亦不堪其苦也。《泮洲可谈》卷三载："杭州繁华，部使者多在州置司，各有公帑。州倅二员，都厅公事分委诸曹，倅号无事，日陪使府外台宴饮。东坡倅杭，不胜杯酌，诸公钦其才望，朝夕聚首，疲於应接，乃号杭倅为'酒食地狱'。后袁毂倅杭，适与郡将不协，诸司缘此亦相疏，袁语所亲曰：'酒食地狱，正值狱空。'传以为笑。"

夫东坡、袁毂所言事，当非空穴之语。余生也晚，而二公所言亦尝目睹。所叹者古今何相似如此。人喜与东坡宴饮者，慕其才望也，而今之宴饮者，或阿谀权贵，或有所求事，若似东坡文士，绝无相宴也。坡公以地狱目之，知其实苦，而今正值狱空，不亦幸乎？

聚血为山

帝王奢华，自古皆然，有宋一代，竞相奢华，其风既兴，即南渡后亦不可免也。然立国之初，太祖、太宗尚能惕之，真宗在朱邸时亦复知戒奢靡，其风既兴，不可禁也。

《国老谈苑》卷一载："真宗在朱邸，时诸王竞营假山。兖王山成，合宴以赏，真宗豫焉。酒方洽，王指谓侍读姚坦曰：'是山崇丽乎？'坦曰：'聚血尔，何山之谓也？昔年夏侯峤为宛丘令，田赋充而迁，督刑之血，日沃于庭。此山之工，实倍彼赋，非聚血而何？'上不怿而辍宴，还第，乃去山为壁，写《儒行篇》。他日，对而命宴，坦叩头谢曰：'非英贤何能及此。'"盖真宗府邸亦建假山，故闻而惕之也。及宋延南渡，虽屈辱苟安，高宗仍修太庙，建明堂，宫殿楼观一时复兴焉。故林升《题临安邸》诗云："山外青山楼外楼，西湖歌舞几时休？暖风熏得游人醉，直把杭州作汴州。"时人讥西湖乃"销金锅"也。嗟夫，姚坦於诸王前直言聚血为山，其言危矣，然真宗纳其言，盖太宗尝委坦督之诸王，若非，焉可如此哉？及真宗即位，坦终不复用。

开济创会计书写数目大写字

今凡会计票据所书数字皆为大写，凡一、二、三、四、五、六、七、八、九、十字为壹、贰、叁、肆、伍、陆、柒、捌、玖、拾字。其制始于明初，乃开济于户部时所定。探其因乃源于明初郭桓案也。

《明史·刑法二》载："郭桓者，户部侍郎也。帝疑北平二司官吏李彧赵德全等，与桓为奸利，自六部左右侍郎下皆死，赃七百万，词连直省诸官吏，系死者数万人。"此亦明初惩贪之一大狱也。太祖为之叹曰："朕才疏德薄，控御之道竭矣。"究其手法，多有涂易数字者。

开济者，字来学，洛阳人氏。元末为察罕帖木儿掌书记。洪武初以明经举。授河南府训导，入为国子助教。十五年七月，御史大夫安然荐济有吏治才，召试刑部尚书，逾年实授。《明史》卷一百三十八有《开济传》，曰：济"以综核为己任，请天下诸司为文簿，日书所行事，课得失。又各部勘合文移，立程限，定功罪。又言：'军民以细故犯罪者，宜即决遣。'数月间，滞牍一清。帝大以为能。"郭桓案后，开济乃易会计票据之数字为今之大写者也。此法既行，沿用于今，不复易之。惜开济既治贪而后以身试法，以贪而被洪武诛之。

李龟年卖艺

唐开元中，乐工李龟年、彭年、鹤年兄弟三人皆有才学盛名。彭年善舞，鹤年、龟年能歌。龟年尤得玄宗宠幸，《明皇杂录》记曰：“特承顾遇，於东都大起第宅，僭侈之制，逾於公侯。宅在东都通远里，中堂制度甲於都下。”伶人而得宠如此，古今未之有也。安史乱后，龟年流落江南，每遇良辰胜景，为人歌数阕，座中闻之，莫不掩泣罢酒。杜甫尝有《江南逢李龟年》诗赠之云：“岐王宅里寻常见，崔九堂前几度闻。正是江南好风景，落花时节又逢君。”盖其时杜甫亦流落江南也。龟年性好乐，善歌，擅吹筚篥，奏羯鼓，尤精制曲，然一代名伶，於乱世中竟至沦落卖艺，不亦悲乎。《云溪友议》记其曾於湘中采访使筵上唱《红豆诗》及“清风朗月苦相思，荡子从戎十载馀。征人去日殷勤嘱，归雁来时数附书”。两词皆王右丞所制也。龟年与玄宗以乐相交，其情迥非以伶人视之，余谓玄宗亦真好乐者，以帝王之尊而交伶人之友，古今仅明皇也。

伶人不得称字

人之有名复又称字，始于周时。《礼记·檀弓上》：“幼名，冠字。”《礼记·曲礼上》：“男子二十，冠而字。”然所字者，士人也，贱民则无称字之俗。伶人素属贱民之列，谓之娼夫，亘古无字。伶官之盛莫过于唐，然若李龟年、尚玉楼、李可及之属俱以优名呼之，虽至与人主狎，终未有称字者。《万历野获编》卷二十一载“伶人称字”条，曰：“正德间教坊奉銮臧贤者，承武宗异宠，扈从行幸，至于金陵处士徐霖、吴郡礼部郎杨循吉并侍左右。时宁王宸濠妄窥神器，潜与通书札，呼为‘良之契厚’，令伺上举动。‘良之’，贤字也，逆藩之巧，乐工之横，至此极矣。”

夫后唐庄宗宠伶人而致身死国亡，武宗宠贤如此，至交结逆藩，几亦危矣。夷人无知，尚晓限伶人之适宜，武宗反不如也。《金史》卷三十九载：“自古并无伶人赴朝参之例，所以教坊人员只宜听候宣唤，不合同百寮赴起居。”章宗明昌二年十一月甲寅，禁伶人不得以历代帝王为戏及称万岁者。至民国时，伶人方有称字者，若梅兰芳，字畹华，号缀玉轩主人，然人皆以其艺名兰芳称之。

六六为凶数

今人喜六、八之数而恶四之数，虽智者亦不能免，吾为之惑也。夫所谓“六六大顺”者源於《易》，盖六为阴爻，九为阳爻，六六为“坤”卦，上六爻，龙战於野，其血玄黄，乃大不顺之卦象，因其不顺，人固以大顺称之，以冀其私心耳。或曰六六而顺取之於石碏之言。《左传·隐公三年》石碏谏隐公曰：“臣闻爱子，教之以义方，弗纳於邪。骄、奢、淫、逸，所自邪也。四者之来，宠禄过也。……且夫贱妨贵，少陵长，远间亲，新间旧，小加大，淫破义，所谓六逆也；君义，臣行，父慈，子孝，兄爱，弟敬，所谓六顺也。”六者有六顺亦有六逆之说，岂可概以六六之数为顺哉？

俞荫甫《九九销夏录》卷四云：明张居正、吕调阳同上《帝鉴图说》，取尧舜以来善可为法者八十一事，恶可为戒者三十六事，其《进书疏》云：“善为阳、为吉，故数用九九；恶为阴、为凶，故数用六六。”知明代人以六六为凶之数也。呜呼，天道运行，人事祸福岂以数而定之哉。今人忌四，盖其音谐死，然究之南地方音，多有不谐於死者。拘墟之见，君子不为也。

陆游名字

陆游字务观，号放翁。《尧山堂外纪》卷六十一载：“或云其母梦秦少游至而寤，遂生放翁，因以其字命名，而名为字。”《四朝闻见录》则云：“盖母氏梦秦少游而生公，故以秦名为字而字其名。或曰公慕少游者也。”于戏，窃谓二说皆不足信。盖放翁之母唐氏，会稽名门之女也，焉有梦少游而以之名字子者欤？叶绍翁之说尤谬，人之名者，父母命之，放翁即慕少游亦不可改易本名焉。放翁《题陈伯予主簿所藏秦少游像》诗云：“晚生常恨不从公，忽拜英姿绘画中。妄欲步趋端有意，我名公字正相同。”绍翁所谓“慕少游者”

盖此也。正相同三字可证放翁非改易本名也。

窃谓放翁之名当取之《列子·仲尼》，其篇壶丘子论游云："务外游，不知务内观。外游者，求备於物；内观者，取足於身。取足於身，游之至也；求备於物，游之不至也。"外游，内观，子列子所说也，放翁必当知之，然名字父母之命，未可揣说耳。后人唯其与少游名字巧合，斯亦如孔融言伐纣，以妲己与周公，想当然耳。

名人口吃

人或有口吃者，每为人耻笑之，然余读史，时见有成大器者口吃，乃渭然叹之曰：凡有缺陷者，其发愤尤胜於常人，盖其既羞於人前，故於所事之业尤专心致志，故其常胜於人也。

口吃，古之所谓謇吃者也。战国时，韩非乃韩国之诸公子，数上书请变法图强，惜不为用。《史记·老子韩非列传》载：（韩非）"喜刑名法术之学，而其归本於黄老。非为人口吃，不能说道，而善著书。与李斯俱事荀卿，斯自以为不如非。"

秦汉之时，有周昌者，沛人也。秦时为泗水卒史，后随汉高祖入关破秦，汉朝立，昌迁御史大夫，封汾阴侯。《史记·张丞相列传》载："昌为人强力，敢直言……（上）乃欲废太子，而立戚姬子如意为太子……周昌廷争之强，上问其说，昌为人口吃，又盛怒，曰：'臣口不能言，然臣期期知其不可。陛下虽欲废太子，臣期期不奉诏。'上欣然而笑。"

蜀人司马相如，汉之名士也。所著《上林赋》《大人赋》，历千载而不衰，然其亦患口吃之疾。《史记·司马相如列传》载："相如口吃而善著书。"西汉名将李广，镇北边，与匈奴七十馀战，匈奴呼为"飞将军"。《史记·李将军列传》载，太史公於传末赞曰："余睹李将军悛悛如鄙人，口不能道辞。及死之日，天下知与不知，皆为尽哀。"班固《汉书·李广苏建传》亦曰："李将军恂恂如鄙人，口不能出辞。"扬雄善为辞赋，以文章名世。《汉书·扬雄传》曰：扬雄"为人简易佚荡，口吃不能剧谈，默而好深湛之思"。

三国之时，邓艾亦口吃。《三国志·魏书》载："为都尉学士，以口吃，不得作干佐。"《世说新语·言语》载："邓艾口吃，语称'艾艾'，晋文王戏之曰：‘卿云艾艾，定是几艾？’对曰：‘凤兮凤兮，故是一凤。’”此事罗贯中移花接木，司马昭易为司马懿也。

西晋间左思，尝作《三都赋》，一时洛阳纸贵。《晋书·文苑传·左思》载：“貌寝，口讷，而辞藻壮丽。”

唐代陆羽号“茶山御史”，著《茶经》，后人尊为“茶神”也。然其口吃而貌丑。《唐才子传》卷三载羽：“貌寝，口乞而辩。闻人善若在己。与人期，虽阻虎狼不避也。”孟郊，工诗，以苦吟著称，人谓之“诗囚”。其乐府诗《游子吟》传至今。明人郎瑛《七修类稿》卷二十一“辩证类”载：“韩十八《答杨子书》中曰：‘东野吃吃说足下不离口。’是亦有周昌、邓艾之病。”

清末民初有八指头陀者，诗名、僧名满天下，然话语口吃，其於书信尝自谓“吃衲”。郑逸梅《艺林散叶》云：“寄禅诗僧口吃，自号吃衲。”

史籍所载口吃者颇多，余聊取一二人所熟知者记之。至若近世之名人口吃者岂鲜焉，若王国维、马君武、刘师培、柳亚子、冯友兰、顾颉刚、陈登恪、王芸生、萧乾等皆患口吃之疾矣。

南北朝时不以膏粱为恶语

今人詈人子弟无行，则谓其“膏粱子弟”，犹清之“八旗子弟”类。《孟子·告子章句上》：“《诗》云：‘既醉于酒，既饱于德。’言饱乎仁义也。所以不愿人之膏粱之味也。”《国语》卷十三《晋语七》：“栾伯请公族大夫，公曰：‘夫膏粱之性难正也。’”杜甫诗云：“饱食复何心，荒哉膏粱客。”柳宗元《柳浑行状》云：“味道腴以代膏粱。”宋曾敏行《独醒杂志》卷十：“蔡京诸孙，生长膏粱，不知稼穑。”上之所引皆以膏粱比乎纨绔，故世俗语人为膏粱子弟，未有不愤然也。然余阅南北朝时，不以膏粱之词为恶语也。

《南史》载：宋荀伯子自矜藉阴之隆，谓王宏曰：“天下膏粱，惟使君与下官耳，宣明之徒不足数也。”又，王昙首与从弟球诣宋帝，帝曰：“并膏粱世德，乃能屈志戎旅。”魏李孝伯语张畅曰：“君南土膏粱，何为着屩？”畅曰：“膏粱之言，诚为多愧，但以不武，受命统军，戎阵之间，不容缓服。”以诸条所引论，是时皆以膏粱之称为美谈，或以为誉，或以自谦，概非恶语也。

南北之分乃江河之别

俞荫甫《九九消夏录》卷十四云：“南条之水江为大，北条之水河为大。西北之地，皆河所环抱，故三代建都皆在河北。东南之地，皆江所环抱，故荆楚之强，自三代至今未艾。南北之分，实江河大势使然也。”

南北之分遍及中华文化，如经术流派至六朝有南北之分。《北史·儒林传》序云：“南北章句，好尚不同。江左，《周易》则王辅嗣，《尚书》则孔安国，《左传》则杜元凯。河洛，《左传》则服子慎，《周易》、《尚书》则郑康成，《诗》则并主毛公，《礼》则同遵郑氏。”释氏入我中华，亦有南北之分，故有南宗、北宗之名。《传灯录》云：“五祖下曹溪、慧能为南宗，神秀为北宗。时号南能北秀。”《三馀赘笔》云：“道家南宗自东华少阳君得老子之道，以授汉钟离权，权授唐进士吕岩、辽进士刘操，操授宋张伯端，伯端授石泰，泰授薛道光，道光授白玉蟾。北宗自吕岩授金玉吉，吉授七弟子：一邱处机、次谭、次端、次刘处元、次王处一、次郝大通、次马珏及珏妻孙不二。”此道家之南北两宗也。此风既兴，则画有南宗、北宗，词曲有南曲、北曲。董其昌《画禅室随笔》卷二云：“画之南北二宗，亦唐时分也。但其人非南北耳。”近世画坛有“南张北齐”“南张北溥”之说，盖言张大千与齐白石、溥心畬也。

秦桧墓

秦桧，江宁人，故其墓在建康。《香祖笔记》卷十载：“桧墓在金陵城南牧羊亭，至今呼为狗葬。”《坚瓠戊集》卷二记其事曰：“金陵牧羊亭，秦氏之丘陇在焉。有移忠、旌忠寺，相去五里，金碧相照。杨诚斋尝乘轺过之，题诗壁间曰：‘函关只有一穰侯，瀛馆宁无再帝丘。天极八重心未死，台星三点拆方休。只看壁后新亭筑，恐作移中属国羞。今日牛羊上丘陇，不知丞相更嗔不。’”诚斋自注其诗曰：“秦暮年起大狱，必杀张德远、胡邦衡等五十馀人，不知诸公杀尽，将欲何为？奏垂上而卒，故有‘新亭’

之句。”

据褚人获言，桧墓前队碑，宸奎在焉，有其额而无其词。卧一石草间。《识小录》亦记其事曰：“墓上丰碑屹立，不镌一字，盖当时士大夫鄙其为人为，兼畏物议，故不敢作神道碑。及孟珙灭金回，屯军於桧墓所，令军士粪溺墓上，人谓之‘秽冢’。”孟珙，字璞玉，先人为岳武穆部将。珙忠勇之士，联蒙灭金，一雪靖康之耻也。

呜呼，自古忠奸不两立，天理自来在人心，虽黔首亦识忠奸焉。世传《满江红》词为岳武穆所作，虽学者考其伪，然不作深究，以为附之岳武亦必然也。后人亦以为桧之杀岳实代高宗之过，然其终为一凶，焉可赦之？《坚瓠壬集》卷一载一事，尤可知人心所系也。其曰：“秦桧墓在建康，岁久榛芜。成化乙巳秋，被盗发，获金银器具钜万。盗被执赴部鞫，末减其罪，恶桧也。”

孺子乃妾之别称

孺子一词，因齐景公爱幼子荼，尝己为牛，令荼牵之，仆，景公折齿而人皆尽知。《左传·哀公六年》“鲍子曰：‘女忘君之为孺子牛而折其齿乎，而背之也？’悼公稽首。”孺子谓已立之齐君荼，以其年幼小，故曰孺子。《尚书·金縢》：“武王既丧，管叔及其群弟乃流言於国曰：‘公将不利於孺子。’”杨伯峻先生注：“时成王年幼，周公摄政，故以孺子称成王。”是故自周时孺子乃谓幼儿也。洪亮吉《北江诗话》卷一引钱季重柱帖：“酒酣或化庄生蝶，饭饱甘为孺子牛。”亦以孺子为幼儿也。

余读《战国策·齐策三》“齐王夫人死”条，云：“齐王夫人死，有七孺子皆近。薛公欲知王所欲立，乃献七珥，美其一。明日，视美珥所在，劝王立为夫人。”高诱注云：“孺子，幼艾美女也。近，幸也。”金正炜云：“《汉书·外戚传》太子有妃，有良娣，有孺子妻妾，凡三等。”颜师古曰：“孺子，王妾之有品号者。”汉制多因周、秦，据此策则战国时孺子惟下夫人一等，并为王之妃嫔。妾之称孺子后世未之见也。《韩非子·八奸》：“贵夫人，爱孺子，便僻好色。”又《外储说右上》：“齐威王夫人死，中有十孺子，皆贵於王。薛公欲知王所欲立，而请置一人以为夫子。”俞正燮《癸巳类稿》卷七曰：“王公至士民妾，通名孺子。”称妾为孺子，魏晋后之书籍不复见，窃意其词与幼子义难别，故后世妾之称繁多，然不复以孺子称之也。

食不语寝不言

孔子曰："食不语，寝不言。"（《论语·乡党》）朱子训为："答述曰语。自言曰言。"范祖禹又曰："圣人存心不他，当食而食，当寝而寝，言语非其时也。"杨氏则又曰："肺为气主而声出焉，寝食则气窒而不通，语言恐伤之也。"杨伯峻先生释语为交谈，言为说话。总其诸说，皆以训食寝之时勿言语之义也。《花随人圣庵摭忆》有"长乐三高"条，曰："长乐有三高，皆以文章气节鸣天下，高啸桐（凤岐）、子益（而谦）、梦旦（凤谦）三兄弟，所谓'三高如麟凤'也。"子益尝解《论语》"食不语，寝不言"，谓语乃低声说话，当食人聚，低声恐人见疑；言乃高声说话，当寝高声，妨人睡寐。余阅释《论语》著作亦十馀种，高而谦之说未之见也。余参其说，似以今训古。盖而谦光绪间举人，三十三年尝任清廷外务部右参，其训"当食人聚，低声恐人见疑"，仿佛近世之况，夫子当日祭祀行礼外，当亦鲜聚食之时，何以有此训矣。存此一说耳。

今之庙院，出家僧众食时亦禁言，然香客及随喜人众亦禁其言，不亦谬乎？非其人而欲随其律，失却佛家平常心也。

数字为名

俞荫甫《春在堂随笔》卷五谓宋元以来贱民无名，但以数字呼之，此说亦见於吴晗《朱元璋传》，荫甫老人所述甚详，兹录於右。

"徐诚庵见德清《蔡氏家谱》，有前辈书小字一行云：'元制，庶人无职者不许取名，止以行第及父母年齿合计为名。此於《元史》无征，然证以明高皇所称其兄之名，正是如此，其为元时令甲无疑矣。见在绍兴乡间颇有以数目字为名者，如夫年二十四，妇年二十二，合为四十六，生子即名四六；夫年二十三，妇年二十二，合为四十五，生子即名五九，五九四十五也。'以上并徐君说。余考明勋臣，开平王常遇春曾祖四三，祖重五，父六六；东瓯王汤和曾祖五一，祖六一，父七一，亦以数目字为名。又考洪文敏《夷坚志》所载宋时杂事，如云鄱阳小民隗六，又云符离人从四，又云楚州山阳县渔者尹二，又云解州安邑池西乡民梁小二，又云董小七临川人，又云徽州婺源民张四，又云黄州市民李十六，其仆崔三，又云鄱阳乡民郑小五，又云金华孝顺镇农民陈二，诸如此类，不可胜举。”

荫甫老人所述有据，征之於史籍，诚如斯言也。《明史·张士诚传》谓“张士诚，小字九四”。袁庭栋指其误，“九四”者，非小字也，乃本名也。张士诚本名九四，朱洪武即称其张九四。盖宋元以来，平民无职不起名。据潘圣章《国史考异》卷一引承休端惠王《统宗绳蛰录》，朱元璋父五四名世珍，大哥重四名兴隆，二哥重六名兴盛，元璋重八，原名兴宗，其名皆后取也。贱民取名或称行辈，或以数字耳。清人平步青《霞外捃屑》卷十《三一》条谓：“越俗，儿女小名，率以父母之年呼之，或有以祖父母之年者。”余尝见《越中金石记》龙泉寺造像题名有陈廿二娘，处州民间有祭陈十四娘者，亦此俗也。

清朝时，民间鲜有以数字为名，然满人仍沿此俗，亦为异数也。其有以满语音译而成汉字者，如“宜兰”之义为“三”，“得喜”之义为“四十”，“尼音珠”之义为“六十”，“那丹珠”之义为“七十”，“札昆珠”之义为“八十”，“乌云珠”之义为“九十”。亦有直以数字者，如六十七，字居鲁，官居给事中，著《台湾番社采风图考》《台阳杂咏》《游外诗草》；七十一，字椿园，正蓝旗人，乾隆进士，著《西域闻见录》；七十五，姓瓜尔佳氏，尝参大小金川之战；八十六，姓那拉氏，镶白旗人，嘉庆时官江宁将军；九十，姓张佳氏，镶黄旗人，嘉庆时任广西提督。满人福格《听雨丛谈》卷十一《以数目字为姓名》条谓：“八旗幼童，喜以数目字命名，如七十二、八十三等名，多出於祖父母之纪年，固以为寿也。”窃谓会稽周树人所著小说亦有此俗，若《社戏》之“六一公公”，《风波》之“八一嫂”“九斤老太”，盖以“九斤”“八斤”之类命名，古已有之也。

唐人以排行相称

唐人诗文酬答多有以行第相称者，行第者排行也。王维《送元二使安西》，元常，排行为二，故以元二称之。韩愈有诗题为《赴江陵途中寄赠王二十补阙、李十一拾遗、李二十六员外翰林三学士》，王二十者，王涯也；李十一者，李建也；李二十六者，李程也。如是相称，唐人诗文俯拾即是。以名著於世者例，李太白为李十二，杜工部为杜二，韩愈为韩十八，柳宗元为柳八，白居易为白二十二，元稹为元九，刘禹锡为刘二十九，高适为高三十五，李绅为李二十，张籍为张二十八。白居易有诗题为《常乐里闲居，偶题十六韵，兼寄刘十五公舆、王十一起、吕二炅、吕四颎、崔十八玄亮、元九稹、刘三十二敦质、张十五仲元，时为校书郎》，皆以排行相称。王定保《唐摭言》载："（唐）高祖呼裴寂为裴三，（唐）明皇呼宋济为宋五，（唐）德宗呼陆贽为陆九。"

自唐有此俗，后世为文亦多有见之。冯梦龙《警世通言》有《杜十娘怒沉百宝箱》小说，其有杜十娘者，清代武侠小说之吕四娘者，皆以排行称女子，是知明清时尚以排行称女子也。俞荫甫《春在堂随笔》卷二记其於绍兴禹寺见唐开元五年之《往生碑》，其女子称排行者颇众，如徐十一娘、吕三娘、张州一娘、梁十一娘、郑大娘、高二娘等。

或曰：人之兄弟岂有至三四十之众者焉？余尝见《资治通鉴·后梁太祖乾化元年》载："（李）容捧卮为寿，谓晋王为四十六舅。"胡三省注："晋王第四十六。"古之排行，男女各别，一家之中男子同辈至四十六，未之信也。其所以排行至数十者，盖唐时多同族共居，三代同堂者众，五代同堂者亦非罕也。故其排行乃以大排行计之，同曾祖父之兄弟通排，是以"高三十五""李四十八"亦非奇事也。古风既不存，是今人兄弟排行不复有数十矣。

唐玄宗戒酒

余读史，帝王戒酒唯唐玄宗也。《次柳氏旧闻》载："上始入斜谷，天尚早，烟雾甚晦。知顿使、给事中韦倜於野中得新熟酒一壶，跪献於马首者数四，上不为之举。倜惧，乃注以他器，引满於前。上曰：'卿以我为疑耶？始吾御宇之初，尝饮，大醉损一人，吾悼之，因以为戒，迨今四十馀年，未尝甘酒味。'指力士及近侍者曰：'此皆知之，非绐卿也。'从臣闻之，无不感悦。上孜孜儆戒也如是。"《幸蜀记》亦记其事曰："上皇在巴西郡，宰臣请高力士奏蜀中气候温瘴，宜数进酒。上皇令高力士宣旨曰：‘朕本嗜酒，断之已久，终不再饮，深愧卿等意也。’力士因说：‘上皇开元四年，因醉怒杀一人，明日都不记得，犹召之。左右具奏，上怆然不言，乃赐御库绢五百匹用给丧事，更令力士就宅宣旨致祭。从兹断酒。’”

考其事：开元四年，雍州灾，死者无数。上令宫中节食。一日，上醉行宫中，见一侍卫官倾饭於桶，怒，即令斩之。翌日，嘱高力士曰：“禁之一日可矣。”曰：“陛下昨日已斩之。”上悔，誓戒酒。遇宴唯举杯耳。司马温文《资治通鉴》评曰：“玄宗荒於声色，几丧天下，断酒小事，夫何足言。”窃谓温公责之苛也，以帝王之尊，误杀一侍卫，岂足为言。然玄宗责己为甚，以致四十馀年未尝近酒，即以常人亦不可为也，何论玄宗乎？今之伶人演义开元间事，常有玄宗畅饮事，盖不知史也。

屠苏非药

王介甫《元日》诗云：“爆竹声中一岁除，春风送暖入屠苏。千门万户曈曈日，总把新桃换旧符。”述宋时年俗有三，一为爆竹，一为屠苏酒，一为桃符。屠苏酒失传已久，今岁有司禁燃爆竹，唯馀一桃符也。孙儿诵《元日》诗，余取其书阅，释屠苏为美酒，且为药名，不知何据也。

《荆楚岁时记》载：“正月一日是三元之日也。《春秋》谓之端月。鸡鸣而起，先于庭前爆竹，以辟山臊恶鬼。长幼悉正衣冠，以次拜贺，进椒柏酒，饮桃汤。进屠苏酒，胶牙饧。……凡饮酒次第，从小起。”其俗自南朝至唐宋相沿成俗，尤以唐宋为盛。《容斋续笔》载：“今人元日饮屠苏酒，自小者起，相传已久。”屠苏之为酒名，故今人臆以为药名，余查之《尔雅》及药典，皆无其名也。夫屠苏酒配方，孙思邈《备急千金方》载为：“辟疫气，令人不染温病及伤寒。岁旦屠苏酒方：大黄、白术、桔梗、蜀椒、桂心、乌头、菝葜。”东晋葛洪《肘后备急方》有“小品正朝屠苏酒”，其方为：大黄五分、川椒五分、术、桂各三分，桔梗四分、乌头一分、菝葜二分。李时珍《本草纲目》记屠苏酒配方为：赤木、桂心、防风、菝葜、大黄、桔梗、蜀椒、赤小豆。凡上所述，概无屠苏之名，是知屠苏者非药也。唐人韩鄂《岁华纪丽·进屠苏》云：“俗说屠苏乃草庵之名。昔有人居草庵之中，每岁除夜遗闾里一药贴，令囊浸井中，至元日取水，置于酒樽，合家饮之，不病瘟疫。今人得其方而不知其人姓名，但曰屠苏而已。”是知屠苏乃草庵之名也。饮屠苏酒之俗而有“自小者起”，洪迈以为“相传已久，然固有来处”。其乃释为：“后汉李膺、杜密以党人同系狱，值元日，于狱中饮酒，曰：‘正旦从小起。’《时镜新书》晋董勋云：‘正旦饮酒，先从小者，何也？’勋曰：‘俗以小者得岁，故先酒贺之，老者失时，故后饮酒。’”此说犹今人除夕自嘲曰：吾老一岁，尔增一岁类也。

今人注释前人所著，多赖旧注，或想当然耳，岂治学之道焉。乾嘉之学风不复存也。

王羲之祖孙三代以之为名

避讳陋俗，始於周，成於秦汉，盛於唐宋，驰於明清。然虽唐宋之时，亦有不讳者，若非士子应科举，庶民不避亦无所究也。至若为权贵讳者，人亦有不屑也。

《齐东野语》卷四载：“五代有石昂者，读书好学，不求仕进。节度使符习高其行，召为临淄令。习入朝，监军杨彦朗知留后。昂以公事上谒，赞者以彦朗家讳石，遂更其姓曰‘右昂’。昂趋於庭，责彦朗曰：‘内侍奈何以私害公？昂姓石，非右也。’彦朗大怒，昂即解官去。语其子曰：‘吾本不欲仕乱世，果为刑人所辱。’”又载：“宣和中，徐申干臣，自讳其名，知常州，一邑宰白事，言‘已三状申府，未施行’。徐怒形於色，责之曰：‘君为县宰，岂不知长吏名，乃作意相侮。’宰亦好犯上者，即大声曰：‘今此事申府不报，便当申监司，否则申户部，申台，申省，申来申去，直待身死即休。’语罢，长揖而退。徐虽怒，然无以罪之。”宋代避讳之风尤盛，然韩世忠一反众俗，力排陋习，《宋史·韩世忠传》载：世忠告诫家人曰“吾名世忠，汝曹毋讳‘忠’字。讳而不言，是忘忠也”。清凉居士真有识见者焉。

余观夫南朝时，世家大族之王家不避家讳。王羲之有五子，名玄之、凝之、徽之、操之、献之；徽之子又名桢之，献之之子又名静之。祖孙三代，俱以“之”为名而不讳。又有王弘之子名僧达，孙名僧亮、僧衍，侄儿名僧谦、僧绰、僧虔，侄孙名僧祐，两代均以“僧”为名而不讳。然书圣祖孙之如此命名，古今罕见也。陈寅恪先生《金明馆丛稿初编·天师道与滨海地域之关系》以为其“与宗教信仰有关”。先生考曰：“六朝人最重家讳，而‘之’、‘道’等字则在不避之列”，盖“此类代表宗教信仰之字，父子兄弟皆可取以命名，而不能据以定世次也”；“琅玡王氏子孙之为五斗米教徒，必其地域薰习，家世遗传，由来已久。此盖以前读史之人所未曾注意者也”。

为文审慎

欧阳永叔一时文宗也，或谓其文思敏捷，倚马可得者，然其自谓“余平生所作文章，多在三上，乃马上、枕上、厕上也。盖唯此尤可以属思尔”（《归田录》卷二），三上之说可窥其属文之精思如此。《春渚纪闻》记公作文事，尤可知其精审矣。其云：“欧阳文忠公每为文既毕，贴于墙壁，坐卧观之，改正尽善，方出以示人。”《吕氏杂记》亦记其作文事，云：“欧阳文忠公每作文，既成，必屡自窜易，至有不留本初一字者。其为大文章，则书而传之屋壁，出入观省之。至於尺牍单简，亦必立藁。其精审如此。”

夫凡为文，焉可立得者，欲为佳文，势必多所改易而后得。才思诚有高下，然即上智者亦必审视复思而后成文，所谓落笔千言者必非佳文矣。近人属文，时闻有岁成百万言者，如此文章，必不可读，即圣人亦不可为也。今岁游于沪上，见书肆有以秤量而售书者，是岁成百万言者也。先贤谓道德文章者，一字一词必谨而慎之，是乃畏后世讥之也。《寓简》卷八记欧公晚岁属文事，实可警于后人也。其云：“欧阳公晚年，尝自窜定平生所为文，用思甚苦。其夫人止之曰：‘何自苦如此，当畏先生嗔耶？’公笑曰：‘不畏先生嗔，却怕后生笑。’”

嗟夫，却怕后生笑，一语道出为文真谛。真文章岂一时之作焉，若一时之作者，时文也，传之后世而有人读之者方为真文章也。

夕阳山外山

弘一大师在俗时尝作学堂歌《送别》，其词云：“长亭外，古道边，芳草碧连天。晚风拂柳笛声残，夕阳山外山。”偶读李东阳《麓堂诗话》，见“夕阳山外山”辞乃宋人戴石屏句也。东阳云：“律诗对偶最难，如贾浪仙‘独行潭底影，数息树边身。’至有‘两句三年得’之句。许用晦‘湘潭云尽暮山出，巴蜀雪消春水来。’皆有感而后得者也。戴石屏‘夕阳山外山’，对‘春水渡傍渡’亦然。若晏元献对‘无可奈何花落去，似曾相识燕归来’，尤觉相称耳。”

戴石屏，钱钟书《宋诗选注》选其诗三，序曰：“字式之，自号石屏，黄岩人，有《石屏诗集》。”俞荫甫《九九消夏录》卷八云：“戴石屏得‘夕阳山外山’之句，以‘尘世梦中梦’对之，而不惬意。后行村中，春雨方霁，行潦纵横，得‘春水渡傍渡’句，上下方称。”

西汉馆陶公主名嫖

人之取名，绝无以嫖字者，盖“嫖”字其义淫邪也。然西汉文帝之女，史称馆陶公主则名嫖。余初见其名，疑为刊印之误，及证之它书，亦复如是。查《说文》，释嫖义为“轻也”。《辞源》注为抚招切，然有二音，初义阴平，释为轻捷义；二为阳平，释为狎妓义。是“嫖”字初义绝无淫邪之意也。汉时大将军霍去病官居“嫖姚校尉”，杜甫诗《后出塞》有“借问大将军，恐是霍嫖姚”之句。

据袁庭栋考，“嫖”字有淫邪之意乃始於明，此义项於古字书中始见於廖文英之《正字通》。故沈德符《万历野获编》卷二十有《禁嫖赌饮酒》条。窃谓今“嫖”之义引申於初义“轻”义，盖狎妓亦轻薄之举也。然以嫖字为名，余仅见此一例。

西夏国王自定谥号

古之谥号始於周，《仪礼·士冠礼》曰：“古者生无爵，死无谥”；《礼记·檀弓》曰：“死谥，周道也”；《通志·谥略》曰：“古无谥，谥起於周人”。先秦之时，凡生前有爵禄之诸侯、卿大夫死后均有谥，《白虎通义》卷二谓：

"谥者，所以别尊卑，彰有德也。卿大夫归，无过，犹有禄位，故有谥也。"秦汉之后，凡帝、后，卿大夫归，皆有谥。二千年间，唯秦一代废谥号也。大臣议谥，自汉始皆然。

无独有偶，余读《宋史·外国一》卷四百八十五，西夏国王李元昊於宋宝元元年称帝，翌年，上表宋廷竟自定谥号、庙号，为后世之笑柄也。"宋宝元元年……遂筑坛受册，即皇帝位，时年三十。……明年，遣使上表曰：遂以十月十一日郊坛备礼，为世祖始文本武兴法建礼仁孝皇帝，国称大夏，年号天授礼法延祚。"蛮夷之人，未知礼法，其自定国号曰"大夏"、年号曰"天授礼法延祚"，尚自定身亡方定之庙号"世祖"、谥号"仁孝"，复自定自古由臣尊上之尊号"始文本武兴法建礼仁孝皇帝"。此蛮夷既慕中华之文化，而未熟习之，故有贻笑后人之举也。然待其既亡，夏之臣下仍议其庙号为"景宗"，谥号为"武烈"。故治史者唯以"景宗""武烈皇帝"称之焉。

显考显妣之称始於北宋

今人书先父母墓碑常以"显考""显妣"称之，然屈原《离骚》称"朕皇考曰伯庸"，欧阳修《泷冈阡表》开篇即曰"呜呼，惟我皇考崇公卜吉於泷冈之六十年"，皆以皇考称亡父，可知古人亦以皇考、皇妣称亡父母也。

夫考妣者，《礼记·典礼下》云："生曰父曰母曰妻，死曰考曰妣曰嫔。"《尔雅·释亲》云："父为考，母为妣。"然郭璞注《尔雅》则曰："《礼记》曰：'生曰父、母、妻，死曰考、妣、嫔。'今世学者从之。按《尚书》曰：'大伤其考心'、'事厥考厥长'、'聪听祖考之彝训'、'如丧考妣'；《公羊传》曰：'惠公者何？隐之考也；仲子者何？桓之母也。'"郝懿行《尔雅义疏》亦曰："考妣者，父母之异称。《曲礼》虽云存殁异号，若通言之，则生存亦称考妣，终殁亦称父母。"考之史籍，自秦以降，父母亡而仍可称父母，若"先父弃我"，"慈母见背"，屡见於唐宋之文，司空见惯。

依《礼记》，先秦礼制，父母亡尊称"皇考""皇妣"，祖父母亡尊称"皇祖考""皇祖妣"。是屈原、欧阳修文有是称也。平步青《霞外捃屑》卷七云："唐僖宗朝，曾禁称皇字，而易以显字。"然欧阳修不遵其制，可知宋人仍以皇考、皇妣尊其亡父母。北宋末，徽宗尝再禁民间用“皇”字，“皇考”“皇妣”而为皇室专词矣。徐乾学《读礼通考》卷五十六曰：元大德年间，朝廷又诏令民间以“显考”为亡父之称。清高宗亦诏禁民间於碑版中用“皇考”之称，是“皇”易为“显”。余尝询之博学之士，求“显考”之显字义，所言不知所云。《书·康诰》云“惟乃丕显考文王”，乃武王称文王，是周时“显考”亦以称亡父也。

嗟乎，先秦之时称“皇”者，取其义美也，大也，初非取君字之义。以皇为帝者，始於始皇帝，皇家独尊，故唐僖宗、宋徽宗、元成宗、清高宗屡诏禁民间用之。帝王之霸，可窥一斑矣。

杏坛乃道观

曲阜孔庙大成殿前有杏坛，传为孔子讲学之处。夫杏坛一词源於《庄子·渔父》：“孔子游於缁帷之林，休坐乎杏坛之上。弟子读书，孔子弦歌鼓琴。”晋人司马彪注杏坛曰：“泽中高处也。”清顾炎武谓《庄子》所言孔子者，皆寓言耳，故杏坛未有实处也。今曲阜所谓杏坛者，宋之前是处为大成殿，天圣二年，孔子后裔孔道辅监修孔庙，於正殿旧址“除地为坛，环植以杏，名曰杏坛”。

白香山《长庆集》《春中与虞四周谅华阳观同居》诗云：“杏坛住僻虽宜病，芸阁官微不救贫。”又有《寻王道士药堂》诗云：“行行觅路缘松峤，步步寻花到杏坛。”是唐人於“杏坛”一词多用於道观也。唐钱起《幽居春暮书怀》云：“仙箓满床闲不厌，阴符在箧老羞看。更怜童子宜春服，花里寻师指杏坛。”唐熊皎亦有《怀三茅道友》云：“杏坛仙侣应相笑，只为浮名未肯抛。”至宋时，道观乃以杏坛喻之。秦少游《和程给事赠虞道判六首》云：“囊中玉色已经餐，醉拂丝桐坐杏坛。应笑倦游尘滓客，鬓毛萧瑟事铅丹。”是以杏坛谓孔氏乃宋之后事矣。然何以杏坛谓道观，未详其故也。

以年号称帝王始於明

今人讲史，凡称明太祖则称洪武帝、明成祖则称永乐帝，至于万历、崇祯人尽知之。有清一代则皆以顺治、康熙、雍正、乾隆称之，概无以庙号称之也。然明之前帝王，则多以其庙号称之。

盖汉武帝首用年号，并以之纪年，故自汉武帝后，凡易代更君必首易年号，谓之改元也。然古之人迷信而重礼，故常有改元事。汉武帝在位五十四年，用年号凡十二；晋惠帝在位十六年，用年号凡九；唐高宗在位三十三年，用年号凡十四；武则天在位二十一年，用年号竟至十七，故明之前一帝而多年号。

夫以年号而称帝王，明清之时固为世俗，然其滥觞实在汉晋。《后汉书·明帝纪》载："帝遵奉建武制度，无敢违者。"《本纪·论》云："明帝善刑理，法令分明……故后之言事者，莫不先建武、永平之政。"建武乃汉光武帝年号；永平乃汉明帝年号。故此所谓"建武""永平"者，谓汉光武帝年与汉明帝也。盖汉光武帝仅用"建武"年号，永平亦汉明帝仅用年号也，至汉章帝则改元有三矣。

帝王称年号於明清之时虽已为俗，然於祭礼、朝廷文书中仍以其庙号称之，盖遵之礼也。若史籍中常见有省易年号者，"大中祥符"省易为"祥符"，"建中靖国"省易为"建中"。如赵明诚《金石录》序曰"予以建中辛巳归赵氏"语，李清照自谓嫁入赵门之时也。顾炎武《日知录》卷二十《割并年号》称："唐朝一帝改年号者十余，其见於文，必全书，无割取一字用之者。至宋始有熙丰（按：谓宋神宗年号熙宁、元丰。）、政宣（谓宋徽宗年号政和、宣和。）、建绍（谓宋高宗年号建炎、绍兴）、乾淳（谓宋孝宗年号乾道、淳熙）之语，已是不敬，然犹一帝之号自相连属，无合二帝而称之者，又必用上一字，惟元丰以'元'字与元祐无别，故用下字。本朝文人有称永宣（谓明成祖年号永乐、明宣宗年号宣德）、成弘（谓明宪宗年号成化、明孝宗年号弘治）、嘉隆（谓明世宗年号嘉靖、明穆宗年号隆庆），合两帝之号而为一称。近又有去上字而称庆历（谓明穆宗年号隆庆、明神宗年号万历）、启祯（谓明熹宗年号天启、明思宗年号崇祯），更为不通矣。"

今人言清季事，每有“乾嘉学派”“咸同军务”等语，清张集馨著《道咸宦海见闻录》，清孙雄著《道咸同光四朝诗史》，皆省易之称年号也。清光绪十三年闰四月廿九日，尝颁上谕曰：“溯查乾隆、嘉庆、道光年间，迭次钦奉上谕训饬，不准率行减写。……本朝年号，尤应敬谨全书，如乾嘉、道咸字样，私家著述偶有省文，岂可登诸奏牍？嗣后内外各衙门陈奏事件，於年号、地方、人名等项，务当全行书写，不得减文，致乖体制。”呜呼，潮流如此，岂光绪一纸上谕可止之哉？方今之世，省文之称已成定律焉。

以韵代日

吾国素以干支纪年，人皆熟谙，近有以“文夕大火”询余者，盖不明文夕乃以韵代日者，所谓“文夕”者，12日夜也。民国间人习用此法，今人则多不识。盖美利坚人莫尔斯於道光十七年创电报通信之法，极为迅速，清光绪二十五年方用于两广总督府。继之洋务既兴，电报亦复日多，然其价昂，以字计价，真乃“字字皆金”也。为节赀费，每於所署月、日之处则以他字代之，所谓“以韵代日”也。其法乃洪钧所创。

洪钧，字陶士，号文卿，江苏吴县人。同治三年中举，七年殿试状元，任翰林院修撰，洋务起，任清廷驻俄、德、奥、荷兰四国大臣。洪文卿以地支为月，复以《平水韵》韵目代之日期，以期省略字数焉。其法为以一月中前十五日以《平水韵》韵目上平声全部而代之，继之以韵目上声十，再继之韵目去声五，以成三十之数。辛亥后，以公历纪年，而以“世”“引”代三十一之数。文卿创此法时，士人皆熟谙韵书，故一时行之於世也。兹述其法如左：

韵目上平声十五为：1日为东、2日为冬、3日为江、4日为支、5日为微、6日为鱼、7日为虞、8日为齐、9日为佳、10日为灰、11日为真、12日为文、13日为元、14日为寒、15日为删；韵目上声十为：16日为铣、17日为筱、18日为巧、19日为皓、20日为哿、21日为马、22日为养、23日为梗、24日为迥、25日为有；韵目去声五为：26日为宥、27日为沁、28日为勘、29日为艳、30日为陷，后复以陷字於军旅不吉，替之于“卅”。31日乃以“世”、“引”代之，盖“世”乃卅一之合体也，“引”字以其形似阿拉伯数字31也。

余尝读民国间人书札，时有以此法书之，可知其法虽初用之於电报，而既习之，亦复用於日常书札也。

镇之名源于官衔

今之县属有乡有镇，镇之名乃古镇将之遗也。北魏时北边置六镇，设镇将统一镇之军民之政，后复有镇城都督、防城都督等。唐时亦置镇，分上中下三等，各置镇将及镇副。据俞荫甫《九九消夏录》云，宋初废镇将而存巡检，镇之名因而不改。今人多不识镇之何谓，书之释疑耳。

周时牛惟以服车

人但知牛为耕畜，然春秋之前，牛惟以服车、祭祀，未用之於田间也。《钦定授时通考》卷四十一曰："求之六经，古牛惟以服车，不用以耕。《书》曰：肇牵车牛远服贾；又曰：放牛於桃林之野。《易》曰：服牛乘马。《诗》曰：睆彼牵牛不以服箱。皆以服车为言，否则用以祭祀而已。"

徐光启《农政全书》卷三谓："《易》曰：黄帝、尧、舜服牛乘马，引重致远，以利天下。……《山海经》又曰：后稷之孙叔均始作牛耕。世以为起於三代，愚谓不然，牛若常在畎亩，武王平定天下，胡不归之三农而放之桃林之野乎？故周礼祭牛之外，以享宾驾车犒师而已，未及耕也。"牛之用於耕，当始於春秋之时。孔门弟子有冉耕，字伯牛，晋之大力者有牛子耕。《论语·雍也》曰："犁牛之子骍且角。"是时既多见於牛、耕之词，窃谓斯时牛之耕为人所熟知者也。

牛之用於耕，先民多赖之生，故朝野多重之。《农政全书》谓："生民粒食皆其力也。""耕牛乃农事所本，衣食所费，时虽凶荒，必须加意畜养，庶不有妨耕种。"自春秋始，除祭祀，列朝皆禁屠牛也。明清之时，民间或有私屠耕牛而获利者，朝廷则施以刑。余幼时尝见屠牛者，言乃病老，获有司准方屠之。昔时但闻回回食牛，今则无论回汉皆食之。呜呼，天下万物，凡人珍之者，惟其可用也。其用既尽则弃之，此亦人性所致，焉可易之哉。

咒语句间空一字

余读《法苑珠林》卷六十“咒术篇”，至咒语则每句间空一字，初甚不解。偶见俞荫甫《九九消夏录》言及谓：“盖西域梵文传入中国，不便诵读，故以此法便读者也。”窃谓唐时虽行句读，然咒语无文意，殊不可句读也，句间既空一字，则诵读时自然一逗，亦不失为一法也。曲园老人谓，沈约《宋书·乐志》圣人制礼乐篇，每句空一字书之，盖以此篇有声音无文义，恐人不得其读耳。其时梵书盛行，殆即用其法也。余查《宋书》，斯篇皆加句读，不复旧时矣。今之寺庙印经，用以流通，余尝见亦有於句间空一字者，非复咒语也。私谓其便於信士诵读耳，然此亦释道世之遗风也。

醉翁亭记拓本免税

欧阳修谪守滁州时，筑醒心、醉翁二亭於琅琊幽谷，今人但知醉翁一亭也。公命幕客谢某者，杂植花卉其间。谢以状问名品，公即书纸尾云：“浅深红白宜相间，先后仍须次第栽。我欲四时携酒去，莫教一日不花开。”亭既成，公为之书《醉翁亭记》，初成，天下莫不传诵，家至户到，当时为之纸贵矣。后刻石，远近争传，疲於模打。有山僧云：“寺库有毡，打碑用尽，至取僧堂卧毡给用。凡商贾来供施，亦多求其本，所过关征，以赠监官，可以免税。”（《方舆胜览》卷四十七）呜呼，文忠公一拓本其珍如此，亦可知宋时崇文之风尚也。《却扫编》记，自文忠公醉翁亭成，“政和中，唐少宰恪守滁，亦作亭山间，名曰‘同醉’，自作记，且大书之，立石亭上，意以配前人云”。然未有拓其碑者。窃谓醉翁亭记固佳文，然自来佳文亦多也，人以其碑而珍者，珍文忠公也，岂仅贵其文乎？若唐恪欲附骥尾，今日琅琊幽谷中可寻踪迹不？文忠公道德文章，若无仁心为本，他人焉可为之哉？

卷三

本朝人入崇圣祠

有清一代尊孔事，莫虔敬于雍正一朝。世宗于吏治民生，极尽心力，其于儒宗，敬仰备至。然所收纯儒之效，则远逊康熙也。以入祠配享论，则有陆陇其以本朝人入崇圣祠，列代所无之举矣。

夫清世祖因前代之故，祀大成至圣文宣先师孔子，四配、十哲、两庑及启圣公祠，祠位皆仍其旧。康熙末，跻朱子于十哲，位卜子之次，而从祀增一范仲淹。朱熹宋人，其卒，获谥“文公”，赠宝谟阁直学士，复追封徽国公。康熙尤称其“集大成而绪千万年绝传之学，开愚蒙而立亿万世一定之归”，故祀于十哲。范仲淹宋时名臣，康熙以之从祀，亦欲彰儒学之道耳。历代祭孔，多有因帝王之好而改易配享从祀者，若董仲舒、郑康成是也，然皆后人追祀前人，绝无以当时人而入祀者也。雍正二年，世宗临雍，议增从祀诸儒，而陆陇其与焉。陆陇其，字稼书，学人称当湖先生。康熙九年进士，时称循吏。《清史稿》卷二六五有《陆陇其传》，谓“十四年授江南嘉定知县”。“二十三年，直隶巡抚格尔古德以陇其与兖州知府张鹏翮同举清廉官。二十九年，诏九卿举学问优长，品行可用者，陇其复被荐。”清廷誉为“本朝理学儒臣第一”。自始，道光三年，增祀本朝汤斌、八年增本朝孙奇逢。同治七年，增本朝张履祥。光绪初元，增本朝陆世仪、张伯行。光绪三十四年，增本朝王夫子、黄宗羲、顾炎武。

世宗好禅，自命为已成佛作祖，无所于让。然于儒学，则未敢示强，惟以儒学负盛名者从祀以示好尚，陆陇其逢其时耳。

窃谓有清一代道学之绵延未绝，实赖以圣祖之熏德也。圣祖朝之达官，几有北宋士大夫之风，而道学之一脉，历雍、乾两朝，名臣迭出，考其渊源，皆康熙朝理学诸臣传播之种也。及至季世，母后当权，宦官宫妾，败坏纲纪，而后士大夫之风方扫地而尽。故知一时代之风气固不易成，既成亦不易毁焉。

尺二秀才

宋人孙奕《履斋示儿编·声画押韵贵于审》记杨万里考校以俗字为别字事，“诚斋先生杨公考校湖南漕试……先生见卷子上书‘尽’字作‘尽’，必欲摈斥。考官乃上庠人，力争不可。先生云：‘明日揭榜，有喧传以为场屋取得个尺二秀才，则吾辈将胡颜？’竟黜之。”

夫“尽”字乃“尽”之俗字也，若“圣”乃“圣”之俗字，明人杨慎尝谓“文人奇士多用古字；官府文移通用今字；吏胥下流市井米盐账簿，则用省讹俗字”。文字初创，乃依象形，其形原简，然未能表意，欲表其意则形愈繁也，繁复至极，识书皆难，复以转而简，若繁复之篆简而为隶，繁复之隶复简而为真草，此文字繁简之途也。汉字之简化，势之必然，然今之简化之汉字亦复有别字矣。余尝游武林岳王庙，正门榜书“壮怀激烈”，“壮”字从“士”，其书则从“土”，且字之右增一点，俨然别字也。若今之“毒”字，下为“母”。毒与母何关？《新华字典》“毒”字归于“母”部，其谬尤甚焉。夫“毒”字乃源于“毐”（ai），士而毋行即毐，故下从毋。于戏，汉字之简造福百姓，然汉字乃形音义之组合，岂可任性而易之哉。

又，尺二一词在唐时乃谓书画卷轴。《清异录》卷下：“少师杨凝式，书画独步一时。求字者纸轴堆叠若垣壁，少师见则浩叹曰：‘少时怪阎立本戒子弟勿习丹青，年长以来，始觉以能为累。’”不意至宋尺二成俗字也。

丛祠

《战国策·秦策》应侯谓昭王曰条有寓言曰：亦闻恒思有神丛与？恒思有悍少年，请与丛博，曰：“吾胜丛，丛籍我神三日；不胜丛，丛困我。”乃左手为丛投，右手自为投。胜丛，丛籍其神。三日，丛往求之，遂弗归。五日而丛枯，七日而丛亡。高诱注丛祠云：“丛祠，丛神祠。”《六韬·略地篇》云：“冢树社丛勿伐。”是神丛即丛树之有神者。盖古人常以大树丛林为神，祀其福佑。

余之述丛祠者，盖今中学选《史记·陈涉世家》有“又闲令吴广之次所旁丛祠中，夜篝火，狐鸣呼曰‘大楚兴，陈胜王’。卒皆夜惊恐。旦日，卒中往往语，皆指目陈胜”。然皆释“丛祠”为丛林荫蔽之神庙，谬也。高诱之释已明，丛祠者，丛树之神祠也，丛树即今松树，古之兴拜物教，丛树亦当为神。太史公所谓“丛祠”，汉时当即松树之神祠也。拜物之神，代有所易，余尝见处州城北有樟树祠，村人多祭之，上多系红布，以求福佑，更有以幼童拜其为父者，祀长寿也。

《战国策》范雎说秦昭王，以丛神喻王权也，以此论，吴广之丛祠乃欲借神之力耳。读书难，注书尤难，叹叹。

大儿小儿

余岁来读《左传》，时感其人名繁杂多变，非细心检点，则一人而为二也。无怪宋人黄彻叹曰“千变万状，有一人称目至数次异者：族氏、名字、爵邑、号谥，皆密布其中”。窃以为治文史者於古人称谓不可等闲视之。若周之姜尚，又名吕尚、姜牙、姜子牙、姜太公、太公望、吕渭；晋之陶潜又名陶渊明、陶元亮、陶彭泽、靖节征士、五柳先生；唐之杜甫又名杜子美、杜陵、杜少陵、少陵野老、杜拾遗、杜二拾遗、杜工部、老杜；至若苏轼之名则至数十。盖古人既冠，则有字、号、室名，复又依礼制，有尊谦之别，故称谓繁杂。

昔日王翼奇先生尝语余一称谓笑话。谓“文化大革命”甫始，京师出“称谓大案”，盖造反人物于博物馆见一印章，印文曰“前身弥正平，后身王尔德，大儿斯大林，小儿毛泽东”。呈之康生，佯为不知。复以“反动印章”而碎其印，祸及无辜众矣。

夫其印实乃柳亚子之闲章。初，安如先生居重庆，崇敬共产国际之斯大林与中共之毛泽东，嘱篆家曹立庵为其治此印。此“大儿”“小儿”非詈言，乃汉时称谓之语也。《后汉书·弥衡传》载，东汉末，弥衡尝品评贤士大夫，均不屑，“唯善鲁国孔融及弘农杨修，常称曰：‘大儿孔文举，小儿杨德祖。（按：孔融字文举，杨修字德祖。）余子碌碌，莫足教也。’”故弥衡所言“大儿”“小儿”若今之谓“好男儿”“好汉子”也。东坡《书丹元子所示〈李太白真〉》诗曰：“大儿汾阳中令君，小儿天台贺季真。”辛亥之“革命军中马前卒”

邹容亦尝语曰“大儿华盛顿，小儿拿破仑”，均源于弥衡之评也。

道教符箓用公文语

道教咒语符箓，其末习以“急急如律令”语，勒鬼神依符令而行之也。宋人赵彦卫《云麓漫钞》曰：“急急如律令，汉之公移常语，犹今云‘符到奉行’。张天师汉人，故承用之，而道家遂得祖述。”夫“如律令”之语乃汉时诏书或檄文之用语，意为促人依律速办也，道教本源于东汉张角之徒，袭用时文，无足为怪也。

《云麓漫钞》录汉时檄文一则：“永初二年六月丁未朔，廿日丙寅，得车骑将军莫府文书，上郡属国都尉，二千石守丞，廷义县令三水，十月丁未到府受印绶，发夫讨畔羌，急急如律令。”其令乃为讨羌人之叛，故而急急也。

汉末陈琳尝作《为袁绍檄豫州文》，历数孟德之罪，其末语为“布告天下，咸使知圣朝有拘迫之难。如律令”。孔璋此文乃檄文名作，人咸熟之，如律令者，当为时文之习语。

道教初创，本无经文，强老聃《道德经》为己祖，以状声势，即其后来经文亦多有抄之佛经者。后人不谙缘故，反以“急急如律令”之语为道教之语矣。

帝王诏书称敕始于唐显庆间

近岁教二三子蒙学，得影印明刊《千字文》，其题曰“敕员外散骑侍郎周兴嗣次韵”。据唐《尚书故实》载，《千字文》乃南朝梁武帝萧衍为教子识字习书而“上以王羲之书千字，使兴嗣为文”。时兴嗣为员外散骑侍郎，故余疑其敕字乃梁字之误也。盖敕字，汉时凡尊长诫子孙，官长诫僚属，皆称敕也。宋杨亿《谈苑》云：“至唐显庆中始云：‘不经凤阁鸾台，不得称敕。’敕之名始定于此。”所谓“凤阁鸾台”者，乃武周时中书省易为凤阁，门下省易为鸾台，合而为中枢也。武后既篡位，专权于身，于名称文字亦多有改易，窃谓帝王诏书专称敕者，当始于显庆五年，盖斯时高宗已为后所制也。

帝王重富商

古之人贱商，故士农工商，商位于末也。然余阅《史记·货殖列传》：“乌氏倮畜牧，及众，斥卖，求奇缯物，间献遗戎王。戎王什倍其偿，与之畜，畜至用谷量马牛。秦始皇帝令倮比封君，以时与列臣朝请。而巴寡妇清，其先得丹穴，而擅其利数世，家亦不訾。清，寡妇也，能守其业，用财自卫，不见侵犯。秦皇帝以为贞妇而客之，为筑女怀清台。夫倮鄙人牧长，清穷乡寡妇，礼抗万乘，名显天下，岂非以富邪？”窃以为贱商者，谓贩夫贩妇之类也。昔子贡废著鬻财，而结驷连骑，束帛之币以聘享诸侯，所至，国君无不分庭与之抗礼。岂有贱之哉。余谓贱之者实贾而非商也。盖古者行为商，处曰贾。商者周知四方物产登耗，复周行异国，多历情伪，其才智自高。若子贡、乌氏、巴寡妇类也，贾者不能然，以廛市而处，求蝇头之利，故人贱之。证之於今亦然，身家亿万之商，俨然官府座上之客，若贩卖之贾，则亦劣吏所呵斥者矣。

东坡巾

仰慕先贤之言行，及而效之，本士人应为之事，若仅效其服饰杂用则贻笑大方也。《坚瓠丙集》卷四载：

明苏郡守胡可泉，与客登虎丘，见戴角巾者三人，往来自如。可泉召而问之，答曰生员。以奚冠命题，各试一破，皆塞责应命。因问其所冠者何冠，答曰东坡巾。可泉曰：“若等既知为东坡巾，然东坡何为用此巾？”三人相顾，无以对。客从旁解释，遣之。客亦不解，请其故。可泉曰：“昔东坡被论坐，囹圄中所戴首服，则常服不可也，公服不可也，乃制此巾以自别，后人遂名曰东坡巾。”是乃东坡之囚巾也。今但慕其名而不究其义，适为可笑。

东坡巾，亦谓“子瞻帽”“高桶帽”。胡仔《苕溪渔隐丛话》卷四十载：“元祐之初，士大夫效东坡，顶短檐高桶帽，谓之子瞻样，故云。”沈德符《万历野获编》卷二六：“古来用物，至今犹系其人者……帻之四面垫角者，名东坡巾。”明杨基《赠许白云》诗云：“白云老翁乐且贫，眼如紫电炯有神。麻衣纸扇趿两屐，头戴一幅东坡巾。”盖所谓东坡巾者，乃坡公之囚冠也。余尝见有赵孟頫画东坡像，然乃戴笠持藤杖。黄庭坚《跋东坡书帖后》云：“庐州李伯时近作子瞻按藤杖，坐盘石，极似其醉时意态。此纸妙天下。可乞伯时作一子瞻像，吾辈会聚时，开置席上，如见其人，亦一佳事。”余寻此画于图册间，观之所戴者乃竹笠也。夫赵孟頫、李伯时皆东坡之友，其画当图其真面目也。李伯时所画东坡像，藏于金山寺。东坡过而见此像，乃书《自题金山画像》诗云：“心似已灰之木，身如不系之舟。问汝平生功业，黄州惠州儋州。”人谓绝命诗也。近世画匠作东坡像者，多以东坡巾冠之，其亦虎丘秀才，不明所以矣。

冬烘

俗语每讽人迂腐浅陋者为“冬烘”，余亦每以之自嘲，然总未明其典。偶阅五代王定宝撰《唐摭言》，其卷八有“误放”条，载：“郑侍郎薰主文，误谓颜标乃鲁公之后。时徐方未宁，志在激劝忠烈，即以标为状元。谢恩日，从容问及庙院。标，寒畯也，未尝有庙院。薰始大悟，塞默而已。寻为无名子所嘲曰：‘主司头脑太冬烘，错认颜标作鲁公。’”盖代宗时颜真卿为鲁郡公，安史乱，鲁公尝率军抗之，德宗时为叛将李希烈缢杀。

典既明，然冬烘者何谓哉？夫郑薰之名薰，薰者，烧灼，烘烤之义也，冬烘者，冬日烘烤之义也，其义合薰，故“冬烘”者化郑薰之名而讽之也。然科举取士，国之大事，岂一侍郎草草可为者，况科举之途，自童子试而乡试，秀才中举后必限期至学台官署填写亲供，亲供必具三代之履历，所属教官尚需保结，焉有进士而不明其庙院者欤？一案既明，一案复生，此亦为学之道也。

佛传吸食鸦片法

唐高僧义净景龙四年译《根本说一切有部毗奈耶杂事》律经，其卷十以答问而言佛传吸食鸦片之法，为他律所绝无之事也。

义净，俗姓张，字文明。天性颖慧，幼年出家，年十五仰慕玄奘之西游，二十受具足戒。咸亨二年经广州取海路至天竺，巡礼鹫峰、鸡足山、鹿野苑诸佛圣迹，住那烂陀寺勤学十年。归携梵本经论四百部，武后亲至上东门迎，敕住佛授记寺。是经叙曰：

缘在王舍城时，具寿毕邻陀婆瑳从出家后，常婴疾病，有同梵行者问曰："大德，起居轻利，安乐行否？"答言："具寿，我常病苦，宁有安乐。"问曰："何苦？"答言："患嗽。"问："此服何药？"答："曾吸药烟，得蒙瘳损。""大德今何不服？"答曰："佛未听服。"时诸苾刍以缘白佛。佛言："有病者听吸烟治病。"苾刍不解，安药火上，直尔吸烟，烟不入口。佛言："可以两碗相合，底上穿孔，于中着火，置药吸之。"事犹未好。佛言："应可作筒。"彼以竹作，此还有过。佛言："不应用竹，可将铁作。"彼作太短。佛言："勿令太短。"彼作太长。佛言："不应太长，可长十二指。勿令尖利，亦勿粗恶，置碗孔上，以口吸烟。"彼既用了，随处弃掷。佛言："不应辄弃，可作小袋盛举。"彼置于地。佛言："不应置地令坏，应挂象牙杙上，或竿上。"铁便生垢。佛言："应以酥油涂拭。"后于用时洗拭辛苦。佛言："不应水洗，应置火中烧以取净。"（《周叔迦佛学论著集》）

噫，所言盖医者之语也，此类杂事著于佛经，窃谓乃后来梵僧妄增耳。然亦可知唐初天竺僧以鸦片用于医也。

父乃尊称

古今称呼变异亦属寻常，然以"父"尊称，实属难解。余阅《史记·冯唐列传》，汉文帝与冯唐话，曰："今吾每饭，意未尝不在钜鹿也。父知之乎？"古之时，帝王称臣"仲父""亚父"者非鲜，然呼为"父"者人多不解。

西周初，吕尚辅文王、武王，武王尊其“师尚父”（《史记·齐太公世家》）。《集解》引刘向《别录》释曰：“师之，尚之，父之，故曰师尚父。父亦男子之美号也。”

春秋时，管仲辅齐桓公，九合诸侯，一匡天下，故桓公尊其为“仲父”。刘向《说苑·尊贤》：“齐桓公使管仲治国……立以为仲父，齐国大安，而遂霸天下。”

战国时，范雎为秦昭王相，外败魏、韩，内强君权，故昭王尊其为“叔父”。《史记·范雎蔡泽列传》：秦昭王谓平原君曰：“齐桓公得管夷吾以为仲父，今范君亦寡人之叔父也。”

秦始皇即皇帝位，得力於吕不韦，故“尊吕不韦为相国，号称仲父”（《史记·吕不韦列传》）。

楚汉相争，项羽尊谋士范增为“亚父”。《史记·项羽本纪》：“项王东向坐，亚父南向坐。亚父者，范增也。”《集解》引如淳曰：“亚，次也，尊敬之次父，犹管仲为仲父。”

东汉末，汉献帝为董卓所立，“卓至西京，为太师，号曰尚父”（《三国志·魏书·董卓传》）。

东晋初，晋元帝、明帝、成帝均尊丞相王导为“仲父”。《晋书·王导传》：“朝野倾心，号为仲父。”

唐天宝间，郭子仪平安史之乱，功高位显，宽厚得人，“唐德宗嗣位，诏还朝，摄冢宰，充山陵使，赐号尚父”（《新唐书·郭子仪传》）。

唐代宗时，宦官李辅国骄横跋扈，“帝矍然欲翦除，而惮其握兵，固尊为尚父”（《新唐书·李辅国传》），然代宗寻“遣侠客夜刺杀之”。此乃权宜以图而呼人为“父”也。

唐僖宗时，宦官田令孜专朝政，僖宗尊其为“父”“阿父”。《新唐书·田令孜传》载：“始，帝为王时，与令孜同卧起，至是以其知书能处事，又帝资狂昏，故政事一委之，呼为父。”此乃昏庸而呼人为“父”也。

五代后梁时，燕王刘守光，妄自尊大，令各部“尊己为尚父”。李存勖、李嗣昭、周德威等“共奉册推守光为尚书令、尚父”（《资治通鉴·后梁太祖乾化元年》），此乃迫人尊己为“父”也。翌年，李存勖俘之，“刺其心血以祭先王墓，然后斩之”。

辽兴宗时，张俭受辽圣宗遗诏辅政，兴宗“拜太师、中书令，加尚父”

（《辽史·张俭传》）。

清顺治帝尊多尔衮为皇父、叔父，以其摄政而独揽朝政也。

嗟乎，非己父而呼之，盖有所因也。或敬之，或畏之，或佯之，或倚之，皆有所欲也。故非其亲而亲之者，必当省之。

古时大夫得食肉

《左传》庄公十年："齐师伐我。公将战，曹刿请见。其乡人曰：'肉食者谋之，又何间焉。'"杜《注》："肉食，在位者。"盖位为大夫，乃得食肉也。夫上古之民多好食肉，然卒改食植物者，实由民众、兽不足之故也。庶人所食则鱼鳖而已。《诗》："牧人乃梦，众维鱼矣。""大人点之，众维鱼矣，实维丰年。"《笺》曰："鱼者，庶人之所以养也。今人众相与捕鱼，则是岁熟相供养之祥也。"《王制》言："六十非肉不饱。"《孟子》言："七十者可以食肉矣。"孔子告子路："啜菽饮水，尽其欢，斯之谓孝。"则亦非贫者所能得也。然其位上者，饮食皆极奢侈。《墨子·辞过》曰："古之民，未知为饮食时，素食而分处。故圣人作，诲男耕稼树艺，以为民食。其为食也，足以增气充虚，强体养腹而已矣。故其用财节，其自养俭，民富国治。今则不然，厚作敛于百姓，以为美食刍豢。蒸炙鱼鳖，大国累百器，小国累十器，前方丈，目不能遍视，手不能遍操，口不能遍味。冬则冻冰，夏则饰饐。人君为饮食如此，故左右象之。是以富贵者奢侈，孤寡者冻馁，虽欲无乱，不可得也。"据《周官·膳夫》："凡王之馈，食用六谷，膳用六牲，饮用六清，羞用百有二十品，珍用八物，酱用百有二十瓮。"呜呼，百有二十品，虽不得尽闻，亦可见其概矣。

余查《国朝宫史》，及清宫内务府档，乾隆帝早膳食为五十三，晚饭增至七十五。逢节日，菜品逾百二十作。光绪十年，慈禧太后五十寿，于体和殿用膳，日饭菜凡百种，"主食五六十种，茶点二三十种，菜百二十余，日耗猪羊肉五百斤，鸡鸭百只"。是故知在位者之奢侈自古皆然，非一朝之事也。

古时妇人喜化妆

妇人喜修容，自古皆然。《战国策·赵策一》载：豫让遁逃山中曰：“嗟乎，士为知己者死，女为悦己者容。吾其报智氏之雠矣。”可知战国时已有妇人美其容之俗。溯源而上，则周时亦有妇人美其容之俗。《诗经·卫风·伯兮》云：“自伯之东，首如飞蓬。岂无膏沐，谁适为容。”此亦“女为悦己者容”之源矣。《毛诗序》：“言君子行役，为王前驱。过时而不返焉。”夫既不返，思之心忧，以至“谁适为容”矣。《庄子·内篇·德充符》云：“天子之诸御，不爪翦，不穿耳。”以是知有爪翦、穿耳之俗。《汉书·佞幸传》载：“汉兴，佞幸宠臣，高祖时则有籍孺，孝惠有闳孺。此两人非有才能，但傅脂粉以婉媚幸幸，与上卧起，公卿皆因关说。”噫，非但妇人，男宠亦复傅脂粉矣。

至唐，贵妃之姐虢国夫人固美质而不施脂粉。张祜有《集灵台》诗曰：“虢国夫人承主恩，平明骑马入宫门。却嫌脂粉污颜色，淡扫蛾眉朝至尊。”虢国夫人诚知美者也，其固以己之美胜人，若施之脂粉则掩己之美矣。白香山亦尝有《时世妆》述当时之状。诗云：

时世妆，时世妆，出自城中传四方。
时世流行无远近，腮不施朱面无粉。
乌膏注唇唇似泥，双眉画作八字低。
妍媸黑白失本态，妆成尽似含悲啼。
圆鬟无鬓堆髻样，斜红不晕赭面状。
昔闻被发伊川中，辛有见之知有戎。
元和妆梳君记取，髻堆面赭非华风。

时世之妆出之宫中，传之四方，白香山以之为怪，故谓之“非华风”也。后周时，禁天下妇人皆不得粉黛，惟黄眉墨妆而已。

古时女子染甲

近时女子喜染甲，非特红，赤橙黄绿间有之也。考其所起，明王三聘《古今事物考》卷六云："唐杨贵妃生而手足爪甲红，谓白鹤精也。宫中效之，此其始也。"

唐李贺《宫娃歌》云："蜡光高悬照纱空，花房夜捣红守宫。"守宫者，壁虎也，因其常伏于宫室之壁，捕食虫蛾，故名。传以其置于朱砂盒内，使其食朱砂，待身易红，则将其捣碎，以其红汁可染甲。野史小说中多有言女子点守宫砂事，即此之谓也。张祜《听筝》诗云："十指纤纤玉笋红，雁行轻遏翠弦中。"明初杨廉夫述女子美甲谓："十尖尽换红鸦嘴……数点桃花汛水流。"皆言女子染甲事。清朱象贤《闻见偶录》云："七夕，妇女采凤仙花捣染指甲，红如琥珀可爱。"赵翼《陔下丛考·金凤染指》云："俗以凤仙花染指甲，自宋已然。凤仙花，红者捣碎，入明矾少许，染指甲，用片帛缠定过夜，如此三四次，则其色深红，洗涤不去，直至退甲方渐失之，回回妇人喜此云云。今俗则不特回回妇人也。"

《名物通》载染指尖诗云："金凤花开血色鲜，佳人染得指尖丹。弹筝乱落桃花片，把酒轻浮玳瑁斑。拂镜火星流夜月，画眉红雨逐春山。有时谩托香腮想，疑是胭脂点玉颜。"此言所染之色则极易落也。清叶砚孙尝填《醉蓬莱》词，叙采撷凤花至制作甚详，词云："步桐阴苔砌，凤子舒英，般痕狼藉。玉盒盛来，向银盘碎礫。漫捣玄霜，似敲素练，酿出胭脂液。点点轻濡，纤纤频染，珊瑚晕赤。日午琵琶，夜深弦索，流水声中，小红飞积。莫笑妆浓，胜绿眉黄额。腻粉偷匀，香腮斜托，花片鱼鳞迹。臂上守宫，袖边绀唾，一般怜惜。"

昔之言染甲事，皆闺阁贵妇所为。今则无论贵贱老少，多有为之者，余时睹有半老徐娘者亦十指猩红，令人捧腹矣。

古时脱袜为敬

今凡入人室者，多脱履，恐污人室也。然则古人席地而坐，故登席亦必脱其履。《礼记正义》云：“户外有二履，言闻则入，言不闻则不入。”郑注：不干人之私。则知脱履入室古之俗也。《诗经·小雅·采菽》“赤芾在股，邪幅在下。”邪幅即行滕也，去袜，故见行滕也。《左传·哀公二十五年》：卫侯为灵台于藉圃，与诸大夫饮酒焉。褚师声子袜而登席。公怒。辞曰：“臣有疾，异於人，若见之，君将壳之。是以不敢。”公愈怒。大夫辞之，不可。褚师出。公戟其手，曰：“欲断其足。”杜《注》：“谓有足疾也。壳，呕也。”又云：古者臣见君解袜。然则古人以跣足为至敬也。

汉初，高祖优礼萧何，特命“剑履上殿”，则可知群臣上殿犹皆脱袜也。《魏志》曹操令曰：祠庙上殿当解屦。吾受命剑履上殿。今有事于庙而解屦，是尊先公而替王命也。故吾不敢解屦。可知是时祭祀尚皆脱屦。《唐书》载：刘知几以释奠皆衣冠乘马，奏言冠履只可配车，今袜而鞾，跣而鞍，实不合于古。是唐时祭祀尚存跣袜之制也。《唐书》载棣王有二妾争宠，求巫者密置符琰履中。或告琰厌魅，帝伺其朝，使人取其履，验之果然是也。《陔余丛考》曰：“凡自外入内者，必解屦然后升堂。既解屦，则践地者袜也。久立地，或渍污，故有解袜就席之礼，失之亦为不敬。”后见《日知录》所释方知古之袜皆皮所制也。其曰：“古人之袜，大抵以皮为之。今之村民，往往行滕而不袜者，古人之遗制也。”据《士冠礼》，古之屦有单有复，犹今之单鞋、棉鞋者。“屦夏用葛，冬皮屦可也。”余查诸文献，其脱袜之礼，至中唐后即不复见也。

海派

文坛素有海派、京派之分，绘画、文学各有千秋，然据《清稗类钞》记，其源乃始于戏剧也。“京伶呼外省之剧曰海派。海者，泛滥无范围之谓，非专指上海也。京师轿车之不按站口者，谓之跑海。海派以唱做力度投时好，节外生枝，度越规矩，为京派所非笑。京派即以善於剪裁，干净老当自命，此诚京派之优点，然往往勘破太过，流弊亦多。”故知旧京师人所称海派者，乃泛谓京师之外者，非专谓沪上，然以此亦可窥皇城根上人之自大矣。犹若近世之沪上人，自大犹胜京城，但凡外籍之人，习以乡下人而称。无论京海，以所据地域为尊，实愚之至也。

酒树

人皆谓舜之子杜康造酒，酒者，五谷之精也。然酒自树中自出，人多未闻。吾阅《宋史·列传·外国五》记有阇婆国者，谓其“在南海中”。其地物产甚丰，百姓安逸，“民输十一之租，煮海为盐”。“中国贾人至者，待以宾馆，饮食丰洁。”更有所奇者，谓“其酒出于椰子及虾蝚丹树，虾蝚丹树华人未尝见；或以桄榔、槟榔酿成，亦甚香美”。《马可波罗行记》亦记其树曰：“应知此地有一种树，土人欲取酒时，断一树枝，置一大钵于断枝下，一日一夜，枝浆流出，钵为之满。此酒味佳，有白色者，有朱色者。此树颇类小海枣树。土人断枝，仅限四枝，迨至诸枝不复出酒时，然后以水浇树根，及甫出嫩枝之处。”

夫阇婆国即今印尼爪哇岛或苏门答腊岛也。《宋书·夷蛮传》作阇婆婆达。文献载宋元嘉时，始朝中国。噫，劳作之馀，舒身于虾蝚丹树之下，啜饮天赐美酒，其惬意当胜于桃花源中人也。未知此嘉树今尚存否。

冥钱略考

民间祭祀，俗皆焚冥钱。吾观近岁又增车、房、手机诸般，或谓供逝者冥间所用也。考之冥器之俗，清赵翼《陔余丛考》谓纸钱源于魏晋南北朝，其所据者有三：一曰《法苑珠林》称“纸钱起于殷长史”；二曰《杜诗辩证》称纸钱源于南朝齐东昏侯；三曰《封氏闻见录》称“纸乃后汉蔡伦所造，其纸钱魏晋以来始有其事”。二书均成于唐初，距六朝未远，见闻当有所据也。

以诗证史，余寻之唐宋诗词，当可知历代纸钱之盛一斑。唐李贺《神弦》“纸钱窸窣鸣旋风”，张籍《北邙行》“寒食家家送纸钱”，宋王安石《思王逢原三首》“树枝零落纸飞”，苏轼《与郭生游寒溪》“风吹旷野纸钱飞”。《封氏闻见录》称“纸钱魏晋以来已有之，今自王公至士庶无不用之”。明季野史《剪胜野闻》谓徐达“未几告薨，亟告帝（朱元璋），帝蓬跣担纸钱道哭”。可知丧葬祭祀无论帝王平民皆用纸钱也。

然冥钱之制式则古今异之，盖古今之币有异也。古时货币为铜钱，故冥钱亦以铜钱之式。《听雨丛谈》曰：“京师祀神，用黄纸凿成钱象，以代焚帛。祭墓刚用白纸凿成大钱，径圆三四寸，以代冥器。”而古之流通者亦有金银，故纸钱亦有元宝样式之“纸锭”，色白为银，色黄为金，今民间俗称“金锭”“银锭”者承其俗也。

冥器之用既众，故于宋时已有专营之业者。吴自牧《梦粱录》谓杭州有“舒家纸扎铺”“狮子巷口徐家纸扎铺”。今处州城内三坊口亦多有从其业者。

冥钱之用，固为虚诞，然子曰“祭如在”，亦后人慎终追远之念也。然冥器之用亦当有制，终不可奢。余尝于清明睹一闹剧：某子甚孝，父丧，祭坟用冥器颇奢，焚烧之时，忽出一美女像，谓可伴父寂寞。其母怒，夺而毁之，见者尽莞尔矣。

年岁之别

今人言年长曰岁，顾炎武以为非。《史记·秦始皇本纪》始皇“以秦昭王四十八年正月生於邯郸。及生名为政，姓赵氏。年十三岁，庄襄王死，政代立为秦王”。顾炎武曰：“天之行谓之岁，人之行谓之年，古人但曰年几何，不言岁也。变之自太史公始。”顾亭林此说无据也。《战国策·赵策四》触龙说赵太后，“太后曰：敬诺。年几何矣？对曰：十五岁矣。虽少，愿及未填沟壑而托之。”触龙言子年长谓岁也。又，《孟子·告子上》：“乡人长於伯兄一岁，则谁敬？曰：敬兄。”亦称岁也。故知称人之年龄或以年，或以岁，战国之时已无所别，太史公称赵政岁，何谬之有哉。

牛鬼蛇神源于佛经

“牛鬼蛇神”一词“文化大革命”间最为盛行，凡被贬黜者皆其类也。追溯其源，或曰唐杜牧之《李贺集序》。盖李长吉为诗，喜书精灵鬼魅、神仙鬼怪，人以“鬼才”称之，樊川序曰：“鲸呿鳌掷，牛鬼蛇神，不足为其虚荒诞幻也。”然牛蛇之为鬼神，其始于何？终不可解也。

余于神颓精废之时，每取佛经诵之，见经中多有状牛鬼蛇神者，忽悟樊川之说当原始于此也。《妙法莲华经》卷二《譬喻品》云：“复有诸鬼，首如牛头，或食人肉，或复啖狗。”又云：“毒蛇蚖蝮，及诸夜叉，鸠槃荼鬼，野干狐狗。”“复有诸鬼，首如牛头”者，宛然“牛鬼”也。佛典多有地狱之说，中复有鬼神，若《大智度论》卷一六：

“见合会大地狱中，恶罗刹狱卒，作种种形，牛马猪羊，獐鹿狐狗，虎狼狮子，六驳大鸟，雕鹫鹑鸟，作此种种诸鸟兽头。”

《地藏本愿经》卷中《利益存亡品》云：“铁蛇铁狗，吐火驰逐，狱墙之上，东西而走。”

《楞严经》卷八，谓人于命终之后归趣地狱：“亡者神识，见大铁城，火蛇火狗，虎狼师卒，马头罗刹，手执枪槊，驱入城门，向无间狱。”诸如此类，不胜枚举。

视其述鬼神恶道，大抵具世间动物状，而牛、马、蛇、狗则最为常见。盖上古之民素崇牛蛇，牛征坚韧而蛇乃华夏先民之图腾。《山海经》所述女娲、伏羲皆“人首”而“蛇身”。韩愈《杂说》三亦云：“昔之圣者，其首有若牛者，其形有若蛇者，其喙有若鸟者，其貌有若蒙倛者。”故所谓“牛鬼蛇神”之说，迥非本土滋生之物，实源于佛教也。

清宫春联尚白

今人春联用纸概以红色，寓吉祥意也。明清之际，春联用纸朱红、翠绿、柿黄三色皆行，或有家遭父母之丧则用白纸，期年，以净绿天地头加蓝色，庵观寺院则用浅黄色纸。

余偶阅《清稗类钞·宫闱类》卷首即记“大内联色尚白”，曰：“大内宫殿春联，例用白绢，由翰林谨书呈进。盖宫殿漆柱，俱大红色，故以白者映之。”《清稗类钞》乃杭城徐仲可所撰，仲可，光绪间举人，其所记当实，然所谓“盖宫殿漆柱，俱大红色，故以白者映之”。则不然。盖清际王府宗室例皆悬白纸春联，外镶以红、蓝边。夫春联以红纸书以墨色，汉人之俗也，满人以白纸书亦为其俗使然。满人之俗贱红尚白，余尝于清文献中见之。盖满人乃游牧狩猎之族，冬日狩猎尤忌红色，为其与生肉类，易招兽袭也。若西班牙之斗牛，亦以红布诱之使其性发。而尚白之俗，余以为其族固狩猎之民，白山黑水之间，冬日狩猎，白雪遍布，着白衣亦易隐其身也，故清宫春联尚白当遵旧俗，非因漆色也。

三教九流

三教九流，民间俗语也，三教者，儒、释、道，而所谓九流之义言者多异，莫衷一是。依旧说，九流乃儒、道、阴阳、法、名、纵横、杂、农九家也，盖源于春秋之际也。然至汉，武帝独尊儒术，馀者皆式微，至明清，九流之称则迥异于春秋也。

明清之际，九流复分三等，有上、中、下之别，兹述于右。

上九流者，谓宰相、尚书、督抚、藩臬、提督、镇台、道台、知府、知州也；

中九流者，谓医、金（占卦）、飘行（测字）、推（推算历法）、琴棋、书画、僧、道、星相也；

下九流者，谓忘八（经营妓院）、龟（纵妻淫）、优伶、吹（吹鼓手）、大财（耍大把戏）、小财（耍小把戏）、生（理发）、盗、吹灰（营销鸦片）也。

噫，以此而别，所谓上流者官宦也，而琴棋书画类于星相医卜，不亦令雅士汗颜乎？尤以优伶入下九流，其弊尤甚。明清律法禁优伶及子孙入童子试，绝其入仕之途，此弊至雍正间方革。据《清通鉴》，雍正元年四月戊辰（十九日），除豁山西、陕西乐户贱籍。是年三月，御史年熙奏：晋陕乐户沉沦丑秽，无由自新，留之既无益于国家，去之实有裨风化。该部议复：压良为贱，前朝弊政，亟宜革除。是日，有旨令除二省乐籍，准改业从良。雍正帝此举，善莫大矣。

三岁曰畬

处州景宁多畬民，今为畬族自治之县，畬民多雷、蓝、钟三姓。余尝询于其民何为者畬，多瞠目也。《尔雅·释地》曰：“田一岁曰菑，二岁曰新田，三岁曰畬。”《诗经·周颂·臣工》：“亦又何求，如何新畬。”毛传：“田，二岁曰新，三岁为畬”。宋杨亿《谈苑》曰：“江南人多畬田，先熂炉。熂，纵火燎草也；炉，火烧山界也。俟经雨乃下种，历三岁，土脉竭，不可复种艺，但生草木，复熂傍山。”盖畬之先民，刀耕而火种，一地经三岁即弃之而复熂之矣。刘禹锡谪连州时尝作《畬田诗》云：“团团缦山腹，钻龟得雨卦，上山烧卧木。”又云：“下种暖灰中，乘阳拆牙蘖。苍苍一雨后，苕颖如云发。”白乐天《子规歌》云：“畬田有粟何不啄，石楠有枝何不栖。”知所谓畬者，地力竭而需纵火燎草以增地力也。其法乃周时农耕皆行之，非复今之所谓畬民所行耕种之法也。《诗》曰：“亦又何求，如何新畬。”《月令》：“孟春，天子亲载耒耜，措之于参保介之御间。”周之季春，于夏为孟春，诸侯朝周之春，故晚春遣之，敕其车右以时事：汝归当何求于民？将如新田畬田何？急其教农趋时也。

今之治畬族史者，以畬田为其族之专，未为宜也。盖畬之谓，始于三代，民智未发，故以熂炉以利地力，亦斯时四方皆行之法也。然其耕种之法至唐宋时，中原之地已无沿之，仅江南山隅尚存其脉，此即为畬民矣。考之于畬民东迁路线，可征。

商人禁穿绸纱

夫国之兴亡系于财之丰耗，故得天下者，其初莫不重农桑，固重本抑末也。明太祖初立国，洪武元年即令：凡民田五亩至十亩者，栽桑、麻、木棉各半亩，十亩以上倍之。麻，亩征八两；木棉，亩四两；栽桑，以四年起科。

不种桑，出绢一匹；不种麻及木棉，出麻布、棉布各一匹。盖明初，各项制度皆无可循，元之一代，马上得之，马上治之，然于国家之制度了无措意，唯以强军耳，是以明初太祖即着意于制度之创建也。重农抑商，古之所然，非太祖独然，然以太祖之独断风格，所立之制亦异于历朝。洪武十四年，诏令：农民之家，许穿绸纱绢布；务贾之家，止许穿布；农民之家，但有一人为商贾者，亦不许穿绸纱（《农政全书》）。孟子言："五十者可以衣帛矣。"太祖则定务农者可以衣绸纱，一以齿，一以业，然皆劝人务本。朱洪武出身贫寒，亦知圣人之意矣。故洪武之初，力倡节俭，不以奢荣。令四方"非朝廷所需，毋得妄献"。

尝有司奏造乘舆服御诸物，应用金者特命以铜为之，有司言："费小不足惜。"上曰："朕富有四海，岂吝于此？然所谓俭约者，非身先之，何以率下？且奢侈之原，未有不由小至大者也。"司天监进元所置水晶刻漏，备极机巧，中设二木偶人，能按时自击钲鼓。上览之，诏侍臣曰："废万几之务，用心于此，所谓作无益害有益也。"命左右碎之。潞州尝贡人参，上曰："人参得之甚艰，毋重劳民，往者金华进香米，太原进葡萄酒，朕俱止之，国家以养民为务，奈何以口腹累人？"命却之。凡北皆太祖初年事，其率先恭俭，而后立法以整齐一国，是亦知创业之维艰，而守业愈艰者也。

畲族祀祭

畲民重祀祭，至今犹然。处郡钟玮琪君，余忘年之交也，尝语予曰：畲民重祭祀，一谓内祀，亦谓"特祭""厚祭"；一谓外祀，亦谓"公祭"。内祀复有"阳祭""阴祭"之别。阳祭者畲语谓"做阳""聚头"。阴祀者畲语谓"做阴"，"做功德"，亦谓"阴教"。畲民亡必行功德之仪，其仪有三：一曰"大功德"，乃祀入阳教之人，称"亡故仙师"，其仪做师人十二，轮班作舞三昼夜。二曰"小功德"，乃未曾学师人，亦谓"白身人"，做师人十二，然作舞仅一昼夜耳。其三曰年祀，其祭上辈先祖也。外祀者实即公祭也，然所然者以叔豹、伊尹为主。叔豹者，畲民称之"龙麟"，盖畲民尊其为始祖也。考其名称有多种，《国语》曰"叔豹"，畲民四姓《宗谱》曰"龙麟"，畲民做阳名曰"北极紫微神老君"，做阴则曰"日月紫微星太上老君”。余尝见畲民堂壁所立木主乃曰“忠勇王龙麟”。

《清稗类钞·丧祭类》有“畲客祀祖”条谓：“温、处之畲客极重祀祖，有画像、赤袋、香炉等。相传以木置犬头，饰以金箔，涂以赤漆，置赤袋中。其祭也，初服赤色衣，继改服黑色衣。祭时需三昼夜。祭坛之前，以白布图画像，形似卷轴，长及数丈，上绘盘瓠衔犬戎将军首级处，或高辛氏以女妻盘瓠处。”

夫三代之史，可考实者鲜矣。然盘瓠乃春秋时人，周平王宜臼二十七年，楚与卢戎战，盘瓠因功而封，则见于史乘也。是年即鲁惠公二十五年，郑武公卒，太子寤生即位，是为郑庄公。盘瓠非独畲民以为始祖，瑶民亦使然也。今瑶民有“盘王节”，即祭盘瓠者也。呜呼，盘瓠之传说演变而为神话，亦图腾标志使然乎？

束脩束修之辩

自孔子言：“自行束脩以上，吾未尝无诲焉。”人皆以束脩为拜师之礼也。《四书章句集注》朱熹释：“脩，脯也，十脡为束。古者相见必执贽以为礼，束脩其至薄者。”余阅王弘撰《山志》卷四“焦漪园曰：‘束脩，非谓脯贽也。盖言自行束带修饰之礼以上。’”且引汉延笃曰：“吾自束修以来，为人臣不陷于不忠，为人子不陷于不孝。”李贤注曰：“束修，谓束带修饰。”梁商曰：“王公束修厉节。”贾坚曰：“吾束修自立，君何忽忽相谓降耶？”以证其说。束修为束带装饰说亦见于汉时。汉桓宽《盐铁论·贫富》：“余结发束修，年十三，幸得宿卫，给事辇毂之下。”然唐人复以敬师之礼释之。《唐摭言·两览》载：“龙朔二年九月，敕学生在学，各以长幼为序。初入学，皆行束脩之礼，各绢三匹……皆有酒脯。”钱宾四先生释曰：“脩是干脯，十脡为束。古人相见，必执贽为礼，束脩乃贽之薄者。又一解，束脩谓束带脩饰。古人年十五，可自束带脩饰以见外傅。”其说源于朱子。

余惑矣。细审之，诸说或言“束脩”，或言“束修”，其别于此乎？朱子明言“脩，脯也”，乃谓干肉脯，犹吾郡谓酱油肉者也。检之《说文》，修者，饰也。段注云：“饰即今之拭字，拂拭之则发其光彩，故引申为文饰，此云修饰也者。”脩者，脯也。段注云：“薄析曰脯。”叹曰：脩、修音同而义别，自近时汉字简化以来，皆作修也，桓宽所言修也，《唐摭言》所言脩也，皆无误，何纷纷作辩焉。贤者尝言，读书当先识字，善哉。

宋代毛边书

去岁购得毛边书名《不裁》，徒以其式鲜见于市也。所谓毛边者，乃书装订成册后未加裁切之书，三面任其自然，不施刀削。周树人素喜此式，尝谓其友萧军曰："吾喜毛边之书，宁裁之。"且"自诩毛边党"。近人皆谓毛边之书传之法、德诸国，民初甫传中华书界，其制为仅裁书脚，留天头、翻口未之裁。

余偶阅宋陶穀《清异录》，有"治书奴"条："裁刀治书参差之不齐者，在笔墨砚纸间盖似奴隶职也，却似有大功于书。且虽四子精绝，标界停直，字札楷稳，而边幅无状，不裁而整之未可也。"其言谓治书参差之不齐者，实即毛边，既为毛边故需以刀裁之也。

宋体字实明体字

今之印刷书体多用宋体字，若老宋、仿宋类，或曰此字体乃宋版字体，谬也。

盖自明中期始。书坊刻书有新字体，钱泳《履园丛话》记："有明中叶，写书匠改为方笔，非颜非欧，已不成字。"此类字不必名家操觚，坊间匠人亦可奏刀，一时风行，人谓之"宋体"也。然何以宋名之哉？

余尝睹宋版书影多也，皆不似此呆滞样，所谓宋体者乃匠体也。究其源实出于明代文士佞宋故。盖明时书坊多喜翻刻宋本，为求便捷，仿宋刊本唯"肤廓字样"耳。取宋版椠校之，风马牛也，名之明体则副其实矣。而明体之称，乃源于清康熙帝。据清文献，康熙十二年，敕廷臣补刊《文献通考》，帝曰："此后刻书，凡方体称宋体字，楷书均称软字。"自此习称明代刊本字为宋体也。

明刊本字出，人多恶之。清钱大镛即谓："古书俱系能书之士，各随其字体书之，无所谓宋体也。明季始有书工，专写肤廓字样，谓之宋体，庸劣不堪。”噫，以一己之好恶而论书体，失之公允也。

又，世有传版刊宋体字乃秦桧所作，因其恶名而掩之，文献无载之。

图书

寓居沪上，逛多伦路旧书肆，购《儒林外史》，仅二元，供消暑耳。阅至十五回“葬神仙马秀才送丧，思父母匡童生尽孝”章，中有文字曰洪憨仙拿出诗稿与马二先生阅。“马二先生放开一看，都是各当事人的亲笔。一递一首，都是七言律诗，咏的西湖上的景，图书新鲜。着实赞了一回，收递过去。”图书如何新鲜耶，为之惑。归而检之文献，方悟敏轩先生所谓“图书”者，乃印章也。

今之言图书者，书籍也。古语之图书复谓疆域版图与户籍簿册。若《史记·萧相国世家》“何独先入收秦丞相御史律令图书藏之。沛公为汉王，以何为丞相……汉王所以具知天下厄塞，户口多少，强弱之处，民所疾苦者，以何具得秦图书也”。查诸《辞源》所述甚详，“俗称印章为图书，宋张耒《柯山集》四十《汤克一图书序》：‘图书之名，予不知其所起，盖古所谓玺，用以为信者。’明陆容《菽园杂记》一：‘古人于图画书籍皆有印记，云某人图书。今人遂以其印呼为图书’”。然据清鞠履厚《印文考略》记，明清时，“图书”所称乃私印也，官署仍以印称之。“古人于图画书籍，皆有印以存识，遂称图书印。故今呼官印仍曰印，呼私印曰图书。”

夫喜书画者，皆重闲章，故治印亦为一雅事也。余尝睹前辈印谱，或凝重古朴，或温雅秀逸，或刀法沉稳，或飘逸洒脱，可以洗眼哉。闲章无碍，印文可抒胸襟，故多有假印而抒意者焉。

围棋《西厢》

世传诸宫调《西厢》，有《董西厢》《王西厢》之分，皆五本二十一折。余见有《暖红室汇刻传奇西厢记》，为五本二十二折，其末折专叙崔莺莺与红娘论围棋事。或言乃元时某王姓士子嗜喜《西厢》，然惜其未书围棋事，遂为之续书一折，谓之“围棋闯关”。

是折书莺莺与红娘“就万花亭这壁，下数着大棋”，莺莺考红娘曰：“围棋之说有道，棋启于何氏？中间机关胜负攻守之法，必有说焉？”红娘答曰：“围棋之道，其来尚矣。昔古有丹朱不肖，尧设此以训之。其理微妙，非智者不能明。故局方正，像地利也；道必神明，正直德也。子用黑白，别阴阳也；骈罗布列，效天文也。四象既陈，行之在人。盖上有天地之象，中有五霸之权，下有攻战之事。览其得失，古今略备。古书有云：‘饱食终日，无所用心，难矣哉。不有博奕者乎？为之，犹贤乎已。’”噫，红娘之论说围棋，直是续书者欲言之者矣。其言古书有云，亦《论语·阳货》夫子之说也。

其书书红娘唱曲子六支，以叙其围棋之论，颇有见地，记之於右：

【牧羊关】自从尧曾置，丹朱教演习，黑白著阴偶阳奇。造化有亿万千端，疆路止三百六十。错综周天数，列布浑天仪。千古万穷秘，神仙不测机。

【隔尾】采樵烂柯光阴逝，呕血成图妙算奇。死里逃生个中意。若是谂知，这个就理，胜固欣然败亦喜。

【牧羊关】袖手傍观易，临输悔后迟，但当局个个着迷。守成要顾后瞻前，用战在征东击西。未做眼防点破，才得手便斜飞。门有总关处，棋无两面持。

【骂玉郎】寻思使得心肠碎，宵废寝，昼忘食，知难见可观乎势。局面危，掂上难，冲开易。

【感皇恩】撞着劲敌，谁肯伏低。用机谋，相数算，厮骗欺。逢生勿击，遇劫先提。满盘赢，一着错，便差池。

【采茶歌】得便宜，便收拾，成功一路是强的。十九纵横白与黑，多人迷误少人知。

观其六曲，知王氏亦专於此道者也，博弈之道，其理玄妙，若非个中人，焉能道此中甘苦欤？春秋之时，孔子“以诗书礼乐教弟子，通六艺者七十二人”（《史记·孔子世家》）。朱熹《四书集注》谓：“艺则礼乐之文，射、御、书、数之法，皆至理所寓，而日用之不可缺者也。”红娘叙夫子言，围棋瞠乎其后。王氏之续此折，知元时围棋为士子所重也。

无夫无妻通为寡

《左传·襄公二十七年》载："齐崔杼生成及彊而寡。"杼妻亡而曰寡，是知春秋之时，无夫无妻通可曰寡也。《墨子·辞遇》云："宫无拘女，故天下无寡夫。"此言寡当与鳏同义也。查诸《日知录》果亦如是说。卷三十二曰：鳏者，无妻之称。但有妻而于役者，则亦可谓之鳏。《诗·小雅》曰：何草不玄，何人不矜。"矜"读为"鳏"是也。又引陈琳诗："边城多健少，内舍多寡妇。"鲍照《行路难》："来时闻君妇，闺中孀居独宿有贞名。"皆其义。

然鳏寡之义，春秋之际似有所别。《礼记·礼运》曰："大道之行也，天下为公。选贤与能，讲信修睦。故人不独亲其亲，不独子其子，使老有所终，壮有所用，幼有所长，矜寡孤独废疾者皆有所养。"人之以鳏、寡有所别，盖始于《孟子·梁惠王下》，其曰："老而无妻曰鳏，老而无夫曰寡，老而无子曰独，幼而无父曰孤。此四者，天下之穷民而无告者。"是鳏寡二字，行文之际诚有以别，然亦可通也。

喜丧

《清稗类钞》记有喜丧，曰："人家之有丧，哀事也，方追悼之不暇，何有於喜。而俗有所谓喜丧者，则以死者之福寿兼备为可喜也。"然何为福寿兼备者欤？京师人谓乃福寿全归，即全福、全寿、全终也。全福者，谓门内人丁衍庆，已为一族之长；全寿者，谓寿当髦年；全终者，俗谓无疾而终者也。余先祖尝言予曰：山东乡俗，凡年古稀而有四代者，丧而着红帽，亦所谓喜丧之俗也。此俗处州诸县今尚存。

熊猫土名刚巴儿

川产熊猫，国人视为宝，然熊猫之名未尝见于文献也。偶翻俞荫甫《茶香室丛钞》卷二十三，有“刚巴儿”条，疑即熊猫也。其文云：

“国朝张尚瑗《石里杂识》云：‘康熙庚午，辛未间，裘松园为荣经令，蜀抚噶尔图令觅刚巴儿贻之，札云：刚巴儿形如猫，毛色白有血，以四五月间山雪消时随流而下。若与蛟龙交，便化为龙，邛雅逼处西极，雪岭相通，得之亟酬所值，不损清俸。’裘乃谋之茶商，商云：‘是诚有之，但不可限以年岁，生恒寒岩罊中，禀至阴之精。为乌斯藏所收，华人未识其物。’裘乃宛转复命于噶而寝之。比岁复往谒，噶语之云：‘已得之陕西界中矣。’”

荫甫先生所述刚巴儿产于川地，“形如猫，毛色白”，宛然今人所谓熊猫也。《石里杂识》所记庚午、辛未，乃公元一六九零、一六九一年，距今仅三百馀载，其时国人尚未以熊猫为宝，噶尔图觅之亦为玩物耳。唯“刚巴儿”一词臆为土语乎？抑或藏人之语乎？

眼镜之礼

眼镜乃明代由传教士带入，至清，康熙、雍正帝亦戴之，然多属年长者，若青年戴之则视为不敬也。

余幼时尝见先祖每逢客至必摘眼镜，怪而询之，告曰：“表敬也。”盖清季至民国间，人尚以戴镜为非礼，即戴者亦限于居室，若外出遇人，则必除镜然后行拱礼。先祖告余，民国间此礼不行，然遇长者则以手扶镜架，示除之意耳。

噫，昔文王制礼，以匡政也，眼镜之礼，所为者何？外夷之物，非中华旧传焉？

羊车

《资治通鉴》卷八一载晋武帝怠于政事，骄奢淫逸，乃至“掖庭殆将万人”，“而并宠者甚众，帝莫知所适”。武帝乃“常乘羊车，恣其所之，至便宴寝”，众妃嫔竞相争宠，“乃取竹叶插户，以盐洒地，而引帝车”（《晋书》卷三一），盖“羊嗜竹叶而喜咸”也。据《晋书》载，西晋时羊车当为皇室及高门贵族所用，若有染指，即为僭越也。

羊车之初始于秦，《唐语林》载：“始皇乘羊车以上，其路犹存。”汉承秦制，后汉刘熙《释名》曰：“骡车、羊车，各以所驾名之也。”知汉时实有羊车，故晋武乘羊车于后宫，非为特置也。及至宋，仪仗卤簿仍有“羊车前列”，神宗后方绝。盖神宗以为羊车与郊祀之礼不符，“郊祭天地，庙见祖宗，车服所陈，动必由礼……欲望大驾不用羊车，所冀肃恭，稽合典礼”（《宋史》卷一四五），故令废除羊车。

余尝疑羊力弱，虽集三四只之力，焉能牵车人。查诸《文献通考》卷一一七，其谓羊车自两晋，经南朝，至隋唐，乃“金宝饰，紫锦幰，朱丝网。童子二十人，皆两环髻，服青衣，年十四五者乘之……唐因之，小吏十四人。宋亦为画轮车，驾以牛……童子十八人”。乃悟所谓羊车者，其力实乃牛、马以至人也。晋武所乘虽以羊为驱，其力挽者乃童子矣。

窃以为羊车之名本源于佛教，经有“三乘归一”说，三乘者，以羊车为“小乘”，鹿车为“中乘”，牛车为“大乘”，《法华经》云“初说三乘引导众生，然后但以大乘而度脱之”。是羊车亦为离苦海之物也。

以棺为铭

旧时士人多有书警言于座右为之诫，取其时时可见而惕之也。座右铭始于南朝，梁萧统《文选·崔瑗座右铭》吕延济题注曰：“瑗兄璋为人所杀，瑗遂手刃其仇，亡命，蒙赦而出，作此铭以自戒。尝置座右，故曰座右铭也。”清钱泳《履园丛话》卷二十四记人有以棺材为铭者，未之闻也。其曰：

苏州府城隍庙住持有袁守中者，所居月渚山房，因以自号。余尝借寓其斋，见案头有紫檀木小棺材一具，长三寸许，有一盖可阖可开。笑曰：“君制此物何用耶？”袁曰：“人生必有死，死则便入此中。吾怪世之人但知富贵功名、利欲嗜好，忙碌一生而不知有死者，比比是也。故吾每有不如意事，辄取视之，可使一心顿释，万事皆空，即以当严师之训诫，座右之箴铭可耳。”余闻之悚然，守中其有道之士欤。

以物为铭，古已有之。《荀子·宥坐》载：“孔子观于鲁桓公之庙有欹器焉。孔子问于守庙者曰：此为何器？守庙者曰：此盖为宥坐之器。孔子曰：吾闻宥坐之器，虚则欹，中则正，满则覆。孔子顾弟子曰：注水焉。弟子挹水而注之，果中而正，满而覆，虚而欹。孔子喟然而叹曰：吁，恶有满而不覆者哉。”守中之以棺为铭与欹器类也。夫睹棺而警无常之生，生既无常，何为而执着于利欲焉。常者，道也。孔子逝已千载，然其人犹生，盖其道未灭也。人之欲求者道也，身外之物求之何益？守中盖亦智者焉。

余数岁前尝游于桂林，于独秀峰一店铺中见有小棺材售，颇奇之。询之，告以此地俗固如此，不以为忌，然未见购之者。

以酒为池

《史记》谓纣“以酒为池”。《正义》引《六韬》云：“纣为酒池，回船糟丘而牛饮者三千余人为辈。”《殷芸小说》卷二亦云：“纣为糟丘酒池，一鼓而牛饮者三千人，池可运船。”余尝疑之矣。夫上古之时，饮食艰难，何得若许之奢哉。吕思勉先生《中国制度史》亦诘其“此其池当大几何？其酒当得几许？不问而知其诞谩矣”。考其所本，《礼运》述大古之俗，“污尊而抔饮”。郑《注》云：“污尊，凿地为尊也。抔饮，手掬之也。”夫凿地而饮，所饮者水也。盖大古仅饮水，后乃易之以酒也。古之饮者，必以群。《酒诰》曰：“群饮，汝勿佚。尽执拘以归于周，予必杀。”其时酒禁甚严，饮必群，以远罪，习之不可骤改也。疑其亦部落共产之世，合食之遗俗也。

以水和酒

酒之初始，诸说不一。《士昏礼·疏》云：“污尊抔饮，谓神农时虽有黍稷，未有酒醴。后圣有作，以为醴酪，据黄帝以后。”上古之酿酒用材，据《聘礼·注》云“凡酒，稻为上，黍次之，粟次之。”然酒之为资者皆於农产，夫神农之时，农事初兴，农产未盛，未必能以之为酒。故谓酒始於黄帝之后，近于实也。

《明堂位》曰：“夏后氏尚明水，殷尚醴，周尚酒。”古祭祀饮食皆尚玄酒。《仪礼·士昏礼》云：“酌玄酒三属于尊。”《疏》云：“明水，若生人相礼，不忘本，亦得用。”“玄酒与明水别。通而言之，明水亦名玄酒。”吕思勉谓：知酒味之日趋于厚，则知古人初饮酒时，其酒实去水无几。酒之厚者，或和水而饮之，未可知也。余谓其说成立矣。《周官·浆人》：“六饮有凉。司农曰：‘凉，以水和酒也。’”夫以今人之事而度古，则其事谬也，而余尝见其事於今世。卅年前，余尝乡饮於畲家，主好客，虽蔬食而劝酒颇勤。相酌间，其虽饮而终未添，疑之。窥测其举，则傍置一碗，水也，凡饮而后以水添之，余尽一碗而其实饮半也。后诘之於人，谓：其家贫，所酿实无多，客至当待，唯以水和之也。则知以水和酒之事，固有之也。唯感畲人之情浓於厚醴矣。

饮食反忌

近得《饮食须知》，八卷，元贾铭撰。铭，海宁人，自号华山老人。生于南宋，卒于明初。元时尝为万户，入明已百岁。明太祖尝召见，问其平日颐养之法。对云：“要在慎饮食。”因以是书进览，赐宴礼部而回，享寿百有六岁。

是书主旨记“物性有相反相忌”，自序云：“饮食藉以养生，而不知物性有相反相忌，丛然杂进，轻则五内不和，重则立兴祸患。是养生者亦未尝不害生也。”斯言善也。世之可食之物万千，就其物性，不出相成、相忌。是书谓诸食物应配伍相当，勿有反忌，是亦饮食之要也。若卷一曰："檐下雨水入菜，有毒，亦勿误食"，"井中沸溢，不可饮"；卷四曰："果落地有恶虫缘过者，食之令人患九漏"；卷五曰："无多食盐""凡饮酒，宜温不宜热，宜少不宜多"；卷六曰："（诸鱼）形状异常者并有毒，食之杀人"；卷八曰："被鼠食残之物，人忌食之""诸兽中毒及药箭死，肉有毒"，皆人所应慎者。

夫古之言饮食禁忌之书，实亦多矣，检之史籍之经籍志，魏晋南北朝著者尤众，然大多不传。若《隋书·经籍志》著录有《老子禁食经》《黄帝杂饮食忌》，及他书所引之《扁鹊食禁》《华佗食禁》等。今人多喜言饮食之文化，实拾古人之牙慧也。

长大人

《东京梦华录》卷六"元旦朝会"条曰："正旦大朝会，车驾坐大庆殿，有介胄长大人四人立於殿角，谓之'镇殿将军'。"长大人者，身驱长大者也。陶宗仪《南村辍耕录》卷一"大汉"条曰："国朝镇殿将军，募选身躯长大异常者充。凡有所请给，名曰'大汉衣粮'。年过五十，方许出官。"将军之称，始于战国，《左传·昭公二十八传》云："将军食之而有不足。"盖将军二字，始见于此，后世遂以为官名矣。宋沈括《梦溪笔谈》亦有记曰："殿门文武官，极天下长人之选；八人。上御前殿，则执钺立于紫宸门下；行幸，则为禁闱门，行于仗马之前。"

夫吾国民向以长为荣，《帝王世纪》载："禹长九尺九寸，殷汤长九尺"，"孔子长十尺，大九围"（《孔演图》）。《吴越春秋》亦载"伍子胥长一丈"然禹、汤、孔子之功岂其身长之故焉？晏平仲"长不满六尺"，身为齐三朝相，其使楚焉因身小而辱齐哉。固知人之身也，受之父母，其功也，成于后天，若仅以身长而傲世者，镇殿之辈耳。

纸衣

宋时有所谓纸衣者，今人多有不知。宋苏易简，字太简，梓州铜山人。宋太宗太平兴国五年进士，钦定状元。《宋史》谓其“雅善笔札，尤善谈笑，旁通释典”。其著《文房四谱·纸谱》云：“山居者常以纸为衣，盖遵释氏云‘不衣蚕口衣’者也。然服甚暖，衣者不出十年，面黄而气促，绝嗜欲之虑。且不宜浴，盖外风不入，而内气不出也。”是知着纸衣于人有害也。

纸衣之制法为“每一百幅用胡桃、乳香各一两煮之，不尔，蒸之亦妙。如蒸之，即恒洒乳香等水，令热熟，阴干，用箭干横卷而顺蹙之，然患其补缀繁碎”。着其衣者，非独黔首，士大夫亦有着者，其谓“今黟、歙中有人造纸衣段，可如大门阖许。近士大夫征行，亦有衣之，盖利其拒风于凝沍之际焉。陶隐居亦云：‘武陵人作穀皮衣，甚坚好也。’”太简之述事，时叶绍翁《四朝闻见录·五丈观音》亦有记云：“转智不御烟火，止食丝棉，常服纸衣，号纸衣和尚。”

夫以纸为衣，始见于典籍者乃《后汉书·南蛮西南夷列传》谓斯时武陵郡人“织绩木皮，染以草实，好物色衣服，制裁皆有形”。所谓“穀皮衣”者，乃取穀树之皮捶打成片而制之也。据史籍载，宋时纸衣亦作殓服。今人清明、中元祭祀，尚有以纸为衣之俗，抑古之遗风欤？

足下

《称谓录》云：“古之人君，亦以‘足下’称之，则足下之为尊称。”《战国策·燕一》苏代谓燕昭王：“足下以为足，则臣不事足下矣。”后多用於同辈之间也。刘敬叔《异苑》卷十载：“介子推逃禄隐迹，抱树烧死。文公拊木哀嗟，伐木制屐。每怀割股之功，俯视其屐曰：‘悲乎足下’。”其说亦见於《殷芸小说卷二》：“介子推不出，晋文公焚林求之，终抱木而死。公抚木哀嗟，伐树制屐。每怀割股之恩，辄潸然流涕视屐曰：‘悲乎足下。’”可知“足下”之言，将起於此也。

左右尊卑

左右之尊卑，人言各异，夫尊卑之说因时因事而异，焉有定数乎。

《老子》云：“君子居则贵左，用兵则贵右。”又云：“吉事尚左，凶事尚右。”《礼记·玉藻》载：“动辄左史书之，言则右史书之。”其书者《春秋》《尚书》也，盖《春秋》乃动作之事，故当左史书之，左阳，阳主动。《尚书》记言语之事，故当右史书之，右阴，阴主静。故知周时虽有左右史之别，然属职分之异而无尊卑之别也。

考之历代职官，至秦汉方有尊卑之别。汉时官制左右因文武有异，文官以右为尊，武将以左为尊，不可概论也。《史记·陈丞相世家》载，孝惠帝元年，相国曹参卒，以安国侯王陵为右丞相，陈平为左丞相。高后时，王陵罪于高后，免右丞相职。左丞相陈平徙为右丞相，审食其为左丞相。故知汉时文官以右为尊。然武职反之。《汉书·王商传》载：“商少为太子中庶子，以肃敬敦厚称……元帝时，至右将军、光禄大夫……元帝崩，成帝即位，甚敬重商，徙为左将军。”故知汉时武职以左为尊。

据钱大昕《十驾斋养新录·左右》云：“唐宋左右仆射，左右丞相，左右都御史，左右给事中，左右布政使，仍以左为上。”

至元朝，一改唐宋旧制，官职以右为尊。《元史·伯颜传》载，至元二年七月，伯颜为光禄大夫、中书左丞相。至元四年，升为中书右丞相。且科考取士亦以左右榜分之，右榜尊，为蒙古、色目人；左榜卑，为汉人、南人。

明朝又改元制，至正二十七年十月，朱元璋“令百官礼仪尚左”，改李善长为左相国，徐达为右相国。定都后，各中央及地方机构同设左右二职，皆以左为尊。清承明制，然多以满人任左职，汉人为右职。

官职之尊卑既有左右之别，亦必衍生至日常习尚。《礼记·王制》：“天子七庙，三昭三穆，与太祖之庙而七。”夫父为昭，子为穆，孙复为昭，古之正礼也。据大清制，太庙前殿祭祀以太祖高皇帝努尔哈赤为始祖，其神位居正中，南向。其子清太宗文皇帝皇太极为昭辈，神位于努尔哈赤之左，即东位西向。其孙清世祖章皇帝福临是为穆辈，神位于努尔哈赤之右，即西位东向。

宴饮之席位，亦与宗庙祭祀之神位排序同，以左为尊。今中学语文选《史记·项羽本纪》中鸿门宴饮之文，于诸人座次多言之不详。太史公惜墨如金，然述座次如下“项王即日因留沛公与饮。项王、项伯东向坐，亚父东向坐。亚父者，范增也。沛公北向坐，张良西向侍”。盖霸王刚愎，坐于尊位，项伯为长，与之并坐。亚父范增居次位，即正位之左，南向。沛公虽为客，而坐于正位之右，北向坐。张良则唯西向侍矣。虽述诸人座次，然项王之心跃然纸上，惜今人多不顾及太史公之意也。

座次之序，古之礼仪，借以分长幼，别尊卑，焉可乱哉。

卷四

张志和为日本人填词之祖

张志和，字子同，性高迈，不拘检，自称烟波钓徒。子同善书画，精填词，唐人填词其为领军将也。尝与颜鲁公唱和，作《渔父词》盖取吴地吴歌中之渔歌也，传诵一时。其一曰：“西塞山边白鸟飞，桃花流水鳜鱼肥。青箬笠，绿蓑衣，斜风细雨不须归。”词即传，七年而传之於扶桑国，嵯峨天皇甚赏之，亲在贺茂神社开宴赋诗，效其体而填之。时扶桑国将志和《渔父词》并张继《枫桥夜泊》列为官学之词，是以日人填词皆源於志和也。至宋，《渔父词》之曲调不传，东坡为之增字，易为《浣溪沙》词牌，云：“西塞山边白鹭飞，散花洲外片帆微。桃花流水鳜鱼肥。自庇一身青箬笠，相随到处绿蓑衣。斜风细雨不须归。”东坡甚赞志和，尝云：“爱酒陶元亮，能诗张志和。”余谓志和之词轻新飘逸，是真隐士之词也。其祖居婺州金华，志和多见於水乡渔父，既熟谙其歌调，故能巧而变易也。十六国之风，皆各地野民所诵者也，乐官采之，调以宫商，而成《诗》，是故凡文艺之能新颖者，莫不取之於野矣。

语录之体始於北宋

北宋始，语录之体兴，《宋史·艺文志》载程颐《语录》二卷，刘安世《语录》二卷，谢良佐《语录》一卷，张九成《读录》十四卷，朱熹《语录》四十三卷之类是也。然人皆谓其体乃袭之释氏，非也。

夫北宋之时，宋使辽金之使有常使、泛使之分，常使遇正旦，帝即位、诞日，则遣使互贺之；泛使为临事而遣之使，凡所见闻，笔录成书上奏，谓之“行程录”，“奉使录”，“语录”。马永卿《懒真子》载苏老泉与二子同读富郑公《使北语录》事，则知语录之名北宋已有之也。盖奉使为两国邦交之大事，犹今之外交大使，所言必当录之於案，上於朝廷，其录名之曰“语录”也。嗣后遂相沿为记录之一体也。儒家所记固有，道家亦复效之，余谓释氏之语录亦效其体也。考之宋之前，无语录之体。《辞海》

谓语录“起始於禅宗佛教徒记其禅师之言谈，后理学门人效之”。误也。语录之名虽起於宋，然其体则战国之时已有，若《论语》，其记皆门人所记夫子言行，故亦谓其为“语录体”也。

以古为律

周君某，喜学近体诗，余告之须多咏唐人佳作，且于吟诵中体悟声律之美。其尝以古诗中每有不合律者而惑，其师谓：大诗人可不合律。呜呼，大诗人岂可不合律焉。

律诗源于永明，自齐梁至初唐，其体甫成。严羽《沧浪诗话·诗体》曰：律诗“有古律，有今律”，释“古律”云：“陈子昂及盛唐诸公多此体。”盖子昂、高适、王维、孟浩然、李太白辈于五律每有失粘及对仗欠工甚或有违平仄者，然咏其诗则有浑然古朴之感。若孟浩然《过故人庄》乃其佳篇也，今之中学选之久矣。其起句“故人具鸡黍，邀我至田家”，鸡字平声，《平水韵》中属上平八齐韵部，然此处必用仄声。明人杨慎《升庵诗话》评浩然《望洞庭湖赠张丞相》曰：“浩然‘八月湖水平，涵虚混太清’，虽律也，而含古意，皆起句之妙，可以为法。”盖“八月湖水平”中“水”字位置当平而仄也。五言律起句以古体为式，可为五言律之异式也。清人屈复谓其式乃“以古为律”。余复取浩然诗检之，方悟此式乃浩然有意为之者也。列数例于右：

北阙休上书，南山归敝庐。（《岁暮归南山》）

人事有代谢，往来成古今。（《与诸子登岘山》）

吾友太乙子，餐霞卧赤城。（《寻天台山》）

二月湖水清，家家春鸟鸣。（《春中喜王九相寻》）

“上”字，当平而仄；“代”字当平而仄；“乙”字当平而仄；“水”字当平而仄。盖其求古律之浑朴而为之，岂真不谙声律者哉。

玄奘书月中兔

嫦娥奔月故事，《淮南子·览冥训》有载“羿请不死之药于西王母，姮娥窃以奔月”，然月中之兔则无源可寻。闲翻唐玄奘《大唐西域记》卷七“三兽窣堵波”有天帝释寄兔于月故事，权记以右。

“烈士池西有三兽窣堵波，是如来修菩萨行时烧身之处。劫初时，於此林野，有狐、兔、猿，异类相悦。时天帝释欲验修菩萨行者，降灵应化为一老夫，谓三兽曰：‘二三子善安隐乎？无惊惧耶？’曰：‘涉丰草，游茂林，异类同欢，既安且乐。’老夫曰：‘闻二三子情厚意密，忘其老弊，故此远寻。今正饥乏，何以馈食？’曰：‘幸少留此，我躬驰访。’於是同心虚已，分路营求。狐沿水滨，衔一鲜鲤，猿於林树，采异花果，俱来至止，同进老夫。惟兔空还，游跃左右。老夫谓曰：‘以吾观之，尔曹未和。猿、狐同志，各能役心，惟兔空还，独无相馈。以此言之，诚可知也。’兔闻讥议，谓狐、猿曰：‘多聚樵苏，方有所作。’狐、猿竞驰，衔草曳木，既已蕴崇，猛焰将炽。兔曰：‘仁者，我身卑劣，所求难遂，敢以微躬，充此一餐。’辞毕入火，寻即致死。是时老夫复帝释身，除烬收骸，伤叹良久，谓狐、猿曰：‘一何至此，吾感其心，不泯其迹，寄之月轮，传乎后世。’故彼咸言，月中之兔，自斯而有。后人於此建窣堵波。”

窣堵波者，梵语，汉译塔也，三兽窣堵波即三兽之塔也。文中所谓天帝释，印度古大神也，其记录当先于释氏，然释教创立，曳其为护法之神。若吾国道教创立则曳老聃为始祖类。

文言无他称之词

或曰：文言与白话皆有对称之词乎？曰：惟他称之词无也。或曰：之、其、彼非他称之词乎？曰：非也。盖之、其、彼三字皆以指示之词变之也。余尝见吕叔湘先生《中国文法要略》，言之甚详焉。

夫秦汉之前，概无他称之词，欲称他人则直呼其名。若“齐侯欲以文姜妻郑太子忽，太子忽辞”（《左传·桓公六年》）；或省其名，故前秦典籍多於述事之中省却人之名姓。若“射其左，越於车下；射其右，毙於车中”（《左传·成公二年》）；或以指示代词“之”“其”以示。秦汉后，而“伊”“渠”“他”出之，然亦非完全之他称之词也。

窃谓先秦之时无他称之词，盖“之”“其”“彼”皆非独立之他称词也。余尝语某中学生，谓先生以“之”“其”“彼”为第三人称代词，即他称之词，谬也。以“之”试论之。若“爱共叔传，欲立之”（《左传·隐公六年》）；“媪之送燕后也，持其踵为之泣，念悲其远也”（《战国策·赵策四》）；“吾有老父，身死莫之养也”（《韩非子·五蠹》）；“生乎吾前，其闻道也固先乎吾，吾从而师之”（韩愈《师说》）。所示之例，“之”皆指代某人，乃他称之词。然既为人称代词，“之”复可以为自称或互称也。若“臣市井鼓刀屠者，而公子亲数存之”（《史记·魏公子列传》）；“齐王曰：寡人不敏，今主君以赵王之教诏之，敬奉社稷以从”（《战国策·齐策一》）。此所言“之”皆自谓也，类今之“我”也。又“巫马子谓墨子曰：‘我与之异’”（《墨子·耕柱》）；“通说范阳令徐公曰：‘臣范阳百姓蒯通也。窃闻公之将死，故吊之’”（《汉书·蒯通传》）。二例后“之”字皆对称，类今之“你”。况“之”字於先秦多用以一般指示代词焉。若“阃以内者，寡人制之；阃以外者，将军制之”（《史记·冯唐传》）；“子墨子闻之，起於鲁，行十日十夜而至於郢”（《墨子·公输》）；“从天而颂之，孰与制天命而用之”（《荀子·天论》）；“屠暴起，以刀劈狼首，又数刀毙之”（《聊斋志异·狼》）。数例之“之”，或代事，或代物，概非代他人也。若以其用而论，则“之”复可为动词，为介词，为兼词，为连词，为助词，为语气之词，为词缀之词，故余谓上古无他称之词也。

至若“其”“彼”，其之用与“之”多类，不复赘述焉。

唐诗与葡萄酒

夫喜唐诗者莫不熟知王翰《凉州词》：“葡萄美酒夜光杯，欲饮琵琶马上催。醉卧沙场君莫笑，古来征战几人回？”然贞观初，长安以内殊少葡萄，遑论取其汁而酿之酒也。

《旧唐书》卷六一《陈叔达传》载：（高祖）尝赐食於御前，（陈叔达）得葡萄，执而不食。高祖问其故。对曰："臣母患口干，求之不能致，欲归以遗母。"时陈叔达官侍中，位类宰相，母病欲求葡萄而不可得，可知唐初葡萄之珍矣。

有唐一代，疆域拓展，先灭东、西突厥，辖区扩至漠北西域，西域之产葡萄酒地尽为收之。《旧唐书·高昌传》载："太宗乃命吏部尚书侯君集为交河道大总管，率左屯卫大将军薛万均及突厥、契苾之众，步骑数万众以击之。"贞观十四年，侯君集不战而屈人之兵，高昌国归於唐。高昌物产以葡萄而闻名，待平定高昌，太宗即命其以葡萄及其所酿之酒纳贡。太宗喜葡萄酒，命人於皇苑种植，《太平御鉴》卷八四四载："及破高昌，收马乳葡萄实，於苑中种之，并得其酒法，帝自损益造酒。酒成，凡有八色，芳香酷烈，味兼醍益，既颁赐群臣，京中始识其味。"太宗颇得葡萄酒之乐，尝赋《置酒坐飞阁》诗云："高轩临碧渚，飞檐迥架空。余花攒镂槛，残柳散雕栊。岸菊初含蕊，园梨始带红。莫虑昆山暗，还共尽杯中。"

自太宗始，有唐一代十道之中近九道皆种植葡萄。故今人阅唐人诗，每惊其多有书葡萄酒之诗，盖斯时葡萄既广为种植，葡萄酒之酿制亦为寻常之事。都城长安善酿者云集，柳宗元《龙城录》载："魏左相能治酒，有名曰醽渌、翠涛，常以大金罂内贮盛十年，饮不歇其味，即世所未有。太宗文皇帝尝有诗赐公，称：醽渌胜兰生，翠涛过玉薤。千日醉不醒，十年味不败。公此酒本学酿於西胡人，岂非得大宛之法？"故诗人诵作亦势之然也。余检《全唐诗》，略录一二以为征。张谔《延平门高斋亭子应岐王教》曰："昨夜蒲萄初上架，今朝杨柳半垂堤。"沈佺期《奉和春日幸望春宫应制》曰："杨柳千条花欲绽，蒲萄百丈蔓初萦。"李颀《送康洽入京进乐府歌》曰："长安春物旧相宜，小苑蒲萄花满枝。"白居易《司徒令公分守东洛移镇北都》曰："羌管吹杨柳，燕姬酌蒲萄。"王绩《过酒家》曰："竹叶连糟翠，葡萄带曲红。相逢不令尽，别后为谁空。"李白《对酒》曰："葡萄酒，金叵罗，吴姬十五细马驮，青黛画眉红锦靴。"韩愈《燕河南府秀才得生字》云："柿红蒲萄紫，肴里相扶檠。芳茶出罗门，好酒浓且清。"其作《葡萄》篇曰："新茎未遍半犹枯，高架支离倒复扶。若欲满盘堆马乳，莫辞添竹引龙须。"岑参《与独孤渐道别长句兼呈严八侍御》云："桂林葡萄新吐蔓，武城刺蜜未可食。”

刘禹锡尝闻河东道乡人言葡萄种植事，感而作《蒲萄歌》云：

野田生葡萄，缠绕一枝高。移来碧墀下，张王日日高。分岐浩繁缛，修蔓蟠诘曲。扬翘向庭柯，意思如有属。为之立长檠，布濩当轩绿。米液溉其根，理疏看渗漉。繁葩组绶结，悬实珠玑蹙。马乳带轻霜，龙鳞曜初旭。有客汾阴至，临堂瞪双目。自言我晋人，种此如种玉。酿之成美酒，令人饮不足。为君持一斗，往取凉州牧。

噫，梦得之书葡萄，修剪、搭架、施肥、灌溉、收获，无一不有，可知盛唐之时，葡萄种植之发达也。余尝谓唐诗乃诗酒文化，而葡萄酒可谓其尤者。

唐人修史改陶渊明为陶泉明

清赵翼《廿二史劄记》“唐人避讳之法”条曰：“唐人修诸史时，避祖讳之法有三：如‘虎’字、‘渊’字，或前人名有同之者，有字则称其字，如《晋书》公孙渊称公孙文懿，刘渊称刘元海，褚渊称褚彦回……陶渊明称陶泉明。”今人读《晋书》不可不知矣。

避讳之俗由来久也，陈垣先生《史讳举例·序》曰：“民国以前，凡文字上不得直书当代君主或所尊之名，必须以其他方法以避之，是谓之避讳。避讳为中国特有之风俗，其俗起於周，成於秦，盛於唐宋，其历史垂二千年。”以史观之，周代於避讳未成制度，周文王名昌、周武王名发，后卫有公叔发，郑有公子发；而《诗经·周颂·雝》有“克昌其后”，《噫嘻》有“骏发而私”，於“昌”“发”直书不避。先秦史籍避讳唯见於《左传·桓公六年》载：“公问名於申繻。对曰：‘以名生为信，以德生为义，以类命为象……不以国，不以官，不以山川，不以隐疾，不以畜牲，不以器币，周人以讳事神，名，终将讳之。’”

秦汉之时，避讳之俗兴焉。秦始皇名政，故讳“政”及音同之字。正月易为端月，《史记·秦楚之际月表》，司马贞《史记索隐》曰：“正月也，秦讳正，故云端月也。”始皇之父庄襄王名子楚，故《史记·秦始皇本纪》载：“二十三年，秦王复召王翦使将击荆。”张守节《正义》曰：“秦号楚为荆者，以庄襄王名子楚，讳之，故言荆也。”

汉承秦制，避讳尤盛。汉高祖名邦，邦字改为国；惠帝名盈，盈字改为满；吕后名雉，凡雉均改称野鸡；文帝名恒，恒字改为常；景帝名启，启字改为开；武帝名彻，彻字改为通。是以秦汉间名士蒯彻，武帝后改称蒯通。此之称亦谓之讳称也。自魏晋而隋唐，相沿成俗，日愈久而所避之字愈多。若魏武帝曹操时，改称杜操之字为杜伯度；晋文帝司马昭时，改王昭君为王明君，今人尚称明妃者也。唐高祖李渊时，改陶渊明为陶泉明；武后名照，改鲍照为鲍昭，其例不胜举也。

至宋时，避讳之风至极也。《容斋三笔》卷十一“帝王讳名”条曰：“本朝尚文之习大盛。故礼官讨论，每欲其多，庙讳遂有五十字者。举场试卷，小涉疑似，士人辄不敢用。一或犯之，往往暗行黜落，方州科举尤甚。此风殆不可革。”此所谓“庙讳遂有五十字者”，乃谓高宗赵构之“构”字。盖《礼部韵略》所载《淳熙重修文书式》定与“构”音同音近之媾、购、句、钩、够、谷等五十五字均须避之。至若宋英宗赵曙之“曙”字音同音近者凡二十六字；宋钦宗赵桓之“桓”字音同音近者凡四十九字皆须避之。故今人读宋人诗文，每为之惑矣。

避讳之风至元后方松弛。朱洪武后朱允炆年号建文，炆、文同音，以唐宋制，是为犯讳也，然建文帝未以为然，且其子一名文奎，一名文圭，复亦犯讳。明宣德朱瞻基崩，定谥号为章皇帝，则与太祖朱元璋之名犯讳矣。帝王如此，天下效之，故有明一代，避讳最轻也。

清朝之时，避讳较之前明愈松。清人陈寿祺《郎潜纪闻初笔》卷十三“本朝宽文字之禁”曰：“文字之禁，以本朝为最宽，即庙讳、御名，前代所悬为厉禁者，列圣谕旨亦只令敬避下一字。世宗朝，臣工有避嫌名，辄怒曰：‘朕安得有许多名字，非朕名而避，是不敬也。’睿训煌煌，足以破汉、唐以后人君之愚惑，非特见圣德之谦深也。”

噫，帝王避讳之风，其实在强化皇权耳，此文字既为吾用，即为吾之私也，他人焉得复用之？朱洪武草根出身，雍正帝务实治世，故於前代之避讳事不以为然焉。可叹者，今人读前代文字，倘不明避讳字，无端生出拦路之虎也。

隋炀帝作《春江花月夜》

读唐诗者，莫不知张若虚《春江花月夜》，闻一多先生《唐诗杂论》誉其“孤篇盖全唐”，然亦明言此诗题乃陈后主所制，乃乐府《吴声歌曲》名，始以此题为诗者实乃隋炀帝杨广也。

夫亡国之君，多被毁誉，然据《隋书·文学传序》，广“好学，善属文”“词无浮荡”“并存雅体，归于典制”。其《春江花月夜》诗二，其一曰：

暮江平不动，春花满正开。流波将月去，潮水带星来。

其二曰：

夜露含花气，春潭漾月晖。汉水逢游女，湘川值二妃。

其诗用笔清丽，以月为体，以江为景，绘春江月夜之清幽邈远，惝恍迷离，丽而不艳，柔而不淫，实有正言之风，雅语之气也。

六朝宫体之诗，萎靡不振，自虞世南至上官仪，盖莫能变，唯张若虚《春江花月夜》出，方一洗六朝宫体脂粉，“赎清百年之罪”（闻一多语）。然炀帝之诗实张若虚《春江》之源也。

夫炀帝之诗后人多有仿之，其尝有诗：“寒鸦飞数点，流水绕孤村。斜阳欲落处，一望黯消魂。”秦少游《满庭芳》仿之曰：“斜阳外，寒鸦万点，流水绕孤村。”马致远《天净沙·秋思》仿之曰：“枯藤老树昏鸦，小桥流水人家，古道西风瘦马。夕阳西下，断肠人在天涯。”一词一曲俱为佳作，虽化之于炀帝而自有炀帝所不可及者。余性迂，以今之诗人、乐者皆喜《春江花月夜》，故究其源流也。

私谥

古之谥号，皆朝廷臣工议而君主赐也。唐宋时以品阶为限。北宋沈括於《梦溪笔谈》曰：“唐制，兼三品得谥。国初已来，正三品方得谥；其他兼赠，例不得谥。”真宗后，若死后赠官至正三品者，亦可请谥。三品赐谥，后世承袭也。王应奎《柳南随笔》卷三载：“明制，京官三品以上例予谥。

其品秩未高而侍从有劳，或以死勤事者，不拘成例。”

至清，赐谥甚严，唯一品大员方获谥号。福格《听雨丛谈》卷二“谥法”条载：本朝谥法，均有定制，亲王、郡王、贝勒、一品大员方谥，“二品以下，例不得谥。或忠荩卓著者，出自特恩，不在定例”。

然自来文人学士以其行止得世赞誉者，人亦议谥予之，古之所谓“私谥”者也。今人皆知春秋时鲁之柳下惠，或以柳为其姓，谬也。其原以展为氏，名获，字禽，故《左传·僖公二十六年》载：“公使展喜犒师，使受命於展禽。”《国语·鲁语上》载：“齐孝公来伐，臧文仲欲以辞告病焉，问於展禽。展禽使乙喜以膏沐犒师。”以其食邑於柳下，故以柳下为氏，及其亡，其妻以“惠”为其谥，是故后世以柳下惠称之。然《论语·微子》《孟子·万章下》即不称展禽，而以柳下惠称之也。

晋之陶渊明，或以“靖节征士”称之，乃私谥之号也。盖颜延之尝书《陶征士诔》，曰：“元嘉四年月日，卒於寻阳县之某里。近识悲悼，远士伤情，冥默福应，呜呼淑贞。夫实以诔华，名由谥高，苟允德义，贵贱何算焉？若其宽乐令终之美，好廉克己之操，有合谥典，无愆前志。故询诸友好，宜谥曰靖节征士。”李善注引《谥法》曰：“宽乐令终曰靖，好廉自克曰节。”其云“征士”者，盖五柳先生刘宋时尝征为著作郎，未就，故以“征士”称之矣。

或谓私谥者未合古礼，实褊狭之见也。唐韩昌黎铭孟郊，书“贞曜”；柳子厚表陆先生，书“文通”。名儒亦以此例，岂所谥无由哉？

诗人之称

诗人之称始于杜工部，其《留花门》云：“自古以为患，诗人厌薄伐。修德使其来，羁縻固不绝。”然其诗人之义乃谓《诗经》之作者，而非后来泛指作诗之人。老杜之诗书“诗人”仅此一例。以《昭明文选》例，所言“诗人”皆此义也。如王粲《从军行》：“诗人美乐土，虽客犹愿留。”至中唐方有今之诗人之义。张继《华州夜宴庾侍御宅》：“酒客逢山简，诗人得谢公。”李白《游水西简郑明府》：“郑公诗人秀，逸韵宏寥廓。”皆谓作诗之人也。

自中唐始，文士即生“诗人固穷”之念，孟郊《送淡公》叹：“诗人苦为诗，不如脱空飞。……倚诗为活计，从古多无肥。”《哭刘言史》：“诗人业孤峭，饿死良已多。”《吊卢殷》：“诗人多清峭，饿死抱空山。”白居易《读邓鲂诗》则曰：“诗人多蹇厄，近日诚有之。京兆杜子美，犹得一拾遗。襄阳孟浩然，亦闻鬓成丝。”此风流至晚唐五代方息。北宋科举重诗文，多有以一诗而成新贵者，故“诗人固穷”之声未闻也。待神宗朝王荆公变法，科举几废诗文，“诗人固穷”之号复起矣。诗人之称何者？余谓陆放翁所绘极佳，其《剑门道中遇微雨》云：“衣上征尘杂酒痕，远游无处不消魂。此身合是诗人未？细雨骑驴入剑门。”此乃真诗人矣。

诗画阳关图

王摩诘《送元二使安西》诗出，人三叠歌之，千年不衰。宋时有李伯时者，善画，绘《阳关图》以延伸右丞之意境，尤为感人，一时题咏者众矣。李伯时，名公麟，号龙眠居士，元符间拜御史大夫。尤善山水、佛像，与苏轼、苏辙、米芾、黄庭坚为至交。苏轼题其《阳关图》二首，其一云：不见何戡唱渭城，旧人空数米嘉荣。龙眠独识殷勤处，画出阳关意外声。其二云：两本新图宝墨香，樽前独唱小秦王。为君翻作归来引，不学阳关空断肠。何戡、米嘉荣，为中唐善歌者，坡公谓其画意蕴有歌者所不能达者也。苏辙亦有《李公麟阳关图二绝》：其一云：百年摩诘阳关语，三叠嘉荣意外声。谁遣伯时开缟素，萧条边思坐中生。其二云：西出阳关万里行，弯弓走马自忘生。不堪未别一杯酒，长听佳人泣渭城。

苏颂《和题李公麟阳关图二首》其情亦同於苏辙。其一云：渭城凄咽不堪听，曾送征人万里行。今日玉关长不闭，谁将旧曲变新声。其二云：三尺冰纨一绝诗，翩翩车马送行时。尊前怀古闲开卷，见尽关山远别离。黄庭坚《题阳关图二首》：其一云：断肠声里无形影，画出无声亦断肠。想得阳关更西路，北风低草见牛羊。其二云：人事好乖当语离，龙眠貌出断肠诗。渭城柳色关何事，自是离人作许悲。陆放翁《题阳关图》自成格调，情怀别具。其诗云：谁画阳关赠别诗，断肠如在渭桥时。荒城孤驿梦千里，远水斜阳天四垂。青史功名常蹭蹬，白头襟抱足乖离。山河未复胡尘暗，一寸孤愁只自知。

宋人之后，以阳关为画未绝，题阳关图诗亦复绵延。元李俊民题云：“一杯送别古阳关，关外千重万叠山。试问青青渭城柳，不知眼见几人还。”元杨载《阳关图》云：“咸阳西距玉门关，万里征人惮往还。此别尊前须尽醉，相逢俱是鬓毛斑。”明张昱《题秋江送别图》云：“故人写出阳关意，都付丹青半幅中。”明来复《题阳关送别图》云：“三月皇州送佩珂，柳花吹雪满官河。纵令渭水深千尺，不似阳关别泪多。”明杨慎《阳关图引》云：“行行重行行，送客安西征。可怜渭城曲，已作阳关声。阳关去渭城，四千五百里。才闻征马嘶，初见行尘起。”嗟夫，右丞一折腰诗引千年几多骚客竞折腰，亦可谓千古奇事矣。

上古帝王有名无号

秦汉之前，帝王有名无号，《日知录》卷二“帝王名号”谓：“尧、舜、禹皆名也。古未有号，故帝王皆以名纪，临文不讳也。”“自夏以前纯乎质，故帝王有名而无号。自商以下寖乎文，故有名有号，而德之盛者有谥以美之，於是周公因而制谥。”

东坡云：“凡人相与号呼者，贵之则曰公，贤之则曰君，自其下则尔汝之。虽王公之贵，天下貌畏而心不服，则进而君公，退而尔汝者多矣。”夏之前民风世情纯乎质，故为上者亦未以称谓而为重。《容斋随笔》卷十五“呼君为尔汝”曰：“古之人心口一致，事从其真，虽君臣父子之间，出口而言，不复顾忌，观《诗》《书》所载可知矣。箕子陈《洪范》，对武王而汝之。《金縢》策祝，周公所以告大王、王季、文王三世祖考也，而呼之曰尔三王，自称曰予。”“虽幽、厉之君，亦受之而不怒。”呼之名而不怒，盖斯时未以为不敬也。

后世於称谓多有禁忌，始自秦之始皇帝。秦灭六国，天下一统，故始皇帝以为“以眇眇之身，兴兵诛暴乱。赖宗庙之灵，六王咸伏其辜，天下大定。今名号不更，无以称成功，传后世”。丞相王绾、廷尉李斯亦附和曰：“今陛下兴义兵，诛残贼，平定天下，海内为郡县，法令由一统，自上古以来未尝有，五帝所不及。”嗟乎，上有所欲，下有所敬，由是“号曰皇帝”，

“命为制，令曰诏，天子自称曰朕”（《史记·秦始皇本纪》）。汉承秦制，后世遂遵循相沿，虽外夷入主亦相袭而乐之也。蔡邕《独断》曰：“秦承周末，为汉驱除，自以德兼三皇，功包五帝，故并以为号。汉高祖受命，功德宜之，因而不改也。”“汉天子正号曰皇帝，自称曰朕，臣民称之曰陛下。其言曰制、诏，史官记事曰上。车马衣服器械百物曰乘舆。所在曰行在所，所居曰禁中，后曰省中。印曰玺。所至曰幸，所进曰御。其命令一曰策书，二曰制书，三曰诏书，四曰戒书。”后世虽朝代更迭，帝王之称谓专词唯增而未尝减，盖独夫专断，喜其制也。以蔡邕所言而考之於清季，一无所遗，是知帝王之欲千年而等同也。

秋尽江南草木凋

杜牧之《寄扬州韩绰判官》诗：“青山隐隐水迢迢，秋尽江南草木凋。二十四桥明月夜，玉人何处教吹箫。”脍炙人口，今中学堂入选，然其“秋尽江南草木凋”句易为“秋尽江南草未凋”，一字之易，诗意迥异。余检之《樊川文集》其句乃为“木”字，不知何人所改，所据何本。《樊川文集》为牧之外甥裴延翰所编次，当无误也。论诗当观其意趣，不可断一句而论之，“秋尽江南草未凋”，若以独句论，亦可谓佳，三秋过尽，江南春色依然，草木未凋，正可映“青山隐隐水迢迢”。然牧之此诗用意全在“草木凋”三字，“青山隐隐水迢迢”言其地绝胜之景致，“秋尽江南草木凋”言所逢非时，虽为江南绝胜之地而三秋过尽，草木俱凋，是故二十四桥明月之夜，玉人无处可教吹箫矣。牧之此诗全在感叹，而非欣赏，若秋尽江南而草木未凋，则诗意全在赏玩，明月清风，何处不可吹箫？余谓此句当与“隔江犹唱后庭花”互读，隔江所闻乐声，非欣喜之乐，乃亡国之音，若以歌女买欢论，诗意尽失也。牧之身世多厄，颇多感激，故其诗亦多感慨激愤之作。窃谓读古人诗文，先当知其身世，知其人方可明其诗，方不致谬改前贤道德诗文矣。

清宫仪仗用大象

大象乃南方之物，生於东南亚，然意大利人利玛窦所著《利玛窦中国札记》载，明末宫廷即驯养大象，其用於朝廷仪仗。窃谓南方之象而入北方宫廷，曹魏之时退已有之。三国时，孙权尝赠曹操大象，故有“曹冲称象”之故事。

据《钦定大清会典图》载，清廷仪仗中，象乃不可或缺之物。或曰：“象”与“祥”谐音，以“象”寓意天下太平吉祥也。乾隆十三年，厘定仪仗制度，帝之车驾仪仗为大驾卤簿。冬至出宫往天坛行圜丘、祈谷、常雩祭祀大礼，用大驾卤簿。仪仗动物有马及大象。大驾卤簿之象有宝象与导象，位於帝玉辇之前，宝象有五，导象有四。其装饰亦有别，宝象奢华，导象朴素。宝象装饰繁复，“络首、钩膺、鞦攀，皆编黄绒为之，杂饰诸宝。前后各缀朱缨二。后络珠网流苏，膺悬朱缨铜铃各三，白革为鞯，绘金龙彩云，周为花文，藉以朱氈。鞍鞊朱饰金。上载宝瓶，铜质流金，亦饰诸宝。”

《大清会典·銮仪卫》载：拉车之象称驾辇象，它别有驮宝象及开路象，即宝象与导象也。“凡大祀，用驮宝象五只，驾辇象二只，开路象四只。升殿及常朝，用驮宝象五只，驾辇象二只，又每日设常朝象四只於天安门外。”

今之清宫戏甚盛，然余未见仪仗卤簿有象也。

清代官称满汉语杂用

清代官称多用汉语，如大学士、尚书、总督、知县之类，然亦有以满语称官衔，以音译而成汉字，故易生误解。以“章京”例，初义乃军职，故可译为将军、都统，后为朝中高级办事之人，故亦译为委员者。所谓“军机章京”者，军机为军机处，乃汉文；章京乃办事之人，为满语音译，“军机章京”一词乃杂用满汉语也。

“笔帖式”，初称“巴克什”“榜式”，天聪时改“笔帖式”为文学侍从之官，其职位尊，有类翰林学士，雍正时可直转翰林院编修（福格《听雨丛谈》卷一《笔帖式》）。道光后其职日卑，至为书记、翻译类文职，近代谴责小说《官场显形记》《二十年目睹之怪现象》《儒林外史》所道及笔帖式，皆位甚卑者也。陈康祺《郎潜纪闻》卷五谓：笔帖式“为满洲进身之一途，今各衙门皆有额设，候补者又盈千累万，视为不足重轻矣”。

“巴图鲁”初为赐武士之“勇号”，即元之“拔都儿”也。入关初，得“巴图鲁”之赐颇不易，礼亲王代善以百战骁勇，得授“古英巴图鲁”之号。自入关后，赏赐日多，“累牍盈篇，殊失先朝创制之本意矣”（《郎潜纪闻》卷五）。

“戈什哈”义为护卫。其初位尊，后皇室护卫称戈什哈，军中总督、巡抚、将军、提督、总兵之侍卫武弁亦以戈什哈称之，则其位卑也。

牛马走与先马走

司马迁《报任少卿书》自称“太史公牛马走司马迁再拜言”，李善为《文选·报任少卿书》注曰：“太史公，迁父谈也。走，犹仆也。言己为太史公掌牛马仆，自谦之辞也。”其释后世多有持疑者，以为“太史公”亦自称也，汉时，职太史令者皆称太史公，故马迁是亦自称。

牛马走之为谦称，其义源於“走”，盖“走”字古本谦辞，义为供奔走驱使之人而来。《左传·襄公三十年》：“使之年。曰：‘臣，小人也，不知纪年。臣生之岁，正月甲子朔，四百有四十五年甲子矣，其季於今三之一也。’吏走问诸朝。”陆德明《经典释文》谓“吏走”一本作“使走”，其义乃“走使之人也”。即后世之“走卒”，是“走”乃为谦称之词。《昭明文选》卷三张衡《东京赋》：“走虽不敏，庶斯达矣”，是以走字为谦辞也。李善注曰：“走，公子自称，走使之人，如今言仆矣。”《后汉书·苏竞传》：“君执事无恙，走昔以摩研编削之才”，李贤注：“走谓驰走之人，谦称也。”走字既为谦称，而有下走之称也。《汉书·萧望之传》：“下正将归延陵之皋……则下走其庶几愿竭区区，底厉锋锷，奏万分之一”，颜注：“应劭曰：‘下走，仆也。’……下走者，自谦言趋走之役也。”钱大昕《十驾斋养新录》卷十九《下走》引郑朋《奏记》：“萧望之自称‘下走’……司马迁与任安书称‘太史公牛马走’，‘牛马走’即‘下走’也。上称官名，下则自谦之词。或解为‘太史公之牛马走’，则迂而凿矣。”故《报任少卿书》首句应断为“太史公、牛马走、司马迁”，三者皆自称也。自马迁后，后世亦有效之者，陆放翁《杂兴》诗：“区区牛马臣，龊龊虮虱语。”

“牛马走”之词，宋人吴仁杰《两汉刊误补遗》卷七以为“牛”乃“先”之误，应为“先马走”。先马而走，即执役之义也。钱钟书先生《管锥篇·先马走》考之甚详，录之左。“司马迁《报任少卿书》载於《汉书》本传者，与《文选》所录，字句微异，如《文选》中首句‘太史公牛马走司马迁再拜言’即不见於《汉书》。朱珔《文选集释》引宋吴仁杰云：‘牛’当作‘先’，字之误也；《淮南书》曰：‘越王勾践亲执戈为吴王先马走。’是也。程大昌《演繁露》卷一〇、卷一五皆据《庄子》《荀子》考古之天子出，则诸侯为‘先马’，后世太子仪卫之‘洗马’，即‘先马’也。”“‘先马走’犹后世所谓‘马前走卒’，即同书札中自谦之称‘下走’、‘仆’耳。古罗马贵者出门，亦有役使为之开道，名曰‘先走’，浸假而成詈人语，诗文中数见之。”

余谓“牛马走”，“先马走”其义类也，然“牛马走”自马迁《报任少卿书》传世，人所熟谙，已为成语。是以知古之一词一字传世，亦需假之文章矣。

明朝不设丞相

丞相之位始于战国，为众官之长，其职乃承国君之旨意而助理国政也。秦、汉沿置。魏晋南北朝废置无常，多由权臣任之。至唐则废。南宋孝宗置左右丞相。元于中书省、行中书省并置左右丞相。明初犹置，洪武十三年废。有清一代沿明制，未设丞相。

明太祖元至正二十四年为吴王时，仿元制设中书省，以李善长为右相国，徐达为左相国。洪武元年，改相国为丞相。六年，胡惟庸为相。十三年正月，惟庸以谋反发觉，诛，遂罢中书省，定制不置丞相。洪武十三年正月癸卯，诏书编《祖训》，云：“自古三公论道，六卿分职，不闻设立丞相。自秦始置丞相，不旋踵而亡。汉、唐、宋虽多贤相，然其中多小人，专权乱政。今罢丞相，设五府、六部、都察院、通政司、大理寺等衙门，分理天下庶务，事皆朝廷总之。以后嗣君，毋得议置丞相，臣下敢以此请者，置之重典。”

窃谓太祖之废丞相，实乃因噎废食也。若宋濂、刘基尚不能深倚，况他人乎？然天下初定，戎马之士，反倾易生，亦无奈之举也。既废相，则嗣君需勤政，奸雄专权之弊可绝，此亦太祖所必然者焉。然世事焉可俱预焉，权相之弊绝而权奄复出，事固有出于所防之外者矣。

媒妁探源

清人梁章钜《称谓录》卷二八“媒”条，列媒妁之称凡二十有四，其亦未能尽收民间之俗称也。文献所载之媒妁当始於《诗经》，“匪我愆期，子无良媒”。《楚辞·湘君》言“心不同兮媒劳，恩不甚兮轻绝”。《孟子·滕文公下》言“父母之命，媒妁之言”。是故媒妁之名多见於文献，民间则习以媒人称之，汉乐府诗《孔雀东南飞》有“阿母白媒人”。

媒妁既兴，亦多见於传说。《楚辞·离骚》曰：“吾令丰隆乘云兮，求宓妃之所在。解佩纕以结言兮，吾令蹇修以为理。”王逸章句：“蹇修，伏羲氏之臣也……言已既见宓妃，则解我佩带之玉，以结言语，使古贤蹇修而为媒理也。”屈平解兰佩以寄於宓妃之情，请蹇修而为媒，则古神话之神亦为媒也。蹇修为媒，晋郭璞《游仙诗》之二亦言之，“灵妃顾我笑，粲然启玉齿。蹇修时不存，要之将谁使”。《聊斋志异·辛十四娘》言“生不忘蹇修，翼日，往祭其墓”。

蹇修之词多见於典籍，民间之媒神则以月老为最。考其事始见於唐人李复言《续玄怪录·定婚店》：“杜陵韦固，元和二年旅次宋城，遇一老人倚布囊，坐於阶上，向月检书。固问所寻何书，答曰：‘此幽冥之书。’固曰：‘然则君何主？’曰：‘天下之婚姻耳。’又问囊中何物，答曰：‘赤绳子耳。以系夫妻之足，及其生，则潜用相系，虽仇敌之家，贵贱悬隔，天涯从宦，吴楚异乡，此绳一系，终不可逭。’”故“月下老人”为吾国民间所敬之媒神。杭州西湖白云庵有“月老祠堂”，其联云：“愿天下有情人，都成了眷属；是前生注定事，莫错过姻缘”。

媒人亦有称“伐柯人”“冰人”者，媒人之称“伐柯人”源於《诗经·伐柯》：“伐柯如何？匪斧不克。取妻如何？匪媒不得。”后世遂以媒人称伐柯人，以提亲称“伐柯”。“冰人”之称媒人，当源於《晋书·索紞传》。“孝廉令狐策梦立冰上，与冰下人语。紞曰：‘冰上为阳，冰下为阴，阴阳事也。士如归妻，迨冰未泮，婚姻事也。君在冰上与冰下人语，为阳语阴，媒介事也。君当为人作媒，冰泮而婚成。’”故人以媒人称“冰人”也。

古之时有官媒，《礼记·坊记》曰：“男女无媒不交。”《管子·形势解》曰：“妇人之求夫家也，必用媒而后家事成。……求夫家而不用媒，则丑耻而人不信也。”官媒之制始於周，《周礼·媒氏》载：

媒氏掌万民之判。凡男女自成名以上，皆书年月日名焉。令男三十而娶，女二十而嫁。凡娶判妻入子者，皆书之。中春之月，令会男女，于是时也，奔者不禁。若无故而不用令者，罚之。司男女之无夫家者而会之。凡嫁子娶妻，入币纯帛，无过五两。禁迁葬者与嫁殇者。凡男女之阴讼，听之于胜国之社；其附于刑者，归之于士。

至春秋之时，官媒益大。《管子·入国篇》：“凡国皆有掌媒。丈夫无妻曰鳏，妇人无夫曰寡。取鳏寡而合和之，予田宅而家室之。”官媒之制沿袭无绝，《晋书·武帝纪》载：“冬十月辛巳，制女年十七父母不嫁者，使长吏配之。”官媒至宋，有尊卑之别。孟元老《东京梦华录》载：“其媒人有数等，上等戴盖头，着紫背子，说官亲宫院恩泽；中等戴冠子，黄包髻背子，或只系裙手，把青凉伞，皆两人同行。”明清之官媒则为官衙承办女犯之婚姻择配及贵族之家放出女奴之婚配事。

所叙古之媒妁及官媒之演变，其皆政府之事，庶民之婚实赖之於私媒也。宋时所谓“三姑六婆”行当，媒婆与其中也。

满人称名不称姓

满人姓氏音长，故男子习称名而不称姓，若努尔哈赤、皇太极、莽古尔泰、多尔衮之类。满人称姓、氏或姓氏，皆意译也，雍正间编《八旗满洲氏族通谱》，满族有“著姓”瓜尔佳氏、钮祜禄氏、富察氏、舒穆禄氏、完颜氏等二百九十六姓，有“稀姓”三百四十姓，另有蒙古八旗二百三十三姓。若叶赫部有姓那拉氏者，既可称那拉氏，亦可称叶赫那拉氏，慈禧即是姓也。努尔哈赤姓爱新觉罗氏，故其后裔皇室均姓爱新觉罗。满人男子既如是，而女子反之以姓相称。若努尔哈赤所娶之后妃，有佟佳氏、富察氏、叶赫那拉氏、乌喇那拉氏、博尔济吉特氏、钮祜禄氏等。既入关，满人愈称名而不称姓，康乾时之鄂尔泰、纳兰成德、鳌拜。吴振棫《养吉斋丛录》卷一谓：“凡公私文牍称名不称姓，人则以其名之第一字称之，若姓然。按白居易代朱忠亮答吐蕃东道节度使论结都离等书，称‘论公麾下’；虞集《正心堂记》称忙哥帖木耳为‘忙侯’；至正间，嘉定州重建儒学记称铁穆耳普华为‘铁侯’。盖唐以来即如是。”是知唐时汉人称外夷之俗也。余读清代书籍，每於人名为之惑，有以满人而误为汉人者。若光绪时端方，字午桥，号陶斋，以金石名於世，官至直隶总督，北洋大臣，时人称“端大人”“端制军”，然其姓托忒克氏，满洲正白旗人。其子名继先，而时人称为“继大人”“继爷”，不明者以其父子异姓也。即以溥仪逊帝言，人称之“溥先生”，未以其姓爱新觉罗氏称之，是知“以名若姓”自帝王而至庶民皆遵其习也。

夫满人入关既久，汉文化之熏陶入其心性，故清中期后，满人以名为姓，且子孙承袭不易，人亦多视其为汉人也。余即尝以雍正间尹继善为汉人，然尹元长仍满洲镶黄旗人，姓章佳氏。他若石廷柱，姓瓜尔佳氏，其子名石琳，孙名石文炳；顾纳禅，姓伊尔根觉罗氏，其子名顾八代，孙名顾俨，曾孙名顾琮；鄂拜，姓西林觉罗氏，其子鄂尔泰，孙名鄂容安，曾孙名鄂津，皆以名之一字为氏者也。《清稗类钞·姓名类》“满族以名之一字为氏”条云：“顺、康、雍、乾之朝，满大臣有以姓之一字为氏者，有以名之一字为氏者，父子祖孙，相沿成习。”

嗟夫，满人以马上而得天下，然终为汉文化所化之，故一民族之存亡，在於其文化所系。文化既存则其民族固存，岂可以他族之人临驾而论焉。满人固无民族之文化，既入关，朝夕间即自行接纳儒学，为其所化，故知一民族文化之重也。乾隆时尝下谕禁改满姓为汉姓，然终不得遏止，至道光后则日增，辛亥后则几尽为之易也。以爱新觉罗氏例，或姓金，或姓赵；叶赫那拉氏易为叶姓。今之金、赵、叶姓者，即其先乃满人亦不得知焉。

六王毕四海未一

杜牧《阿房宫》赋云：“六王毕，四海一。”然六国既亡，四海则未一也。《史记·卫康叔世家》载：“怀君三十一年，朝魏，魏囚杀怀君。魏更立嗣君弟，是为元君。元君为魏婿，故魏立之。元君十四年，秦拔魏东地，秦初置东郡，更徙卫野王县，而并濮阳为东郡。二十五年，元君卒，子君角立。君角九年，秦并天下，立为始皇帝。二十一年废君角为庶人，卫绝祀。”《史记·越王句践世家》载：“於是越遂释齐而伐楚。楚威王兴兵而伐之，大败越，杀王无疆，尽取故吴地至浙江，北破齐於徐州。而越以此散，诸族卫争立，或为王，或为君，滨於江南海上，服朝於楚。后七世，至闽君摇，佐诸侯平秦。汉高帝复以摇为越王，以奉越后。东越、闽君，皆其后也。”夫君角九年，秦并天下，而二十一年方废君角为庶人，是始皇时卫未尝亡也。至于越，《秦始皇本纪》言：“二十五年，王翦遂定荆江南地，降越君。”其后亦尚自立，是越亦未尝亡也。故以大势而言，秦自灭六国，固可言其一统，然西南夷族偏居而自立，则不可谓一统，姑妄纪之耳。

辽金史有专门语解

今人治辽、金史，於其称号、人名多有所惑，盖其族语本无正字也，故后世记载各异。余阅《辽史》《金史》，其末皆附语解，若《辽史》卷百十六为《辽国语解》，《金史》为《金国语解》，二十五史中唯此二史为特例也。

夫自唐末至南宋，契丹族所建之辽政权，天子称“可汗”，“可汗”者，北方鲜卑、蠕蠕、突厥、回纥、蒙古之通称也。“可汗”亦作“克汗”，岳飞《送紫岩张先生北伐》诗：“马蹀阏氏血，旗枭克汗头。”可征。辽人称谓皆用族语，若可汗下有“于越”“夷离菫”“惕隐”等，以汉字之义浑不可解，求之《辽国语解》，则知“于越”乃可汗下最高大臣，与汉之宰相类。“夷离菫”乃掌兵马大权之部落首领，“惕隐”乃掌皇族事务之官，与大清内务府总管类；“夷离毕”乃至掌刑狱之官，“林牙”乃掌文翰之官，“达剌干”乃一县之长，“忒里渐”即皇后，“夷里的”即大臣之夫人也。《国语解》序云：“辽之初兴，与奚、室韦密迩，土俗言语大概近俚。至太祖、太宗，奄有朔方，其沿虽参用汉法，而先世奇首、遥辇之制尚多存者。子孙相继，亦遵守而不易。故史之所载，官制、宫卫、部族、地理、率以国语为之称号。不有注释以辩之，则世何从而知，后何从而考哉？今即本史参互研究，撰次《辽国语解》以附其后，庶几读者无龃龉之患云。”

女真所建之金，亦与辽类，其称谓或以音译，或以意译。若“猛安”“谋克”者音译也，“国伦勃极烈”以称“国相”，则为意译也。“乌鲁古”为牧业之官，“斡阴温”为幼子，“撒答”为老人，“阿合”为奴隶，“答不也”为农夫，“按答梅”为客人，其称谓则可求之《金国语解》也。又女真人名，按其音而以汉字记之，故今之所见金人名多有一人而有二三名者。《甘二史札记》卷二十七“金史氏名不画一”条谓：“女直语本无正字，故流传於宋，往往记载互异。至《金史》一朝之书，则纂修者应各传彼此校订，以归画一，乃……修史时仓猝成书，不暇刊正，故多歧误也。”同卷《宋史金人名多与金史不符》条复谓：“《金史》书本国人名已多彼此互异，流传於宋，盖多讹误，故《宋史》所记金人名，考之金史，相同者不过十分之一二，其余竟无一可核对者。”是知读辽、金之史，於其称谓、人名当多留意，於惑处则可求之二《国语解》也。

乐伎皇后

汉室后宫多有出身乐伎者，为历朝所罕见，余阅《汉书·外戚传》，自高祖宠戚夫人而武帝宠李夫人乃至成帝宠赵皇后，以乐伎之身而母仪天下，后世不复见，然其终也皆为可悲，可谓以色事他人，能得几时好也。

夫高祖之宠戚夫人，盖其色艺皆佳也。《西京杂记》曰：“高帝戚夫人善鼓瑟击筑。帝常拥夫人倚瑟而弦歌，毕，每泣下流连。夫人善为翘袖折腰舞，歌《出塞》《入塞》《望归》之曲。侍妇数百皆习之，后宫齐首高唱，声入云霄。”值高帝卒，吕后为皇太后，即“乃令永巷囚戚夫人，髡钳衣赭衣，令舂”。后竟“断戚夫人手足，去眼熏耳，饮喑药，使居鞠域中，名曰‘人彘’”。

至于武帝，则专宠李夫人，《汉书·外戚传》载：“孝武李夫人，本以倡进。初，夫人兄延年性知音，善歌舞，武帝爱之。每为新声变曲，闻之莫不感动。延年侍上，起舞，歌曰：‘南方有佳人，绝世而独立。一顾倾人城，再顾倾人国。宁不知倾城与倾国，佳人难再得。’上叹息曰：‘善。世岂有此人乎？’平阳主因言延年有女弟，上乃召见之，实妙丽善舞。”据王嘉《拾遗记》，及李夫人卒，武帝为之赋诗，《外戚传》卷六十七记武帝为其作赋，以伤悼夫人，清姚鼐集《古文辞类纂》收《汉武帝悼李夫人赋》，其辞情真感人，茂陵刘郎亦性情中矣。然及至李广利降匈奴，延年灭族，荣辱之间，焉有定数哉。

呜呼，戚、李二人之宠，位仅夫人耳。汉制，因秦之称号，帝母称皇太后，祖母称太皇太后，适称皇后，妾皆称夫人。至若成帝之宠赵飞燕，则已位皇后矣。故班固《西都赋》谓“昭阳特盛，隆于孝成”。《汉书·外戚传》六十七下载：“孝成赵皇后，本长安宫人。初生时，父母不举，三日不死，乃收养之。及壮，属阳阿主家，学歌舞，号曰飞燕。成帝尝微行出，过阳阿主，作乐。上见飞燕而说之，召入宫，大幸。”竟至废许后而立飞燕为后。飞燕固善舞，复善抚琴而歌。《西京杂记》记其“赵后有宝琴曰凤凰，皆以金玉隐起为龙、凤、螭、鸾、古贤、列女之象。亦善为《归风送远》之操”。飞燕既获上宠，其父、兄封为成阳侯与新成侯，一门俱荣，专宠十余岁。及至成帝暴亡，平帝即指其“失妇道，无共养之礼，而有虎狼之毒”。废为庶人，终至自杀。

嗟夫，戚、李、赵三人固才艺佳人也，然其才艺为帝王之乐耳，及其宠也人皆羡之，及其衰也人皆哀之，余谓其焉得民间妇人之夫妇之乐哉？

狂泉

《宋书·袁粲传》记粲述狂泉事，颇怪异，录于右：

（袁粲）尝谓周旋人曰：“昔有一国，国中一水，号曰狂泉。国人饮此水，无不狂，唯国君穿井而汲，独得无恙。国人既并狂，反谓国主之不狂为狂，于是聚谋，共执国主，疗其狂疾，火艾针药，莫不必具。国主不任其苦，于是到泉所酌水饮之，饮毕便狂。君臣大小，其狂如一，众乃欢然。”我既不狂，难以独立，比亦欲试饮此水。

窃以为沈约书袁粲传，而以狂泉事入之，当有指也。粲乃南朝宋齐间人，时士大夫及君臣皆尚玄学且多有嗜酒者，所谓“狂泉”者，酒欤？粲之假而砭时之疾也。然其所述狂泉事，乃源《杂譬喻经》也。《杂譬喻经》十七条云：

"外国时有恶雨，若堕江湖河井城池水中，人食此水，令人狂醉，七日乃解。时有国王多智善相，恶雨云起，王以知之，便盖一井，令雨不入。时百官群臣食恶雨水，举朝皆狂，脱衣赤裸，泥土涂头，而坐王厅上。唯王一人，独不狂也，服常所着衣、天冠、璎珞、坐于本床。一切群臣不自知狂，反谓王为大狂。"

《杂譬喻经》乃比丘道略所集录，北朝佛学大师鸠摩罗什所译。粲之所述狂泉，当转学于是经也。粲之母乃王导曾孙王诞之女，王氏之族多有为僧者，故余谓粲知是经故事亦属平常，若欲以实事考之，则入歧途矣。佛教之假譬喻而讲解经文，亦传教之一法也。民国间，会稽周树人尝以资刊《百喻经》，且有文曰《狂人日记》，疑亦源于此矣。

孔丘姓氏

或曰：孔子姓孔名丘字仲尼，谬也，盖未晓古之姓氏之别也。姓者，从女从生，女所生也，故先秦文献所见姓皆从"女"，若姬、姜、嬴、姒者。上古之姓，所以别婚姻也，姓皆从母，夏商以降，男姓方为一族之长，若周人均为姬姓，秦人均为嬴姓者。

夫一姓之后裔既众，则同姓复有相别之"氏"。《通鉴外纪》谓："氏者，别其子孙之所自分。"若古之轩辕氏、神农氏、伏羲氏、燧人氏、陶唐氏者。《史记·夏本纪》载"禹为姒姓"。然姒姓之下复有"夏后氏、有扈氏、有男氏、斟寻氏、彤寻氏、褒氏、费氏、杞氏、缯氏、辛氏、冥氏、斟戈氏"。故《说文解字注·氏》曰："姓者，统于上者也；氏者，别于下者也。"故氏者，所以别贵贱也。据郑樵《通志》谓："三代之前，姓氏一分为二。男子称氏，妇人称姓。氏所以别贵贱，贵者有氏，贱者有名无氏。"故先秦之时男子不以姓称也。《通志·氏族略序》谓太史公称周文王姬昌、周公姬旦为谬，盖"三代之时无此语也"。夫先秦之时称姓者，女子也。女子称姓以能"别婚姻"，在家多于姓前加齿序，若孟姬、仲姜、季姒类，字人则姓前复加夫之国名或氏，若孔姬、棠姜类。

夫孔子乃春秋时人，"孔"乃其氏也。夫子宋之贵族后，宋乃殷遗民所建，故而夫子之姓为殷贵族之姓"子"。其所以以"孔"为氏者，盖其先祖本宋襄公之后，先以“公孙”为氏，至孔父嘉时，“五世亲尽，别为公族，故后以孔为氏焉”（《孔子家语》卷三十九），以是知孔父嘉之后以“孔”为氏乃“以字为氏”类。

呜呼，考之于先秦人物，此类之误岂鲜见哉。战国之屈原乃以屈为氏，其姓当属“芈”，盖屈氏之先本名瑕，“受屈为卿，因以为氏”（《史记·屈原列传》）。若今之称始皇帝皆谓嬴政，然其时男子唯称氏，无称姓者。始皇帝之祖乃嬴姓，然其生于赵之邯郸，故以赵为氏，太史公《史记·秦始皇本纪》曰：“名为政，姓赵氏。”《索隐》谓：“生于赵，故曰赵政。”故始皇帝之名当谓赵政，而非嬴政也。此习至汉初方渐姓氏合一。然古之遗风不绝，至清时尚有沿此习者。吾素喜纳兰成德之词，然有清一代文献多有称其“成容若”者，盖纳兰乃其满族之姓，“成”以为氏也。今之女学者叶嘉莹君，其先乃满族叶赫那拉姓，民国后易为叶姓，名嘉莹，号迦陵，人或以“嘉迦陵”称之，盖以嘉为氏也。嗟夫，姓氏之别，兹事体大，治先秦之文献者不可不考之矣。

后妃位号与封号

自周以来，帝王多妻妾，《礼记·曲礼下》谓：“天子有后、有大人、有世妇、有嫔、有妻、有妾。”《礼记·昏义》谓：“古者天子后立六宫、三夫人、九嫔、二十七世妇、八十一御妻。”

余阅史籍，於后妃之称每有所惑，盖其位号、封号不易别之也。西汉时，后妃封号繁多，《汉书·外戚传上》载：“汉兴，因秦之称号，帝母称皇太后，祖母称太皇太后，适称皇后，妾皆称夫人。又有美人、良人、八子、七子、长使、少使之号焉。至武帝制婕妤、娙娥、傛华、充依，各有爵位，而元帝加昭仪之号，凡十四等云。”所云之名皆位号也，位号虽为后妃，亦与朝中官爵类，“昭仪位视丞相，爵比诸侯王”；“婕妤视上卿，比列侯”；“傛华视真二千石，比大上造”；“美人视二千石，比少上造”。汉后各代后妃之制，虽有增减，然大体多沿其制也。唐代武则天，年十四入宫，太宗立为“才人”，高宗时进为“昭仪”，后为皇后。清代慈禧太后，年十七入宫，咸丰帝封为兰贵人，咸丰四年晋封懿嫔，六年晋为懿妃，七年晋为懿贵妃，十一年，同治即位，尊为皇太后。

以明清例，位号、封号别之甚明。“贵妃”“妃”“嫔”“贵人”“常在”“答应”，表其身份尊卑也，名之曰“位号”；然一位号可有数人，故於位号之前加以美称而别之，名之曰“封号”也。以慈禧太后例，其“兰”“懿”皆封号。清制帝王不与汉人通婚，后妃概为满、蒙族，其姓氏繁杂，故凡有位号之后妃皆加之封号，以便别之也。

红酥手

陆放翁《钗头凤》脍炙人口，开篇“红酥手，黄滕酒”，然何谓红酥手，解者多未尽其义也。五代后晋和凝喜作曲子词，其《宫词》有“红酥点得香山小，卷上珠帘日未西”句。明言红酥为染成红色之酥，乃时人之甜食也。《梦粱录》“夜市”条记“市西坊卖滴酥”。唐宋时，官宦人家妇人多以点酥手艺制花果，中唐诗人王建《宫词》咏其“两楼相换珠帘额，中尉明朝设内家。一样金盘五千面，红酥点出牡丹花”。至宋时，冬季节日俗多摆设酥花，放翁《冬至》诗“探春漫道江梅早，盘里酥花也斗开”。黄庭坚有《木兰花令》：“新年何许春光漏。小院闭门风日透。酥花人坐颇欺梅，雪絮因风全是柳。”宋人诗词多以酥喻花，凡红色浓重之花则多喜以红酥喻之。如李石《南乡子》“十月小春天。红叶红花半雨烟。点滴红酥真耐冷，争先。夺取梅魂斗雪妍。”李清照《玉楼春》词则直将新绽之梅称为“红酥”。“红酥肯放琼苞碎，探著南枝开遍未。不知酝藉几多香，但见包藏无限意。”

然放翁何以唐婉之手为红酥者？《老学庵续笔记》载：“唐有一种色，谓之退红。王建《牡丹诗》云：粉光深紫腻，肉色退红娇。盖退红若今之粉红。”退红之色泽浅而柔，近“肉色”，亦肌肤之色。放翁于唐婉之情，至诚、至坚、至痴，沈园之遇，婉实徐娘已老矣，然放翁视之犹当年之美。红酥之肌肤放翁意中之情也，岂可以实情考之欤。

红豆词有出处

闲翻《坚瓠集》，丁集卷一有“黄花女儿”条，言吴士召乩仙，众乞诗，遂题数语云：“忘不了对拢双袖，忘不了佳期月下偷。忘不了柳遮花映黄昏后，忘不了罗帐绸缪。忘不了纱窗风雨清明候，忘不了多病心情懒下楼。”阅之有似曾相识感，复忆曹雪芹红豆词，检甲辰本二十八回“蒋玉菡情赠茜香罗，薛宝钗羞笼红麝串”，宝玉唱词为“滴不尽相思血泪抛红豆，开不完春柳春花满画楼，睡不稳纱窗风雨黄昏后，忘不了新愁与旧愁。咽不下玉粒金波噎满喉，照不尽菱花镜里形容瘦。展不开的眉头，挨不明的更漏。呀，恰便似遮不住的青山隐隐，流不断的绿水悠悠。”雪芹之词诚风流蕴藉，字有余香，然对之于上文，意境相类，措辞亦似有源。

《坚瓠集》乃清人褚人获所编撰，人获字学稼，号石农，长洲人氏，生于明崇祯八年，是书编于清康熙四十二年。曹生于康熙五十四年，是《坚瓠集》刊而雪芹未生也。雪芹博览多艺，当得见是书也。

古宅堂名

近世人兴旅游，凡古镇旧宅，多为景点。余尝询之导游者，古宅第前必有堂名，其意如何？皆不能解也。夫古宅堂名所书者，郡望某姓之后也，以示其乃高门大姓耳。若书“荥阳”者，示其乃荥阳郑氏之后，书“天水世家”者，示其乃陇西李氏之后也。或曰：人皆有祖，书之何荣？此不解汉之后姓氏之别也。

盖汉始世家大族兴，若东汉弘农杨氏，四世三公；汝南袁氏，四世五公，其先非六国贵族，亦非刘氏皇族之后，然其世家大族，别姓所不能及也。魏晋时行九品中正制，世族、门阀皆为上品。至唐初，“有司选举，必稽谱而考其真伪”（《新唐书·柳冲传》），故朝中事事以门第相尚。魏高宗文成皇帝甚而诏令士庶之间禁通婚，其风延至唐而未易。故一郡必有所谓“望族”者，称“郡望”，人皆尊之。《隋唐嘉话》载：“高宗朝以太原王、范阳卢、荥阳郑、清河博陵二崔、陇西赵郡二李等七姓恃其族望，耻与他姓为婚，乃禁其自婚娶。”其俗至唐末方衰息。《日知录》卷六《娶妻不取同姓》云：“唐人重谱谍，而五代以后则荡然无存，人亦不复问此。”《西厢记》之崔莺莺乃博陵崔氏之女，故老夫人拒无门望之张君瑞婚娶，其欲许女者，荥阳郑氏之后也。今人读《西厢记》，多不能究其所以，而诟老夫人欺贫贪富，谬也，老夫人之举实“恃其族望，耻与他姓为婚”之遗风焉。

古时女子非无名

叶梦得《石林燕语》卷四云：“古者妇人无名，以姓为名，或系之字，则如仲子、季姜之类；或系之谥，则如戴妫、成风之类，各不同。”元白珽《湛渊静语》亦云：“古之妇人，以夫之姓氏冠於己姓之上。”今人读书但见妇人称某某氏，故多如叶梦得所言，以为古之妇人无名也。

窃谓石林居士所说失之武断也。古之贵族之女子焉皆无名欤？《仪礼·士昏礼·记》之《问名之辞》胡培翚《正义》曰：“妇人不以名行……不以名行者，特以妇人无外事，故名不闻於人。”“男女非有行媒，不相知名。”是古之妇人非无名，乃无外事而名不闻於人耳。求之於史籍，妇人有名者亦可寻。如《礼记·檀弓》载孔子之母名“征在”；《左传》宋元之母名“弃”；齐景公夫人名“重”（《癸巳类稿》卷三《问名义》）。是春秋之时女子有名也。至战国，楚怀王之宠姬名“郑袖”（《史记·屈原贾生列传》）；秦之“礼抗万乘，名显天下”之大富巴寡妇名“清”（《史记·货殖列传》），是知秦汉之前，女子非无名，於礼亦无禁之，乃女子主於内，故不以名行。若女子之行事既著，亦得闻其名也。读书人尽知王昭君、蔡文姬、谢道韫、李清照，而以自古妇人无名，谬矣。余去岁得《清代闺阁诗人征略》，收有清一代女子善作诗者近千人，十八九有名焉。

古诗所传多有异

今人所阅古诗，究之前人版本则多有差异，即李太白、杜工部不能免也。

余读前人笔记，尝见述东坡诗，三书皆异，不知何本为坡公所书者。

《侯鲭录》卷三载：“东坡再谪惠州日，一老举人年六十九为邻，其妻三十岁诞子，为具邀公，公欣然而往。酒酣乞诗，公戏一联云：‘令阁方当而立岁，贤夫已近古稀年。’”《续墨客挥犀》卷六载：“东坡居士在丰城，有老人生子，为具召东坡，且求一诗。东坡问：‘翁年寿几何？’曰：‘七十。’‘翁之妻几何？’曰：‘三十。’东坡即席戏作八句，其警联云：‘圣善方当而立岁，乃翁已及古稀年。’”《尧山堂外纪》卷五十二载：“东坡谪惠州日，与一村校书为邻，年已七十，其妾生子，为具邀公。公欣然往，酒酣，乞诗，公问：‘妾年几何？’曰：‘三十。’乃戏赠一联云：‘圣善方当而立岁，顽尊已及古稀年。’一时大噱。”前人所书诗文，刊刻传播，书工校勘，焉能无误，故凡读书至不明处，可辨其字误亦为一法。

高官称大人始于元明

今之影视戏剧，无论战国秦汉，抑或唐宋，官场相称、小民见官皆以大人称之，误矣。

朱熹《大学章句·序》云：“大学者，大人之学也。”训为是年十五以上者所学，是与八至十五岁之“小学”别之。六经所见“大人”始於《周易》，《乾卦》：“九二，见龙在田，利见大人。”“九五，飞龙在天，大人造也。”《否卦》“小人吉，大人否”。所言大人者皆尊称也。《论语·季氏》：“君子有三畏：畏天命，畏大人，畏圣人之言。”注家概训大人为有圣德之人。《孟子》中多见“大人”，《尽心下》：“说大人，则藐之”；《告子上》：“从其大体为大人”，皆恭敬之称也。至汉，司马相如作《大人赋》，则直以“大人”称天子。据《史记·高祖本纪》，“大人”亦用以称长辈，盖汉高祖言於其父曰：“始大人常以臣无赖”，大人者，称其父也。《汉书·疏广传》载，疏广兄子疏受在疏广之前“叩头曰：‘从大人议’”，此侄称叔父为大人也。《后汉书·范滂传》载，“其母就与之诀，滂白母曰：惟大人割不忍之恩”，此子称母为大人也。《孔雀东南飞》：“三日断五匹，大人故嫌迟”，此媳称姑为大人也。盖秦汉后，称长辈为大人者，官民皆然。赵翼《陔馀丛考》卷三十七曰：“世惟子称父为大人，若施之於他，则骇笑之矣。”可见宋时犹以大人称父母，而不加之达官贵人也。元人高则诚《琵琶记》蔡状元呼黄门为大人，则元时达官已有大人之称。是知官场下称上，卑称尊为“大人”，实始於元明，《琵琶记》乃可寻之最早文字也。

《清稗类钞·称谓·大人》载：“大人之称，始於雍正初，然唯督抚有之，康熙末，则施之钦差大臣矣。嘉道以降，京官四品以上，外官司道以上，无不称大人。翰林开坊，六品亦大人。编、检得差，七品亦大人。至光绪末，则得差之编、检及庶吉士，并郎中、员外郎、主事、内阁中书，皆称大人矣。”其记云“始於雍正初”，未可信也，然自雍正后，大人之称，所涉日泛则可知也。夫清时官员尊称有别，虽无定制，然亦约定俗成之规，若位尊者谓大人，低者谓大老爷，再次者谓老爷，故大人之称亦施之位尊者。

今人创作文学，无论时代，不别人物，见官概面呼“大人”，失之礼仪焉。

佛语菩萨语

释氏经典何止万千，《大藏经》所载，几不能卒读，经中佛语、菩萨语、罗汉语、居士语杂然，若出其一语，不能识为何人语也。王荆公性耿直，且每每牵附穿凿，人不能胜。

《仇池笔记》卷上载：济南监镇宋保国，出其所集王荆公《华严解》，余曰：“《华严》有八十一卷，今独解其一，何也？”曰：“公谓我此佛语，至深妙，他皆菩萨语耳。”曰：“予於藏经中，取佛语数句杂菩萨语中，复取菩萨语数句杂佛语中，子能识其是非乎？”曰：“不能也。”曰：“非独子不能，荆公亦不能也。”时东坡谓宋保国曰：“予昔在岐下，闻河阳猪肉甚美，使人往致之，使者醉，猪夜逸，贸他猪以偿。吾不知也。客皆大诧，以为非他产所及。已而事败，客皆大惭。今荆公之猪未败耳。……子若一念清净，墙壁瓦砾皆说无上法，而云佛语深妙，菩萨语不及，岂非梦中语乎？”

夫东坡与荆公素不睦，故时有诟之者，余阅宋人笔记所载颇多。然荆公一意独行，不复顾他人语，若撰《字说》等，贻笑大方者亦不免也。所谓佛与菩萨，其修之别耳，若以言语论，皆大乘之说，焉能辩之欤？坡公谓：“若一念清净，墙壁瓦砾皆说无上法。”是得佛之真谛也。然讥“荆公之猪未败”，亦有失忠厚，故余谓坡公黄冈之贬，盖不特坐诗祸也。

佛经止二乘

或曰：佛家有上乘禅、大乘禅、小乘禅，故言佛经有三乘，误也。《传灯录》谓三乘禅者，盖以禅理言也。其经论则止大小乘耳。《隋书·经籍志》称《维摩》《法华》等经为大乘之学，《长阿含》等经为小乘之学，可证之也。又云：“大业时，令沙门智果於东都内道场撰诸经目，以佛所说经为三部：一曰大乘，二曰小乘，三曰杂经。”而杂经不谓乘，故仅二乘也。言三乘者，实属道家也。洞真部为元始天尊所流演，是为大乘上法。洞元部为太上老君所流演，是为中乘中法。洞神部亦出太上老君，是为小乘初法。此三乘即称三洞，因之又有四辅：太元部，洞真之辅；太平部，洞元之辅；太清部，洞神之辅。是言三乘者，应属道家也。

风尚

宋人张端义《贵耳集》云：“古今治天下多有所尚，唐虞尚德，夏尚功，商尚老，周尚亲，秦尚刑法，汉尚材谋，东汉尚节义，魏尚辞章，晋尚清谈，周隋尚族望，唐尚制度文华，本朝尚法令议论。”尚者，今之所谓社会风气也，其兴也上之所倡，下之随和，是以滂薄一世，蔚为风气矣。然则，有所尚必有所弊，究之各代，未能有免之者也。三代之世，未可深究。秦尚刑法，其弊流为诽谤之诛，残虐天下，卒以自灭。东汉尚节，处士盗虚名，矫名饰行，故生欺世害俗之伪孝廉。晋尚清谈，士大夫图名而弃国之安危。周隋尚族望，谱牒之学盛而庸劣居上位，才俊沉下品。宋尚法令议论，致文吏夤缘为奸，靖康艰危之时，群公议战议和不休，而敌兵已至城下也。

呜呼，风尚之所致者，皆失之於中和也。夫子所谓中庸之道岂虚言之哉。夫物之过盛则必趋於衰，势使之然也。古之所谓尚者，今人谓之热也，余观夫凡事之热则必趋於衰，盖其逆於天道之理也。孔门儒学，传之凡二千年，薪火未绝，盖其顺於天道耳，岂喧嚣闹市而若市井之徒者可传之焉？故余凡睹一事热则知其必衰矣。

非独人君能称龙

元丰间，苏子瞻以诗得罪，系大理狱。神宗本无意深罪子瞻，然王禹玉为相，极欲陷之。《石林诗话》卷上载：时相进呈，忽言苏轼於陛下有不臣意。神宗改容曰："轼固有罪，然於朕不应至是，卿何以知之？"时相因举轼《桧诗》"根到九泉无曲处，世间惟有蛰龙知"之句，对曰："陛下飞龙在天，轼以为不知己，而求之地下蛰龙，非不臣而何？"神宗曰："诗人之词，安可如此论？彼自咏桧，何预朕事？"时相语塞。《闻见近录》亦云："王和甫尝言苏子瞻在黄州，上数欲用之，王禹玉辄曰：'轼尝有此心惟有蛰龙知之句，陛下龙飞在天而不敬，乃反欲求蛰龙乎？'章子厚曰：'龙者，非独人君，人臣皆可以言龙也。'上曰：'自古称龙者多矣，如荀氏八龙，孔明卧龙，岂人君也？'及退，子厚诘之曰：'相公乃欲覆人之家族耶？'"

呜呼，欲加之罪，何患无辞，东坡既名高於世，欲陷罪其者焉能绝矣？其虽身处江湖，而一诗一词为人所重，故坡公成也文罪也文，是亦冥冥所系者也。然人之害物，无所忌惮，有若是者亦鲜也，余谓神宗实亦明眼人，"彼自咏桧，何预朕事？"一语而释坡公之罪，度其意乃深知东坡之人，不欲深罪而见责於天下人也。《尧山堂外经》卷五十二载："熙宁丙辰中秋，东坡居士欢饮达旦，大醉，作《水调歌头》兼怀子由。元丰间，都下传唱此词。神宗问内侍，因得上尘乙览，读至'又恐琼楼玉宇，高处不胜寒'之句，上曰：'苏轼终是爱君。'乃命量移汝州。"知神宗实知东坡也。

恶狗村与丧殓风俗

洪迈《夷坚志补》载，阴世有"两犬极狞恶，迎吠河津，不容人过"。古印度诗集《梨俱吠陀》言冥王阎摩随身有四眼狗两，故旧时人以为亡魂往阴世之途必经"恶狗村"。为免亡魂遭恶狗所伤，是以旧时民间於亡者小殓之时，以狗食纳之於其衣袖中，以食恶狗。所制狗食各地皆异。东北谓之"打狗饽饽"（《汉族旧丧事种种》），浙江湖州称之"转床塔饼"（《中华民俗一本全》），江苏民间则“以龙眼七枚悬於手腕”。《畲族文化研究论丛2》则载安徽宁国之畲族，小殓时以粽子纳於亡者之手中。余询之畲族学者雷徐东兄，告之处州景宁畲人无此俗，缙云汉族旧时则於竹丝之上悬灰粽子，置於寿材之背。阴世恶狗及狗食之俗，余尝於萧红《呼兰河传》略知之也。

中国地狱文化由来已久，季羡林先生尝谓“中国也是有地狱的，但却是舶来品，其来源是印度”（《留德十年》），窃谓不然。以“恶狗村”论，其与《梨俱吠陀》迥异。《梨俱吠陀》之四眼狗仅於幽冥之途巡视，而“恶狗村”之狗则将过往亡魂撕咬至骨肉无存；《梨俱吠陀》所叙冥界直若极乐世界，汉传地狱则阴森恐怖，凡亡魂须经“恶狗村”“奈何桥”“刀山狱”“血湖池”等，可知地狱之“恶狗村”非源於印度也。中华之汉传佛教源於古印度，传教者以地狱与“业报”相连，以达劝人向佛，毋为恶业，是亦大乘佛法传教之法门也。

六朝志怪小说《冥祥记》述地狱恶狗撕咬亡魂事谓：“晋程道惠，字文和，武昌人也……太元十五年，病死，心下尚暖，家不殡殓，数日得苏，说初死时，见十许人缚录将去……惠欣然辞出，导从而行。行至诸城，城城皆是地狱。人众巨亿，悉受罪报。见有猘狗，啮人百节，肌肉散落，流血蔽地。”

明人张大复有戏剧《醉菩提传奇》，其“魂游”一折述毛太尉巡游地狱之见闻，即有“恶狗村”，其谓：“【小生】那边哀声震地是什么所在？【净】此处名为恶犬村，如狼如虎万千群，恶人到此魂惊落，带骨连皮一并吞。”

三国吴支谦《菩萨本缘经》卷下列地狱之苦痛种种，亦述“常为狗犬之所啖食”。两晋之际，地狱恶狗於译经中日多见。

窃谓“恶狗村”之源，既有吠陀神话中阎摩四眼狗之形，然佛经既入中土，汉文佛经所绘之地狱恶狗则有别於阎摩四眼狗也。

东坡乃专咏缠足第一人

《南村辍耕录》卷十“缠足”条记曰：“李后主宫嫔窅娘，纤丽善舞，后主作金莲，高六尺，饰以宝物细带缨络，莲中作品色瑞莲，令窅娘以帛绕脚，令纤小，屈上作新月状，素袜舞云中，回旋有凌云之态……由是人皆效之，以纤弓为妙。以此知扎脚自五代以来方为之，如熙宁、元丰以前人犹为者少。近年则人人相效，以不为者为耻也。”由是知女子缠足源于李煜。

窃以为吾中华文明早期盖不以人体为审美之物也。若古罗马、埃及则反之，视人之天体为美，故其雕塑、绘画多有裸体者，人不以为悖。而中华早期文明则反之。若老子云：“吾所以有大患，为我有身”，庄子云：“吾丧我”方能闻“天籁”。古之圣贤何貌，后人不可知，然求之文献则多貌寝。荀子述曰：“仲尼之状，面如蒙倛。周公之状，身如断菑。皋陶之状，色如削瓜。”汉儒大昌后，尤以人体为耻。魏晋名士多裸体之行，据《世说新语》记：阮籍“裸袒”，刘伶“或脱衣裸形在屋中”，祢衡裸衣骂曹，王忱“裸体而游”。呜呼，其视己身为陋，故假之以辱名教、辱政治矣。后主之命窅娘缠足乃喜其舞姿，至世人效之则成病态矣。

胡应麟《少室山房笔丛》谓宋之前诗人“不言纤足”。以纤足为美且赋词咏之者，东坡也。其《菩萨蛮》述女子纤足：“涂香莫惜莲承步，长愁罗袜凌波去。只见舞回风，都无行处踪。偷穿宫样稳，并立双趺困。纤妙说应难，须从掌上看。”纤足既以之为美，则一时风气亦争相效之焉。畸形之足既为美，而其鞋、袜、带、帛皆美也。自东坡咏纤足词后，词人多效之。秦少游咏曰“脚上鞋儿四寸罗”，贺铸咏曰“掌上香罗六寸弓”，欧阳澈咏曰“四寸鞋儿莲步小”，刘辰翁亦咏曰“三寸袜痕新紧”。世风嬗变，一时女子亦为之变，故缠足原为艺术之美转而成民俗、礼俗也。此风之变，东坡难辞其咎也。

东坡爱妾易马考

清褚人获编撰《坚瓠集》六十六卷，其丙集卷一有“爱妾换马”条云：

苏子瞻谪黄州，蒋运使饯之。子瞻命婢春娘劝酒，蒋问春娘去否，子瞻曰：“欲还父母家。”蒋曰：“公行必须马，乞以马易春娘，可乎？”子瞻诺之。蒋题诗云：“不惜霜毛两雪蹄，等闲分付赎蛾眉。虽无金勒嘶明月，却有佳人捧玉卮。”子瞻答诗曰：“春娘别去太匆匆，无限离情此夜中。只为山行多险阻，故将红粉换追风。”春娘亦赋一绝句云：“为人莫作妇人身，苦乐无端总属人。今日始知人贱畜，君前碎首又何嗔。”遂下阶触柱而死。

余甚疑其无据之说也。东坡有妾数人，然余偏搜东坡诗文，绝无此诗亦无此事。明末詹詹外史冯梦龙编《情史类略》，附卷十三“情憾类”“朝云”条附文曰：

坡公又有婢名春娘。公谪黄州，临行，有蒋运使者饯公，公命春娘劝酒。蒋问：“春娘去否？”公曰：“欲还母家。”蒋曰：“我以白马易春娘可否？”公诺之。蒋为诗曰：“不惜霜毛雨雪蹄，等闲分付赎蛾眉。虽无金勒嘶明月，却有佳人捧玉卮。”公答诗曰：“春娘此去太匆匆，不敢啼叹懊恨中。只为山行多险阻。故将红粉换追风。”春娘敛衽而前曰：“妾闻景公斩厩吏，而晏子谏之；夫子厩焚而不问马，皆贵人贱畜也，学士以人换马，则贵畜贱人矣。”遂口占一绝辞谢，曰：“为人莫作妇人身，百年苦乐由他人。今日始知人贱畜，此生苟活怨谁嗔。”下阶触槐而死。公甚惜之。

冯梦龙谓其“东坡以妾换马”乃据明人钟惺所编《名媛诗归》，然不知其所据为何。此事疑处甚多，余谓东坡时离湖州，出此人命大案，史书焉能一无所记，况东坡名满天下，若今之明星，凡一言一行，一吟一诗皆为人所重，况人命乎？以此思之，岂不怪哉？余查诸元丰二三年东坡诗文，与其交往者盖有苏辙、文逸民、陈季常、王箴、李常、古耕道、米芾、杨世易等数十人，独无蒋姓者，此蒋运使不知何许人也，若使其为东坡友人，则断无了无痕迹之理，若非友人，则饯送且以马易婢何来其理？夫东坡发妻颇有才气，然早亡。续弦王闰之固不识文字，唯侍妾朝云，随之有年，后方粗通文字耳，春娘者一婢女也，引圣人之言，谈春秋之义，口占一绝如斯，奇哉。《四库总目提要》评《名媛诗归》曰：“其间真伪杂出，尤足炫惑后学。”斯言善矣。

帝王别号

人之有姓、名、字，自古以然。据清赵翼《陔余丛考》：“别号当自战国时始。《丹铅录》云：《战国策》秦惠王时有寒泉子，注云：秦处士之号。《史记》索隐云：甘茂居渭南阴乡之樗里，故号樗里子。又范蠡去越，自号陶朱公，又号鸱夷子皮，又号海滨渔父。……皆后世所谓别号也。然其人类多隐逸者流，欲自讳其姓名而为此，非如后人反借此以自标异也。”《左传·昭王二年》：

“少姜有宠於晋侯，晋侯谓之少齐。”晋杜预注：“为立别号，所以宠异之。”孔颖达疏：“盖以其齐女，故以齐为别号。”东晋有“五柳先生”，唐宋明清士人有号乃一时之风气，至今未衰也。然考之史实，别号俱为士人所为，或自号，或人称之，以彰其心性耳。

沈德符《万历野获编》卷一“人主别号”条载，明代帝王亦署别号，未所闻也。其谓：“高宗署其室曰损斋，想即别号矣。本朝唯武宗自号锦堂老人，但升遐圣寿甫逾三旬，何以遽称老？世宗自号天池钓叟……又嘉靖念三年，内廷施药于外，其药有‘凝道雷轩子’印，传闻雷轩，上道号也。又云世宗号尧斋，其后穆宗号舜斋，今上因之亦号禹斋。”噫，帝王而亦效士人之风，不亦异乎？

春秋战国时人姓名中加字

先秦文献多见於人姓名中加字，今人不省，以为名也。如“介子推不言禄”（《左传·僖公二十四年》），“烛子武退秦师”（《左传·僖公三十年》），“石之纷如死於阶下”（《左传·庄公八年》）。盖春秋战国时人习以姓名之间加字也。加“之”字如介子推、烛之武、孟之反；加“不”字者如任不齐、韩不信、申不害、吕不韦、陈不吉、萧不疑等。此习延至东汉，其后文献则鲜见也。所加字实衬音助词，杨伯峻先生谓“加以助音节者”（《春秋左传注》）。又谓：庄公《传》有耿之不比，闵公《传》有舟之侨，僖公《传》有介子推、佚之狐、烛子武、宫之奇，文公《传》有文之毋畏，襄公《传》有上之登、夏之御寇、烛庸之越，哀公《传》有文之锴、孟之侧，皆此类也。《孟子·离娄下》有尹公之他、庾公之斯，可佐为证也。

若夫介子推、烛之武、吕不韦等，皆以氏为名也。介子推，春秋时晋人，居夏县裴介村，其地今为山西介休市，盖以邑为氏。烛之武，《水经洧水注》“南历烛城西，即郑大夫烛之武邑也”。是知乃以采邑为氏。烛邑在今新郑县西南，古郑地也。春秋时氏烛者，齐景公时有烛雏，吴有烛庸，晋有烛过。吕不韦乃姜姓吕氏。

春秋时不讳直呼人名

自周之时，“冠而字之，敬其名也。君父之前称名，他人则称字也”（《仪礼·士冠礼》）。“人年二十，有为人父之道，朋友等类不可复呼其名，故冠而加字”（《礼记·冠礼》）。是古之人敬其名而无不称字，其习沿循千年而未变，至民国间，人尚循其习，以为礼，此人尽知者也。然余读书，於先秦典籍时见呼父、呼师直名者，似与礼违，而《礼记·曲礼上》谓：“父前子名，君前臣名。”郑《注》以为“对至尊无大小，皆称名”。是其未违礼也。

《尚书·君奭》“周公若曰：‘君奭，弗吊，天降丧於殷，殷既坠厥命。’”《礼记·檀弓上》，“曾子怒，曰：‘商，女何无罪也？’”曾子直呼卜商之名。《论语·微子》中子路亦直呼孔子之名，“长沮曰：‘夫执舆者为谁？’子路曰：‘为孔丘’”。《左传·成公十六年》“栾书将载晋侯。鍼曰：‘书退。’”栾鍼，栾书之子也，依古礼制“君前臣名”，故其直呼父名。

余列上例数则，意为述古礼之特例耳，同辈间相称以字，不称名，世行之礼也。《论语》中，孔子每自称“丘”，弟子间称其则惟称其字“仲尼”。孔子称弟子皆以名，弟子间互称则以字。《左传》中，各国诸侯称卿大夫亦多称字，以示敬也。屈原《离骚》称“朕皇考曰伯庸”，伯庸，其父之字也。战国后，此习渐成，鲜有违者。然若友朋而相亲无间者，亦有以名称之者。余尝见杜甫《春日忆李白》诗“白也诗无敌，飘然思不群”之句，则直呼李白之名也。然少陵此习亦易罪人也。两《唐书》之《杜甫传》载，少陵客成都，与严武宴，“乘醉言曰：‘不谓严挺之有此儿也’武恚目久之，曰：‘杜审言孙子拟捋虎须。’合坐皆笑，以弥缝之。武曰：‘与公等饮馔谋欢，何至于祖考耶？’房太尉琯亦微有所忤，忧怖成疾。武母恐害损贤良，遂以小舟送甫下峡。母则可谓贤也，然二公几不免於虎口矣。李太白作《蜀道难》，乃为房、杜之危也”。噫，名字之称，其事亦大矣。今世人皆以名相称，亦无表字，虽违礼制，亦省却无限烦恼矣。

楚王好细腰考

“楚王好细腰，宫中多饿死。”之语，传世久矣，余亦未尝有疑。近日读《墨子》《尹文子》，忽有所惑也，盖所谓楚王者，灵王乎？庄王乎？抑或襄王乎？诸本所言各异，惑逾深也。

《墨子·兼爱中》云：“昔者楚灵王好士细腰，故灵王之臣皆以一饭为节，胁息然后带，扶墙然后起。比期年，朝有黧黑之色。”《韩非子》云：“楚灵王好细腰，而国有饿死人。”此言好细腰者灵王也。《荀子·君道》云：“楚庄王好细腰，故朝有饿人。”《尹文子》云：“楚庄王好细腰，一国皆有饥色。”此言好细腰者庄王也。唐刘禹锡有乐府踏歌行，词曰：“桃蹊柳陌好经过，镫下妆成月下歌。为是襄王故宫地，至今犹自细腰多。”此言好细腰者襄王也。细腰一事而见之于三王，岂芈姓熊氏皆好细腰欤？墨、荀、韩、尹皆一时之人也，何一事而异言哉。余终不知好细腰者为何王焉。

臣妾乃厮役之称

今之影视时有宫中女子自谓“臣妾”者，谬也。古之“臣”“仆”“奴”“妾”，初义皆奴隶之称也。《书·费誓》“臣妾逋逃”，郑玄注：“臣妾，厮役之属也”；孔《传》：“役人贱者，男曰臣，女曰妾。”《诗·小雅·正月》：“民之无辜，并其臣仆。”毛《传》：“古之有罪不入於刑，则役之圜土，以为臣仆。”

臣，《说文》释为“事君也”。《礼记·礼运》：“仕於公曰臣”；《仪礼·士丧礼》“乃服於君”，郑玄注：“臣，君之股肱耳目”。君臣相称，三千年未易也。自春秋始“臣”之义乃由“厮役之属”引申为服事之义。战国时“臣”亦为“事人之称”。《史记·魏公子列传》“市井鼓刀屠者”之朱亥，自谓“臣”。《战国策》之记逾多，《韩策二》中失官避难之严遂与居於屠户之中之聂政，皆自谓臣，一曰“臣有仇”，一曰“臣有老母”。此称至秦汉，相沿成习也。《史记·高祖本纪》载吕公曰“臣少好相人”，《集解》引张晏曰："古人相与语，多自称臣，自卑之道，若今人相与语皆自称仆。"其为谦称，子言於父亦如此。《史记·高祖本纪》载，刘邦言於父曰："始大人常以臣无赖，不能治产业。"其尤为奇者，父言於子亦自称臣。《汉书·霍光传》载，霍去病为骠骑将军，与父霍中孺相见，去病"因跪曰：'去病不早知为大人遗体也。'中孺扶服叩头曰：'老臣得托命将军，此天力也。'"

既已谦称为臣，古之时言及己父即谦称为"先臣"，母谦称为"先妾"。《日知录》卷二十四《先臣先妾》条载："人臣对君，称父为先臣，则亦可称母为先妾。《左传》晏婴辞齐景公曰：'君之先臣容焉。'《战国策》匡章言齐威王曰：'臣非不能更葬先妾也。'"

自汉后，"臣"为谦辞鲜用，仅於君臣间称之。盖秦汉时，君权渐强，君臣间礼制日臻成熟，故常人亦鲜有称臣者矣。《日知录》卷二十四《对人称臣》条曰："汉初人对人多称臣，乃战国之余习。……至天下已定，则稍有差等，而臣之称，唯施之诸侯王。……至文景以后，则此风渐衰，而贾谊《新书》有尊天子，避嫌疑，不敢称臣之说。"

先秦之时有"陪臣"之说，是亦谦称之谓也。若诸侯国之大夫於天子前则自称"陪臣"。《礼记·曲礼下》："列国之大夫入天子之国曰某士，自称曰陪臣某。"郑玄注："陪，重也"，即臣下之臣义也。故孔颖达《疏》曰："其君已为王臣，己今又为己君之臣，故自称对王曰重臣。"《论语·季氏》有曰"陪臣执国命，三世希不失矣"。孔颖达《疏》曰："陪，谓重也，谓家臣也。大夫已为臣，故谓家臣为陪臣。"

古今词义变易殊多，以称谓一事，上古至秦汉，秦汉而至唐宋，一词而变易者迥异，故读史籍不可不为之留意。余尝读计有功《唐诗纪事》，其卷二载唐昭宗《菩萨蛮》词，有"何处是英雄，迎奴归故宫"之句，其"奴"字为男性自称，若以宋后之习俗，不可解也。

避祸易姓

世事沧桑，古之罹难之族，其后人多有易姓氏而避祸者，既易其姓，数代之后，后人不复知其本姓也。今之姓氏中实多有易姓者。

《元史·王珣传》载，王氏"本姓耶律氏，世为辽大族。金正隆末，契丹窝斡叛，祖成从母氏避难辽西，改姓王氏”。汉武帝时，太史公司马迁被辱下狱，韩城族人皆易姓避祸，或易司马之司为“同”，或易司马之马为“冯”，今韩城同姓、冯姓皆太史公族人之后也。《晋书·束皙传》载：“束皙字广微，阳平元城人，汉太子太傅疏广之后也。王莽末，广曾孙孟达避难，自东海徙居沙鹿山南，因去疏之足，遂改姓焉。”《三国志·魏书·张辽传》载：“本聂壹之后，以避怨变姓。”《冷庐杂识》卷二载，明燕王朱棣於靖难之役杀黄子澄，黄氏子孙遂易姓田。

近人闻一多先生尝於《清华月刊》撰文述其本姓，“余祖信国公天祥，军溃於空阬，被执。家属潜逃於楚北蕲水之永福乡，改文为闻”。余之种姓，其本源自仲姓，为周代仲山甫之后，据《通志·氏族略》载：“种，本仲氏，以避难改仲为种，望出河南”。

余读杂书，亦见有因避耻而易姓者。周寿昌《思益堂日札》卷四载：“道光甲辰，予游河间，有张家庄者，其村人本魏姓，故明魏阉（魏忠贤）族，因耻与逆阉同姓，故改氏张。”明末，李闯入京，亦有耻於李姓而易为理者。

鄙卑谦称

古人重礼，多有谦称，然以鄙、卑自称，其义人多误解也。

“鄙人”一词，战国时即行，今人行文尚用之，然其义非卑鄙之人，乃居於郊野之人也。《荀子·非相》：“楚之孙叔敖，期思之鄙人也。”杨倞注：“鄙人，郊野之人也。”郊野称鄙，周之制也。周制国君所居曰“国”，国之四周，近者称郊，远者称鄙或野。《国语·齐语》：“昔人圣王之治天下也，参其国而伍其鄙。”韦昭注：“国，郊以内也。……鄙，郊以外也。”《春秋·庄公十九年》“伐我西鄙”杜预注：“鄙，边邑。”故“鄙人”者，鄙陋之人也。若《庄子·应帝王》：“去，汝鄙人也，何问之不豫也。”是鄙陋自谦之词也。《战国策·燕策一》：“臣东周之鄙人也……鄙人不敏。”《史记·司马相如传》：“鄙人固陋，不识所谓。”《新书·连语》：“朱公曰：‘臣鄙人也，不知当狱。’”以是引而有“鄙夫”“鄙臣”“鄙老”“鄙人”之称也。

卑者，低下也。《左传·僖公二十二年》：“邾人以须句故出师。公卑邾，不设备而御之。”杜注：“卑，小也”；《国语·晋语四》“何以卑我”，韦注：“卑，贱也”。以其低贱义，故引而为自谦之词。卑人、卑末，皆自谦也。《野客丛书附录·野老记闻》载：苏辙尝代苏轼草拟文，自称以“某”，轼易为“卑末”。有官职者，“卑职”“卑官”“卑吏”习见也。

既知以卑以鄙自称为谦，然两字连用，极易歧解也。诸葛武侯《出师表》曰：“先帝不以臣卑鄙，猥自枉屈，三顾臣於草庐之中。”孔明之谓卑鄙，亦自谦之词也。

笔记小说多演义

笔记小说所述前人事，多有演义，余阅凡述东坡事迹尤为如此。《青泥莲花记》卷七载：陈直方之妾稽，本钱塘伎人也，丐新词於苏子瞻。子瞻因直方新丧正室，而钱塘人好唱《陌上花》《缓缓曲》，乃引其事以戏之，其词则《江神子》也。余寻《东坡词》考之，则词序云：“陈直方妾嵇，钱塘人也。求新词，为作此。钱塘人好唱《陌上花》、《缓缓曲》，余尝作数绝以纪其事。”则未有丐新词於坡公事，至若云妾本伎人，想亦无据也。又《瓮牖闲评》卷五载：东坡与刘贡父同游西湖。至湖心，有小舟翩然至前，一妇人甚佳，见东坡，自述：“少年景慕高名，以在室无由得见，今已嫁为民妻，闻公游湖，不避罪而来，善弹筝，愿献一曲，辄求一小词以为终身之荣，可乎？”东坡不能却，援笔而成，与之，其词即“凤凰山下雨初晴”也。余考之坡公词序但云：“湖上与张先同赋，时闻弹筝。”同游者，张先也，误为刘贡父。以“时闻弹筝”四字而演义出诸多故事，此亦小说家之技也。

比丘名亵渎孔子

释家僧众，凡受具足戒者，男曰比丘，女曰比丘尼，其称谓似涉亵渎孔圣矣。比者，等而同之也，称“比丘”“比丘尼”者，与孔丘仲尼等同，儒家圣人等同於佛家僧众也。呜呼，蕞尔僧徒，欲与“大成至圣先师”比肩也。孔门儒学之士视之情何以堪哉。

释教东传，始於东汉，“比丘”“比丘尼”乃据梵文音译耳。二称谓意译皆为“乞士”，据佛典，出家僧众上从诸佛乞法，下从俗人乞食，其精神肉体皆为乞求者，故译为“比丘”“比丘尼”，窃谓佛经初译此称者，当无亵渎孔圣之意矣。

夫孔子字仲尼，及其卒，尊其称为“尼父”，《左传·哀公十六年》即以“尼父”称之：“夏四月己丑，孔丘卒。公诔之曰：‘旻天不吊，不慭遗一老，俾屏余一人以在位，呜呼哀哉尼父。’”杨伯峻先生注曰：“称尼父者，孔丘字仲尼，父犹仲山甫也。且此时哀公年尚幼……虽非幼小，然於一七十余老翁，宜其以父称之。”自汉始，历代帝王皆崇孔子，故其尊号亦多，至清世祖尊为“大成至圣文宣先师”，故其名“丘”，其字“尼”皆禁常人以之命名。孔子之名“丘”，至宋时竟需避讳，有需书之者或缺笔，或加偏旁，清雍正三年上谕曰：除四书五经，凡遇“丘”字者，皆加“阝”为“邱”。以是今之邱姓者，其祖乃丘姓也。

汉文佛典始於东汉安世高、支娄迦谶、支谦等所译《长阿含十报法经》《四谛经》《佛说坚意经》《道行般若经》等，是时已以“比丘”“比丘尼”译男女出家僧众。其后，历魏晋南北朝，法显、鸠摩罗什、求那跋陀罗皆取此音译。唐代译经则译为“苾刍”“苾刍尼”，是知唐时已知避孔子讳也。赵翼《陔余丛考》卷三八“僧称”条谓：“称佛为牟尼，谓德同仲尼也；沙门为比邱，谓德同孔子也。女沙门曰比丘尼，谓德同孔子仲尼也。”以赵瓯北所言，称“比丘”“比丘尼”，乃僧人意欲於德行效之孔子也。

嗟夫，昔时孔子周游列国，厄於陈蔡，其亦近於“乞士”也，是以比丘相喻，不亦相宜哉。

本保殿

吾邑处郡乡间多建神庙，乡民禳灾祈福之所也。旧俗县有城隍庙，乡有乡主殿，村有本保殿。保者，今之村也，故本保殿系一保之神庙。保之制宋时即行，元废之，明、清至民国间皆存。其制十户为一牌，十牌为一甲，十甲为一保。

余游所历，浙中乡间崇奉本保殿，庙祀极盛。其所祀者极杂，土地、财神、五谷神、送子娘娘、关公、胡公、观音、龙王及佛、道二界之菩萨、神仙皆有塑像。

余见之本保殿，其名多有以龙命之者。缙云有“龙通庙”“灵龙保殿”，永康有“黄龙相公庙”，东阳有“回龙阁”，浦江有“白龙皮庙”，金华有“龙皇庙”。本保殿何多以龙而名之，人或疑之焉。窃谓唐宋之时，浙中人口稀疏，值战乱，北方士族南迁，故今之古民居所存多系北方士族所建。中原文化崇尚龙图腾，所筑本保殿故多以龙名之。

卷五

北宋人珍东坡文字

北宋崇宁间，东坡翰墨尽令焚毁，於是士大夫家所藏既莫敢出，而吏畏祸，所见石刻多见毁也。《却扫编》卷下载：“徐州黄楼，东坡所作，而子由为之赋，坡自书。时为守者独不忍毁，但投其石城濠中，而易名‘观风’。宣和末年，禁稍弛，而一时贵游以蓄东坡之文相尚，鬻者大见售，故工人稍稍就濠中摹此刻。有苗仲先者，适为守，因命出之，日夜摹印，既得数千本，忽语僚属曰：‘苏氏之学，法禁尚在，此石奈何独存？’立碎之。人闻石毁，墨本之价益增。仲先秩满，携至京师，尽鬻之。”又《鹤林玉露》乙编卷三载：东坡“归至常州报恩寺，僧堂新成，以板为壁，坡暇日题写几遍。后党祸作，凡坡之遗墨，所在搜毁。寺僧亟以厚纸糊壁，涂之以漆，字赖以全”。非独士人珍东坡文字，即海寇亦以坡公墨迹为珍。《夷坚甲志》卷十载：“绍兴二年，虔寇谢达陷惠州，民居官舍，焚荡无遗。独留东坡白鹤故居，并率其徒，葺治六如亭，烹羊致奠而去。次年，海寇黎盛犯潮州，悉毁城堞，且纵火。至吴子野近居，盛登开元塔见之，问左右曰：‘是非苏内翰藏书处否？’麾兵救之，复料理吴氏岁寒堂。”

嗟乎，珍坡公文字者，非皆谙其文章人也，如谓赏其文章，寺僧、海寇焉知文者欤？盖坡公道德文章天下尽知，熙宁变法，坡公独为之争，是天下皆知公为民也。既得民心，民即爱之，非独珍其墨迹也。

陈寿尊蜀

夫陈寿著《三国志》前，魏、吴已有史存，官修者有王沈之《魏书》、韦昭之《吴书》，私撰者有鱼豢之《魏略》，独蜀无史也。寿书既成，非今之面目，盖《魏》《蜀》《吴》三书各自为书也。《旧唐书·经籍志》以《魏书》入正史类，《蜀书》《吴书》入编年类，其谬固为后人讥矣，然可知是三书于宋之前尝独行于世。

寿身为晋臣，晋受魏禅，以理当崇魏也，然其行文，言辞隐约，褒贬之意如灰蛇伏线，寻常不可觅也。《魏书》首列《武帝纪》，《蜀书》有《先主传》一曰纪，一曰传，似视魏为正统者，然细审其言辞则可寻灰蛇矣。《武帝纪》首云："桓帝世，曹腾为中常侍大长秋，封费亭侯。养子嵩嗣，官至太尉，莫能审其生出本末。嵩生太祖。"其辞既繁而涉轻薄。《先主传》则首云："汉景帝子中山靖王胜之后也。"其辞谨严慎重，崇敬之情溢于言表矣。又其后评亦复如是。《武帝纪》后评曰："抑可谓非常之人，超世之杰矣。"而《先主传》后评曰："盖有高祖之风，英雄之器焉。"寿之褒贬明眼人自可审之分明，行文虽隐于微处，岂可掩其心性焉？寿为史家，亦为蜀人，观其尊诸葛武侯而不计父仇，可窥其实欲以蜀为正统者也。

陈叔达孝母

陈叔达，字子聪，吴兴人，陈后主叔宝之异母弟也。母昭容袁氏。子聪陈亡入隋，后归降唐高祖，任丞相府主簿，玄武门变时，尝建言高祖立太宗为太子。《大唐新语》记其以葡萄遗母事，言语事迹极近颍考叔，兹录於左："高祖尝宴侍臣，果有葡萄，叔达为侍中，执而不食。问其故，对曰：'臣母患口干，求之不得。'高祖曰：'卿有母遗乎？'遂呜咽流涕。后赐帛百疋，以市甘珍。"《左传·隐公元年》记郑庄公与母姜氏绝，誓不及黄泉勿相见，"颍考叔为颍谷封人，闻之，有献於公。公赐之食。食，舍肉。公问之，对曰：'小人有母，皆尝小人之食矣，未尝君之羹。请以遗之。'公曰：'尔有母遗，繄我独无。'"窃谓《大唐新语》源於《左传》也，陈子聪之事，未辨虚实，然其效法颍考叔之说辞则明矣。子聪容止出众，颇有才学，高祖待之甚善。余私有疑者，子聪既以孝行於世，何独尊李世民哉？太宗诚明君也，然其玄武之变，杀兄逼父，岂儒者可崇之焉？子聪所行事乃欲获高祖赏也，母欲得一葡萄岂孝子所不能为欤。其居长安，地近西域，欲得海南鲜荔实难，欲得西域葡萄则易，颍考叔之言羹本虚，陈子聪之言葡萄亦虚，后世之有伪道学之说，不知初唐时即有是辈矣。

程颢心中无妓

程颢明道先生，北宋理学赖其奠基也，尝谓“天者理也”，“只心便是天，尽之便知性”。先进资性过人，修养有道，和粹之气，盎然於面，门人、友人与之相交数十年未尝见其急厉之色。《宋史》本传称：“慨然有求道之志。泛滥於诸家，出入於老、释者几十年，返求诸‘六经’而后得之。”其为学有志，言：“君子之学，必至圣人而后已，不至圣人而自已者，皆弃也”。

《昨非庵日纂》卷十载：两程夫子赴宴，有妓侑觞，伊川拂衣起，明道尽欢而罢。次日伊川愠犹未解，明道曰：“昨日座中有妓，吾心中却无妓。今日斋中无妓，汝心中却有妓。”伊川自谓不及。盖明道以心为天，虽求诸六经，而於他教迥无鄙夷之心，儒者之大度无人可及矣。《茶余客话》卷十四载：明道先生于寺庙布席，令勿背佛像。语门人云：“凡具人形者，皆当以人礼待之。”以与伊川同入庙，明道见佛揖而进，伊川则否。门人问之，明道曰：“但论年齿，他也比我多几岁，一揖何妨。”

于戏，余谓为学者当有所达，达则明理，明理则行动言语皆臻自然也。若其谓心中无妓者，岂常人可喻欤？见释氏而揖之，礼也，若夫见友人而揖类也。至于“凡具人形者，皆当以人礼待之”实即孔子斥“始作俑者，其无后乎”同，为其像人而用之也。见人形而敬之，此礼之本也。孔门儒教胸襟之广岂他教可相比哉。如释子见孔圣像则必不拜，西方之天主、基督则斥他教如虎狼，水火而不可相容也。是故儒学延千年而不衰，虽历数劫而屹立，其理顺乎天理也。

程颐斥秦少游

秦少游居苏门四学士之首，性倜傥，恃才傲物，尤不拘於礼法。《二程外书》卷十二引《震泽语录》“程伊川一日见秦少游，问：‘天若有情，天也为人烦恼。’是公之词否？”少游意伊川称赏之，拱手逊谢。伊川云：“上穹尊严，安得易而侮之。”少游惭而退。

夫程伊川，理学宗师也，秦少游，苏门才子也，水火焉能相洽哉。窃谓伊川之斥少游者，其亦不睦於东坡故乎？

宋孙升《孙公谈圃》载：“司马温公之薨，当明堂大享，朝臣以致斋不及奠。肆赦毕，苏子瞻率同辈以往，而程颐固争，引《论语》‘子于是日哭则不歌’。子瞻曰：‘明堂乃吉札，不可谓歌则不哭也。’颐又谕司马诸孤不得受吊，子瞻戏曰：‘颐可谓燠糟鄙俚叔孙通。’闻者笑之。”二程与坡公结怨，盖自此始也。《续资治通鉴》卷八十云：“程颐在经筵，多用古礼，苏轼谓其不近人情，深疾之，每加玩侮。”则知坡公亦深斥理学也。以伊川言，君子三畏，首为畏天命，其斥少游者，侮天也。以东坡言，人之情乃天命所致，焉可以人理而灭之？理学倡存天理而灭人欲，余谓天理存於人欲之中，如人欲尽灭，天理何存？

赤壁赋中吹箫客

东坡《赤壁赋》云：“客有吹洞箫者，倚歌而和之。其声呜呜然，如怨如慕，如泣如诉；馀音袅袅，不绝如缕。”客为何人，历来注者多语焉不详。近读叶嘉莹先生讲《赤壁赋》稿，谓吹洞箫之客乃东坡之友杨世昌，号子京，四川绵竹五都山道士也。其喜云游，尝至庐山，复至黄州，时东坡贬於黄州，世昌拜之，传东坡前后二赋赤壁，世昌皆同游。余查清赵翼《陔馀丛考》卷二十四有“赤壁赋洞箫客”条，谓：“东坡赤壁赋，客有吹洞箫者，不著姓字，吴匏庵有诗云：‘西飞一鹤去何祥，有客吹箫杨世昌。当日赋成谁与注，数行石刻旧曾藏。’据此则客乃杨世昌也。”东坡《次孔毅父韵》诗云：“不如西州杨道士，万里随身只两膝。沿流不恶溯亦佳，一叶扁舟任飘忽。夜来饥肠如转雷，旅愁非酒不可开。杨生自言识音律，洞箫入手轻且哀。”赵翼按：“世昌，绵竹道士，字子京，见王注苏诗。”则嘉莹先生之说源於此也。案，吴匏庵，明成化间人也。

东坡《赤壁赋》传世既久，然注释者多未训吹洞箫之客，不知赵瓯北早有所考。

丑奴

《采桑子》词牌别名《丑奴儿》，颇怪异。其曲名盖源于中古常见人名“丑奴”也。余检之史籍人名，三国东汉之时尚无贱名行世，自魏晋而后，此俗方兴也。陈三平君尝考贱名之俗乃中古之时由中亚而流传中土也。自北朝而隋唐，“丑奴”之名则常见也，北魏末有万俟丑奴，匈奴族，建义元年自称“天子”，年号“神兽”，至若“丑子”“丑儿”“丑郎”“丑生”“丑女”“丑娘”“丑姬”之类多见于史籍矣。

中华文化重人名，三代之时，即有名、字之礼，然皆以佳字命之，未见以贱字命名也。中古之时，外夷胡族入华，以其俗而传于华土，其源盖义贱名长命。或以孩提生辰欠佳则取贱名有相抗，康熙时有豪绅刘八女，即男儿而名之女例。南朝刘宋开国之君刘裕小名寄奴，亦此俗。或谓贱名而呼，可避鬼神之瞩目。此俗今世尚存，若名之“讨饭”“狗儿”者，皆吾熟悉之人。

楚成王因恶谥不瞑

古之於亡者谥号，犹今之追悼会之悼词也，所谓“行之迹”“功之表”，乃盖棺论定之词，故人尤重之。

《左传·文公元年》载：“冬十月，以宫甲围成王。王请食熊蹯而死。弗听。丁未，王缢。谥之曰‘灵’，不瞑；曰‘成’，乃瞑。”呜呼，成王之愚甚矣。宫甲以子而弑父，父欲一食熊蹯死而不能，焉企一善谥矣。或曰：成王既死，复何知其瞑与不瞑。盖古礼葬乃加谥，小敛则面不露，此见其目不合，则未敛即加以恶谥也。古谥法，“灵”乃谓其“乱而不损”“极知鬼事”“不勤成名”，贬之也。“成”乃谓其“安民立政”，褒之也。是知人之於身后之名重之如斯矣。

嗟乎，人之身后之名成於其身前，岂死后一谥号可易之哉？况得一谥焉能永葆之哉。东汉末，政事纷乱，朝廷数於前辈若干王、后、之谥号、庙号废之。宋时巨奸秦桧，党羽遍朝中，及其死，得“忠献”之谥号。至其死五十一年，朝廷“追夺王爵，改谥缪丑”（《宋史·秦桧传》）。明时于谦因奸邪陷之而死，无谥，后十年方追谥“肃愍”；又八十年，“更谥忠肃”（张瀚《松窗梦语》卷七）。一忠一奸皆得改谥，实名在人心也。明张居正死，谥“文忠”，美谥至极也，然未及九月，万历帝即下诏“夺上柱国，太师，再夺谥”（《明史·张居正传》）。清之沈德潜，选著《古诗源》《唐诗别裁》《明诗别裁》《清诗别裁》，文名重於一时，其死，得谥“文悫”，后九年，乾隆帝下诏夺谥。沈德符《万历野获编》卷十三、梁章钜《浪迹丛谈》卷四十，记夺谥之事甚详。

陆放翁死无谥号，其诗云：“斜阳古柳赵家庄，负鼓盲翁正作场。死后是非谁管得，满村听说蔡中郎。”真乃超脱之人也。余尝闻有某要人死，因悼词故经年寄厝而不葬，其愚亦若楚成王也。

春秋左氏传有纪事本末体

吾国史书凡三大体例：编年者，以岁时月日为叙事经纬，《春秋》《左传》者也。纪传者，以传主而叙事，《史记》《汉书》诸正史者也。所谓纪事本末者，以事之本末为叙事基点，迟至南宋袁枢《通鉴纪事本末》，方有成书，是人皆谓南宋前史书无纪事本末之体也。《四库全书总目》卷四九称：“纪传之法，或一事而复见数篇，宾主莫辩。编年之法，或一事而隔越数卷，首尾难稽。”可知纪传、编年之例其弊亦不可免也。袁枢因司公温公《资治通鉴》而重编之，以事为经，每事自为首尾。“经纬明晰，节目详具，前后始末，一览了然”。清章学诚《文史通义·书教上》称其优长，以为“文省于纪传，事豁于编年”，深得《尚书》“疏通知远”之教。然纪事本末之例果源乎袁枢欤？

余阅《左传》“重耳出亡”，叙重耳事迹横越数年，然其文置於僖公二十三年一篇之中，终始本末，首尾一贯，焉非纪事本末之滥觞哉。公子重耳因骊姬诬陷，仓皇出逃，时当鲁僖公四年，奔狄，处狄十二年而行。其后七年间，过卫、适齐、之曹、及宋、郑、访楚、至秦，至鲁僖公二十四年始自秦归晋，即位为君。其出亡诸国之事，《左传》皆载於一篇之中，虽为个例，亦可窥左氏之传《春秋》之时，已感编年之体“一事而隔越数卷，首尾难稽”之惑，是於公子重耳出亡事迹聚之一篇，叙其首尾本末。袁枢抑或亦感於斯文者而作纪事本末之体例欤。前贤之虑，余不可知也。

帝王赐恶名

历代帝王，因赏识、表彰而赐人名者众也。若北周刘道德有勇谋，太祖宇文泰誉为“孤之孔明也”，乃赐名为“亮”，遂称刘亮(《周书·刘亮传》)。唐宦官李辅国，本名李静忠，辅肃宗即位有功，先赐名护国，再赐名辅国(《旧唐书·李辅国传》）。明嘉靖帝赐张璁改名张孚敬。清乾隆帝赏蒙古学者法开文，赐名法式善。此皆彰其功劝其善也。而有赐其恶名者，欲泄其愤也。

据赵翼《廿二史札记》，改其恶姓恶名始於王莽，“王莽以单于囊知牙斯不顺命，改匈奴单于为降奴单于，此已开其端”。“后汉桓帝诛梁冀，恶梁姓，时邓后犹冒梁姓，乃改后姓为薄，此改姓也。吴孙皓杀何定，以其恶似张布，乃改定名为布，此改名也。”“晋成帝时，南顿王司马宗有罪诛，贬其族为马氏。”自王莽开其例，列代皆循，至清朝未能止。尤可书之者，武则天时，契丹首领李尽忠及孙万荣反，及讨之，改李尽忠为李尽灭，孙万荣为孙万斩。清雍正帝即位初，其八弟允禩、九弟允禟乱政，帝怒而改其名为阿其那（满语意为狗）、塞思黑（满语意为猪）。

嗟乎，人之姓，承之祖宗；人之名，受之父母。其姓也，别婚姻耳，其名也，一呼号耳。帝王之以一己喜怒而强易之，此亦强权专制之所行事也。

帝王著书

自来为君者，其职在国，若著书立说事乃史官儒林之职也，而宋之徽宗、高宗皆尝著书，虽非其业，亦可窥有宋一代崇文之风矣。

宋蔡絛《北狩行录》载：“徽宗在金，尝得《春秋》，披览不倦，凡理乱兴废之迹，贤君忠臣之行，莫不采摭其华实，探涉其源流，钩纂枢要而编节之，改岁籥而成书。”唐张固《幽闲鼓吹》引姚文公序云：“宋高宗退居德寿宫，尝纂唐宋遗事为《幽闲鼓吹》。”

嗟夫，徽宗之著书乃播迁之后，身既为囚，穷愁无奈，其所书者亦李后主之填词也。高宗乃退食之馀，娱情翰墨，故以幽闲名之也。夫两帝皆长於文辞者，若身为士子，当亦不失一时风流，奈何为君则无治国之策也。余尝惜李后主，宋徽宗空负才艺而为阶下囚，皆高位害之矣。

东坡罢扬州花会

《墨庄漫录》卷九载：“西京牡丹闻於天下。花盛时，太守作万花会。宴集之所，以花为屏帐，至於梁栋柱拱，悉以竹筒贮水，簪花钉挂，举目皆花也。”此风既起，各地皆效之。扬州产芍药，蔡元长知淮扬日，亦效洛阳，作万花会。其后岁岁循习而为，人颇病之也。元祐七年，东坡知扬州，正遇花时，吏白旧例，公判罢之，人皆鼓舞欣悦。坡公作书报王定国云：“花会，检旧案，用花千万朵，吏缘为奸，乃扬州大害，已罢之矣。虽杀风景，免造业也。”

善哉，铺张靡费，有宋一代之风。粉饰太平，造孽於民，至南渡仍不能止，此亡国之源也。坡公奉公而爱民，罢花会，杀风景，而民皆欣悦，何也？所费皆损於民也。余亦尝见州县每喜邀名伶办会，所费动辄数十万，亦类宋之花会也。近岁稍减，然花会之举不绝，惜无人杀其风景焉。

东坡才名夷虏爱服

苏子瞻才名重於当世，以致夷虏外邦亦爱服钦慕。《渑水燕谈录》卷七载：“张芸叟奉使大辽，宿幽州馆中，有题子瞻《老人行》於壁者。闻范阳书肆亦刻子瞻诗数十篇，谓《大苏小集》。”《坚瓠补集》卷三载：苏子由为贺辽生辰国信使，子瞻有诗送之。既至辽，辽人每问大苏学士安否。子由经涿州寄诗曰：“谁将家谱到燕都，识底人人问大苏。莫把声名动蛮貊，恐妨他日卧江湖。”子瞻得诗，次韵云：“毡毳年来亦甚都，时闻鴃舌问三苏。那知老病浑无用，欲向君王乞镜湖。”

坡公名高，固其才气有异於人者，方使外夷邦国亦钦慕其才也。《尧山堂外纪》卷五十二载：“承平时，国家与辽欢盟，文禁甚宽，辂客者往来，率以谈谑诗文相娱乐。元祐间，东坡寔膺是选。辽使素闻其名，思以奇困之。其国旧有一对曰：‘三光日月星’，凡以数言者，必犯其上一字，於是偏国中无能属者。首以请於坡。坡唯唯，谓其介曰：‘我能而君不能，亦非所以全大国之体。四诗风雅颂，天生对也。盍先以此复之。’介如言，方共叹愕，坡徐曰：‘某亦有一对，曰“四德元亨利。”’使睢盱，欲起辩，坡曰：‘而谓我忘其一耶？谨閟而舌，两朝兄弟邦，卿为外臣，此固仁祖之庙讳也。’使出不意，大骇服。”

窃谓有宋一代崇文，其风亦延及四夷，然文章岂可兴国哉？是故辽以夷蛮之邦而欺宋，是时，若东坡尚生，亦无奈何也。空谈文章亦败国，可为后人戒也。

东坡泛爱众

苏子瞻泛爱天下士，无贤不肖，欢如也。《漫浪野录》云：苏子瞻尝自言：“上可以陪玉皇大帝，下可以陪卑田院乞儿。”又言：“吾眼前见天下无一个不好人，此乃一病。”子由监筠州酒税，子瞻尝就见之，子由戒以口舌之祸。及饯之郊外，不交一谈，唯指口以示之（《悦生随抄》）。放翁《老学庵笔记》卷四记一事可窥坡公之泛爱也。其云：“僧可遵者，诗本凡恶，偶以‘直待众生总无诟’之句为东坡所赏，书一绝於壁间。继之山中道俗随东坡者甚众，即日传至圆通，遵适在焉，大自矜诩，追东坡至前途。而途中又传东坡《三峡桥》诗，遵即对东坡自言：‘有一绝，却欲题《三峡》之后，旅次不及书。’遂朗吟曰：‘君能识我汤泉句，我却爱君《三峡》诗。道得可咽不可漱，几多诗将竖降旗。’东坡既悔赏拔之误，且恶其无礼，因促驾去。观者称快。遵方大言曰：‘子瞻护短，见我诗好甚，故妒而去。’”

东坡智者也，岂不识贤不肖哉？余谓先生遵夫子之道，泛爱众也。仁者而能泛爱众，夫子谓仁者爱人也，若无泛爱之心，仁无存焉。然则天下非皆贤者，忌才嫉能，口尧舜而心盗跖者不能绝，奈何？东坡是以知“此乃一病”。观夫坡公数以诗、以言而致祸，然数贬而性不能改，其泛爱之心未能易矣。余亦尝见有以怨报德者，是人性之使然，总不可以一人而改泛爱之心也。是故若心中无一仁字，焉可轻言泛爱哉。

东坡介甫皆仁者

东坡、介甫皆一时才俊，然君子和而不同，於新法所见各异，新党旧党生也。余谓古之君子者，争於朝而和於私，所争者公也，所和者私也，其内皆持仁心矣。

《邵氏闻见录》卷十一载：王荆公知制诰，吴夫人为买一妾，荆公见之，曰："何物也？"女子曰："夫人令执事左右。"安石曰："汝谁氏？"曰："妾之夫为军大将，部米运失舟，家资尽没犹不足，又卖妾以偿。"公愀然曰："夫人用钱几何得汝？"曰："九十万。"公呼其夫，令为夫妇如初，尽以钱赐之。又，《梁溪漫志》卷四载：东坡自儋北归，卜居阳羡。阳羡士大夫犹畏而不敢与之游，独士人邵民瞻从学於坡……劭为坡买一宅，为钱五百缗。坡倾囊仅能偿之。卜吉入新第既得日矣，夜与邵步月，偶至一村落，闻妇人哭声极哀，坡徙倚听之，曰："异哉，何其悲也？岂有大难割之爱，触於其心欤？吾将问之。"……妪曰："吾家有一居，相传百年，保守不敢动，以至于我。而吾子不肖，遂举以售诸人。吾今日迁徙来此，百年旧居，一旦诀别，宁不痛心？此吾之所以泣也。"坡亦为之怆然，问其故居所在，则坡以五百缗所得者也。坡因再三慰抚，徐谓之曰："妪之旧居，乃吾所售也。不必深悲，今当以是屋还妪。"即命取屋券，对妪焚。呼其子，命翌日迎母还旧第，竟不索其直。

嗟夫，介甫以九十万归妾，东坡以五百缗归宅，若非具大仁心者焉能为之？介甫虽居相，然廉吏所得无多，东坡迁谪之人，五百缗乃其所有也，然仁者盖不能见民之悲苦焉，故毅然归妾归宅。是余以二公皆仁者也。

东坡善读书

《诚斋诗话》载：欧阳公作省试知举，得东坡之文惊喜，欲取为第一人，又疑其是门人曾子固之文，恐招物议，抑为第二。坡来谢，欧阳问及坡所作《刑赏忠厚之至论》，有“皋陶曰杀之三，尧曰宥之三”，此见何书？坡曰：“事在《三国志·孔融传注》。”欧阳退而阅之，无有。他日再问坡，坡云：“曹操灭袁绍，以袁熙妻赐其子丕。孔融曰：‘昔武王伐纣，以妲己赐周公。’操惊问何经见，融曰：‘以今日之事观之，意其如此。’尧、皋陶之事，某亦意其如此。”欧退而大惊曰：“此人可谓善读书，善用书，他日文章，必独步天下。”

嗟夫，余亦读书经年也，虽坐拥书城，窃谓博览而私喜，闻欧阳公语，余实乃一书笥之虫耳，虽有群书而不如无也。善读书，善用书两语，世之读书人省之者几何哉。凡读书人多拘泥而尚空谈，自魏晋而明清，延绵既往，以清谈而自高，以玄奥而自贵，实乃从书笥之虫而至枯禅之尸，盖沐猴而冠之徒，皆缺一诚字矣。清汪琬《尧峰文钞》云：“古之善读书者，始乎博，终乎约。博之而非夸多斗靡也，约之而非保残安陋也。”张安溪尝评《聊斋》云：“善读之令人胆壮，不善读之令人入魔。”然皆未言及读书之谛。张潮《幽梦影》云：“善读书者，无之而非书，山水亦书也，棋酒亦书也，花月亦书也。善游山水者，无之而非山水；书史亦山水也，诗酒亦山水也，花月亦山水也。”斯说又似谈禅。是故言善读书易而行之难也，孟子又谓“尽信书不如无书”，似欲读书而复跳出书笥，吾终为之惑焉。

东坡兄弟考场作弊

苏子瞻、子由兄弟皆一时才士，然为文亦有思悟不及处。《铁围山丛谈》卷二载：“东坡公同其季子由入省草试，而坡不得一，方对案长叹，且目子由。子由解意，把笔管一卓，而以口吹之。坡遂寤乃《管子注》也。”《吹剑四录》载：“东坡试《形势不如德论》，不知出处，《礼义信足以成德论》，知子由记不得，乃厉声索砚水曰：‘小人哉。’子由始悟出‘樊迟学稼’注。”盖樊迟请学稼、圃，子曰：“小人哉，樊迟也。”野史所载，不知其所据，然若求之坡公兄弟文集焉得有如此趣事。即以所载论，其思敏捷亦非常人可为。唐时科场不类后世，若似明清之制，坡公不得为弊也。

杜甫死於炙牛肉

杜子美未及耳顺而卒，人皆哀之，究其因乃食炙牛肉白酒也。《旧唐书·杜甫传》载："永泰二年，啖牛肉白酒，一夕而卒於耒阳，时年五十九。"《新唐书·杜甫传》载："大历中，出瞿唐，下江陵，溯旬不得食，县令具舟迎之，乃得还。令尝馈牛炙白酒，大醉，一夕卒，年五十九。"然炙牛炙白酒何能致其卒，《明皇杂录》补遗云："杜甫后漂寓湘潭间，旅於衡州耒阳县，颇为令长所厌。甫投诗於宰，宰遂致牛炙白酒以遗，甫饮过多，一夕而卒。"此言其因乃"饮过多"，既言饮则酒也，非炙牛肉，然子美一生皆饮，即过多亦醉耳，何能致其卒哉。郭沫若尝考子美之死亦取二《唐书》之说，而考其时值酷暑，谓县令所遗炙牛肉必腐，子美食腐炙肉乃卒。郭鼎堂乃浪漫诗人，多有奇思，是亦想当然耳。《摭遗》云："耒阳宰诗曰：'诗名天宝大，骨葬耒阳空。'"故耒阳有子美坟。唐人有诗曰："一夜耒阳雨，百年工部坟。"余亦素喜炙牛肉白酒，内子时烹之，每食则思子美矣。

范仲淹不谀墓

范文正公名重天下，然为文尤慎，公平生鲜作铭文，且未尝受遗。《范文正公言行拾遗事录》卷一云："公为人作铭文，未尝受遗。后作范忠献铭，其子欲以金帛谢，拒之。乃献以所蓄书画，公悉不收，独留《道德经》而还，戒之曰：'此先君所藏，世之所宝，某窃以为宗家惜之，毋为人得也。'"公偶为墓铭亦甚谨严，一字一词多加斟酌，是免谀墓之嫌也。《幕府燕闲录》载："范文正公尝为人作墓铭，已封，将发，忽曰：'不可不使师鲁见。'明日以示师鲁，曰：'希文名重一时，后世所取信，不可不慎也。今谓转运使为部刺史，知州为太守，诚为脱俗。然今无其官，后必疑之，此正起俗儒争论也。'希文抚几曰：'赖以示子，不然，吾几失之。'"

盖士大夫一时名重，则求其文者众，求之者众则易滥也。如文正公之谨慎亦鲜矣，师鲁谓"名重一时，后世所取信，不可不慎也"诚至言也。

古人言道德文章者，亦此意也。韩昌黎名重一时，人谓“文起八代之衰”，然谀墓之文毁其文名也。顾炎武谓其“韩文公文起八代之衰，若但作《原道》《原毁》《争臣论》《平淮西碑》《张中丞传后序》诸篇，而一切铭状概为谢绝，则诚近代之泰山北斗矣，今犹未敢许也”。及其卒，婿刘汉搜其所作碑志近八十馀，且多为墓志铭。时人曰“古今墓志第一人”，不亦悲乎。刘禹锡尝为悼文曰：“公鼎侯碑，志隧表阡，一字之价，辇金如山。”亦暗讥之也。司马光《颜乐亭颂》言其：“好悦人以铭志，而受其金。”所悦者授金之人也。若夫士人之为文，毋求媚于世，但求媚于后人也。

范仲淹不置宅第

范文正公幼孤而贫，及显，非宾客不重肉，妻子仅能自充耳。然好施与，所得俸禄尽置义庄，以赡宗属。至暮年，未尝置归老宅第。《昨非庵日纂》记其事云：“公在杭州，子弟以公有退志，乘间请治第洛阳，树园圃，以为逸老之地。公曰：‘人苟有道义之乐，形骸可外，况居室哉。吾今年逾六十，生且无几，乃谋树第治圃，顾何时而居乎？吾之所患，在位高而难退，不患退而无居也。且西都士大夫园林相望，为主人者莫得常游，而谁独障吾游者，岂必有诸己而后为乐耶？’”

善哉，公之所求者道义之乐也，焉知非孔颜之乐者乎？夫子曰：“君子食无求饱，居无求安。”盖颜子之乐，非乐箪瓢陋巷也，虽贫而其心未改之乐也，故夫子称其贤。吾於宋儒独尊文正公，盖其所重者道义之乐也，然其无忧乎？非也，其在山林则忧其君，在庙堂则忧其民，进亦忧，退亦忧，焉得一时独乐者耶？观夫近世仕宦者，多喜营谋宅第，其营唯恐不广，其造唯恐不华，道义之乐则殆矣。

范仲淹谏滕子京

范仲淹作《岳阳楼记》成千古之名，其文云：“不以物喜，不以己悲。先天下之忧而忧，后天下之乐而乐。”实以之谏友滕子京也。《石林燕语》

卷九记云：“滕子京负大才，为众忌嫉，自庆历谪巴陵，愤郁颇见辞色。文正与之同年，友善，爱其才，恐后贻祸。然滕豪迈自负，罕受人言。正患无隙以规之，子京忽以书抵文正，求《岳阳楼记》。”是故有上之言也。盖文正公以其言规谏滕子京耳。然虽谏友之言，亦公胸中大块之义也，如平日胸中无此思虑，焉得出此惊世之语哉？

父子相圣

王荆公之子雱，治平四年进士，天章阁侍制兼侍讲，弱冠即“著书数万言”，“作策二十余篇，极论天下事”。声誉鹊起。然《宋史》评其“为人剽悍阴刻，无所顾忌”。《邵氏闻见录》载：王荆公之子雱作荆公画像赞曰：“列圣垂教，参差不齐。集厥大成，光於仲尼。”是圣其父过於孔子也。雱少得心疾，及亡，荆公以诗哭之曰：“斯文实有寄，天岂偶生才。一日凤鸟去，千年梁木摧。烟留衰草恨，风造暮林哀。岂谓登临处，飘然独往来。”嗟夫，尊父之心，人皆有之，未闻以孔子喻之者；怜子之心，天下皆然，未闻以圣人喻之者。盖子曰：“凤鸟不至，河不出图，洛不出书，吾已矣夫。”“千年梁木”者，乃夫子自谓之词也。荆公父子相喻为圣人，可谓无忌惮者矣。然介甫行新法，罪人众矣，后世所书多有诋毁者，余实疑其所录。

关羽恶谥

三国之关羽，自宋以来封为“关圣帝君”，谓之“武圣”，与孔子“文圣”相列，而孔子封王，关羽封帝，实越之矣。民间演义愈有神之者，谓其尝显灵於玉泉山，受戒於隋天台大师智顗，问禅於唐神秀禅师，故寺庙多有以之为护法伽蓝神而祀之者。然余阅《三国志·蜀书·关羽传》，关羽兵败荆州身死，未蒙赐谥，至后主刘禅时，方与张飞、马超、赵云等一并追谥，关羽之谥为“壮缪侯”。缪乃恶谥，是知蜀中之人恶之也。

夫关羽生时，刚愎自用，践踏孙吴之盟，失荆州重镇，至刘备彝陵之败，白帝之死，蜀汉之势直下而衰矣。故其身后得“壮缪”之谥，亦为宜也。

清人黄成章谓："昔关帝之谥壮缪也，陈寿以谥法'名与实爽曰缪'，谥谓帝刚而自用，戾以致败也"（《冷庐杂识》卷二）。是知蜀汉之时，关羽实无誉之者也。及宋之后，欲誉之者或谓"壮缪"读为"壮穆"，亦为美谥，谬也。按谥法，"名与实爽曰缪"，若秦穆公因"杀三良而死，罪百里奚而非其罪，故立号曰缪"（《史记·蒙恬列传》）。缪、穆二字古通用，故人亦称其秦缪公也。

《清史编年》乾隆四十一年六月二十六日载：命改关羽谥"壮缪"为"忠义"。清人尊羽，顺治帝特封为"忠义神武大帝"，乾隆三十二年复加"灵佑"二字。至是，乾隆帝以正史关羽旧谥，隐寓讥评，命易为"忠义"。所办《四库全书》及其他官版、内库藏书一并改刊。乾隆帝上谕曰："关帝在当时力扶炎汉，志节凛然，乃史书所谥，并非嘉名。陈寿於蜀汉有嫌，所撰《三国志》多存私见，遂不为之论定，岂得为公？从前世祖章皇帝曾降旨封为忠义神武大帝，以褒扬圣烈。朕复於三十二年降旨加'灵佑'二字，用示尊崇。夫以神之义烈忠诚，海内咸知敬祀，而正史犹存旧谥，隐寓讥评，非所以传信万世也。今当抄录《四库全书》，不可相沿陋习，所有志内关帝之谥，应改为'忠义'。……其官版及内府陈设书籍，并著改刊。"

乾隆帝以一己之见而怪之於陈寿，以为寿"於蜀汉有嫌"，其实不知陈寿者，亦不知《三国志》者也。寿之父因罪受责於孔明，然寿书孔明了无毁之处。以史书体例寿虽以魏为正统，然行文隐然以蜀汉为尊，余不知弘历作何感矣。至若关羽，俨然一神耳，历代治世者既造之，亦尊之，盖欲其用也。后世所尊关帝岂三国蜀汉之关羽欤？叹叹。

韩世忠轻薄儒士

有宋一代，重文抑武乃为国策，盖鉴於唐末五代将悍兵骄，藩镇自重，朝廷危之也。韩世忠为抗金名将，然素轻薄儒士，常以"子曰""萌儿"呼之。《鸡肋集》卷下载："韩世忠轻薄儒士，常目之为'子曰'。主上闻之，因登对问曰：'闻卿呼文士为子曰，是否？'世忠应曰：'臣今已改。'上喜，以为其能崇儒。乃曰：'今呼为萌儿矣。'上为之一笑。"

夫北宋初，抑武将而崇文臣，至兵不知将，将不识兵，长城既危，社稷何安？建炎中兴，张、韩、刘、岳为将，人自为法，故有“韩家军”“岳家军”之语。以韩岳论，其出身皆微，虽以军功而显，然未尝读儒家书也，以是世忠轻儒士，此亦寻常也。然其於大事则甚明理，《宋名臣言行录》载：世忠“再上章力陈秦桧误国，辞意剀切，桧由是深怨之，言者因奏世忠罪，上留章不出”。是知其亦岳少保行辈中人，唯未如少保识文耳。

妓葬柳永

柳永以歌词显名於仁宗朝。时仁宗留意儒雅，务本理道，深斥浮艳虚薄之文。初，永为进士，有《鹤冲天》词云：“忍把浮名，换了浅斟低唱。”及临轩放榜，特落之，曰：“且去浅斟低唱，何要浮名。”由是不得志，日纵游娼馆酒楼间，无复检约，自称“奉圣旨填词柳三变”（《词林纪事》）。

永少有俊才，尤精乐章。然因词见恶於上，不得入仕，至沦落贫窘，终老无子，掩骸僧舍。初，永既以调忤仁宗，吏部不放改官。永不能堪，诣政府，晏公曰：“贤俊作曲子吗？”永曰：“祗如相公亦作曲子。”公曰：“殊虽作曲子，不曾道‘绿线慵拈伴伊坐’。”永遂退（《画墁录》）。呜呼，世态炎凉，太平宰相亦作如此嘴脸，令人作呕。及其卒，家无余财，群妓合金，葬於枣阳县花山。每春月上冢，谓之“吊柳七”（《宋诗纪事》卷十三）。嗟夫，妓尚有情，殊何无义，晏相公於情义不及群妓也。

口蜜腹剑李林甫

读唐史者莫不知李林甫阴权，然以事论则知者鲜也。《开元天宝遗事》记曰：“李林甫妒贤嫉能，不协群议，每奏御之际，多所陷人，众谓林甫为肉腰刀。又云林甫尝以甘言诱人之过，谮於上前，时人皆言林甫甘言如蜜。朝中相谓曰：‘李公虽面有笑容，而肚中铸剑也。’人目憎怨，异口同音。”所谓“诱人之过，谮於上前”者，其陷李适之事尤为可憎也。李适之，唐宗室也，系太宗之曾孙，恒山王李承乾之孙也。初，玄宗宠林甫，事无大小，皆责成林甫。李适之初入相，疏而不密，林甫忌之。《明皇杂录》记：林甫语适之曰“华山之下有金矿焉，采之可以富国，上未知之耳。适之善其言，他日，从容以奏。上悦，顾问林甫，林甫曰：‘臣知之及矣，华山，陛下本命也，王气所在，不可发之。故臣不敢言。’上遂薄适之，因曰：‘自今奏事，先与林甫议之，无轻脱。’自是适之束手矣。”

《旧唐书·李林甫传》记曰：“林甫面柔有狡计，能伺候人主意。……而中宫妃家，皆厚结托，伺上动静，皆预知之，故出言进奏，动必称旨。而猜忌阴中人，不见於词色。”值其为相，朝中无敢言者，谏官亦为之三缄其口也。《谭实录》记曰：“林甫召诸谏官谓曰：‘今明主在上，群臣将顺之不暇，何用多言。君不见立仗马乎，终日无声，而食三品料，及其一鸣，即黜去。虽欲再鸣，其可得乎？’由是谏诤之路绝失。”呜呼，昔赵高指鹿为马，人皆不敢言，林甫亦欲谏官若立仗马矣。林甫之阴险陷人，而玄宗不觉，其所陷者实为玄宗也。若安禄山之守边掌权，其初亦林甫所荐，内之有林甫，外之有禄山，焉有不乱之理哉。《开天传信记》记林甫害人，读之心悚。其曰：“平康坊南街废蛮院，即李林甫旧宅也。林甫於正堂后别创一党，制度弯曲，有却月之形，名曰月堂。土木秀丽精巧，当时莫俦也。林甫每欲破灭人家，即入月堂，精思极虑，喜悦而出，必不存焉。”虽为野史所言，人心所向，可窥之矣。

欧阳修鄙薄晏殊

欧阳修与晏殊同为仁宗朝臣，且文忠公为元献公知举之门生，元献公以词名，文忠公以文名，然文忠公似甚鄙薄元献公，或亦文人相轻焉？《东轩笔录》云：“欧阳文忠素与晏公无它，但自即席赋雪诗后，稍稍相失。晏一日指韩愈画像语坐客曰：‘此貌大类欧阳修，安知修非愈之后也。吾重修文章，不重他为人。’欧阳亦每谓人曰：‘晏公小词最佳，诗次之，文又次于诗，其为人又次于文也。’”所言即席赋雪诗事，《笔录》卷十一记曰：“庆历中，西师未解，晏元献公殊为枢密使。会大雪，欧阳文忠公与陆学士经同往候之，遂致酒于西园，欧阳公即席赋晏太尉西园贺雪歌，其断章句曰：‘主人与国共休戚，不唯喜悦将丰登。须怜铁甲冷彻骨，四十余万屯边兵。’

晏殊不平之，尝语人曰：‘昔日韩愈亦能作言语，每赴裴度会，但云：园林穷胜事，钟鼓乐清时。却不曾如此胡闹。’”

晏殊乃太平宰相，既挟嫌于修，则必报之也。潘子真《诗话》云：“永叔颇闻晏因《赋雪诗》有语，其后欧守青社，晏亦出镇宛丘，欧乃作启叙生平出处，以致谢悃，其略曰：‘伏念曩者，相公始掌贯举，修以进士而被选抡，及当钧衡，又以谏官而蒙奖擢，出门馆，不为不旧，受恩知，不为不深。’晏得书，即于书尾作数语，授掌记眷本答之，甚灭裂。坐客怪而问焉，晏徐曰：‘作答知举时一门生书也。’意终不平”。

及晏卒，文忠公仍作《晏元献公挽辞》，观其辞颇有悔意矣。诗云：“富贵优游五十年，始终明哲保身全。一时闻望朝廷重，余事文章海外传。旧馆池台闲水石，悲笳风日惨山川。解官制胜门生礼，惭负君恩隔九重。”解官制胜者，文忠公以丁父母忧之制而致礼也。

欧阳修不好杜诗

人之性，各有所好，士人读书亦然。《后山诗话》云：“欧阳永叔不好杜诗，苏子瞻不好司马《史记》，余每与黄鲁直怪叹，以为异事。盖文忠公尝作《李白杜甫诗优劣说》，云：‘落日欲没砚山西，倒著接篱花下迷、襄阳小儿齐拍手，大家争唱白铜鞮。’此常言也。至于‘清风明月不用一钱买，玉山自倒非人推。’然后见其横放。其所以警动千古者，固不在此也。杜甫于白，得其一节，而精强过之。至于天才自放，非甫可到也。”欧阳永叔抑杜扬李，实为有宋一代之代表也。袁文《甕牖闲评》卷五云：“欧阳文忠不喜《中说》，以为无所取，而司马温公酷爱之；杨文公不喜杜子美诗而黄太史眷眷未尝辄去手；又苏坡喜《汉书》，而独不喜《史记》。夫《中说》、杜诗、《汉书》、《史记》人人皆知其美，而诸公所见不同如此，岂亦性情之癖耶？”

袁文所谓“性情之癖”四字绝妙，人喜豪放者多喜东坡、稼轩；喜婉约者多喜柳三变、秦少游，是亦性情之好耳，不可以贬某论之。人之读书，非但性情，年岁之变亦多有所变。若少年之人多喜诗词、小说，中年之人多喜史籍、六艺，至于老之将至则多喜哲学之思矣。欧阳永叔之所谓不喜杜诗，乃将之比于谪仙也，非不喜也。若近世之郭鼎堂，一味抑杜而扬李，盖欲媚人耳，则又非永叔之论矣。

欧阳修不矜其能

余阅宋诸贤文，感其谦恭礼让，颇有夫子之风，不似今日浮夸而喜自矜也。《昨非庵日纂》云："欧公不言文章，而喜谈政事。君谟不言政事，而喜论文集。各不矜其所能也。"《东斋记事》亦云："欧阳永叔每夸政事，不夸文章，蔡君谟不夸书，吕济叔不夸棋，何公南不夸饮酒，司马君实不夸清节，大诋不足则夸也。"

欧阳永叔文坛宗师而不夸文，君谟名列"苏、黄、米、蔡"四大书家而不夸书，吕济叔一时国手而不夸棋，何公南海饮而不夸酒，司马光儒教典范而不夸清节，是皆不矜其所能也。窃谓人皆有其所能也，凡百工概有所专，非他人所可及。孔子曰："吾不如老农"，"吾不如老圃"，是谓学有所专也。夫子自谓"温、良、恭、俭、让"，而不夸学，是亦不矜其所能也。君子而不自夸，自夸者盖无所能耳。

欧阳修不喜释氏

欧阳永叔做事皆寓深意，往往有不可测者。王辟之《渑水燕谈录》卷十载，"欧阳文忠公不喜释氏，士有谈佛书者，必正色视之，而公之幼子小字和尚。或问：'公既不喜佛，排浮屠，而以和尚名子何也？'公曰：'所以贱之也，如今人家以牛驴名小儿耳。'问者大笑，且伏公之辩也。"《道山清话》亦尝记其事。然其子孙奉释氏者甚众，往往尤严于它士大夫家。《石林避暑录话》卷一云："余在汝阴，尝访公之子棐于其家。入门，闻歌呗钟磬声自堂而发。棐移时出，手犹持数珠，讽佛名，具谢今日适斋日，与家人共为佛事方毕。问之，云公无恙时，薛夫人已自尔，公不禁也。及公薨，遂率其家无良贱悉行之。"

文忠公承昌黎之志，斥释氏，固有源也，然不禁内子，是亦夫子"祭如在，祭神如神在"之意乎？夫礼之初，祭也，天地、祖先皆以为祭，子虽不语，与之也。盖儒者崇而敬之者，以之而成政治，非以尸为祖也。文忠公不喜《礼》，然得《礼》之要旨焉。

欧阳修不以隙为嫌

欧阳永叔性谨严，行事不以隙为嫌。陈执中，字昭誉，事仁宗二为相，性严重，语言简直，与人少周旋，以至亲戚骨肉，未尝从容谈笑，尤靳恩泽，士大夫多怨之。《墨庄漫录》卷八云：陈恭公执中素不喜公，其知陈州时，公自颍移南京，过陈，拒而不见。后，公还朝做学士，陈为首相，公遂不告其门。已而陈出知亳州，寻罢使相，换观文，公当草制，自谓必不得好词，及制出，词甚美，至云："杜门却扫，善避权势而免嫌；处世执心，不为毁誉而更守。"陈大惊喜，曰："使与我相知深者，不能道此，此得我之实也。"手录一本寄门下客李师中曰："吾恨不早识此人。"又，《能改斋漫录》卷十载："江邻几与欧阳公契分不疏，晚著《杂志》，诋公尤力。梅圣俞以为言，而公终不问。邻几既死，公吊之，哭之痛，且告其子曰：'先公埋铭，修当任其责矣。'故公叙铭邻几，无一字贬之。前辈云：'非特见公能有所容，又使天下后世读公之文，知公与邻几，始终如一，且将不信其所诋矣。'"

夫昭誉虽名执中，行事偏颇，何能执于中者，仁者事君以忠，事友于信，行当止于让，言当止于温，故夫子自谓温良恭俭让耳。昭誉之不喜永叔者，私也；永叔之称昭誉者，公也。以私论，永叔诚可不告其门，以公论，则永叔秉公言辞，盖不以隙为嫌，至为邻几为铭，亦君子戒臧否之意，此正欧阳公为人称者也。若夫挟私而毁之，焉有文忠公之清名哉。欧阳永叔素喜韩昌黎，昌黎《原毁》云："古之君子，其责己也重以周，其待人也轻以约。重以周，故不怠，轻以约，故人乐为善。"永叔深得其旨焉。

欧阳修推重东坡

东坡诗文为时人所重，每落笔辄为人所传诵。欧阳公素喜东坡文，《风月堂诗话》卷上载：东坡文“每一篇到欧公处，公为终日喜，前后类如此。一日，与棐论文及坡，公叹曰：‘汝记吾言，三十年后，世上人更不道着我也。’崇宁、大观间，海外诗盛行，后生不复有言欧公者。是时朝廷虽尝禁止，赏钱增至八十万，禁愈严而其传愈多，往往以多为夸。士大夫不能诵坡诗者，便自觉气索。”

窃谓东坡诗文固佳，欧公诗文亦足为当世士人之师，况东坡乃欧公门生，而欧公推重其如斯，其胸襟坦荡可敬可佩。余谓东坡之诗文非独豪迈之气足以震撼人心，其悲天悯人之情亦足感人肺腑也，故非独士大夫推重，即士人亦重之若金玉矣。《梁溪漫志》卷七载：“宣和间，申禁东坡文字甚严，有士人窃携坡集出城，为阍者所获，执送有司，见集后有一诗云：‘文星落处天地泣，此老已亡吾道穷。才力谩超生仲达，功名犹忌死姚崇。人间便觉无清气，海内何曾识古风。平日万篇谁爱惜，六丁收拾上瑶宫。’京尹义其人，且畏累己，因阴纵之。”嗟夫，观之后世，焉有斯时之风焉？文人相轻，已成士人之风，文若己之子，无论美丑，他人不得稍言，而他人之文则无可赞者也。古之君子之风不复存矣。

潘美蒙冤

《杨家将演义》成书于明中叶，熊大木撰，大木书坊号“忠义堂”，明清演义小说自其兴焉。自《杨家将演义》刊行，妇孺皆知杨家满门忠义，而权奸之人则为潘仁美，陷杨业之死者也，或谓仁美即潘美也。

潘美，字仲询，北宋开国之名将，与太祖素厚，宋代周后，潘美乃重臣，屡建功勋。雍熙三年，攻辽败，致杨业军覆没。美之人处功高而行事谨慎，时人多有所记。宋王巩《随手杂录》载：“太祖皇帝初入宫，见宫嫔抱一小儿，问之，曰‘世宗子也’。时范质与赵普、潘美等侍侧，太祖顾问普等，普等曰：‘去之。’潘美与一帅在后不语。太祖召问之，美不敢答。太祖曰：‘即人之位，杀人之子，朕不忍为也。’美曰：‘臣与陛下北面事世宗，劝陛下杀之，即负世宗，劝陛下不杀，则陛下必致疑。’太祖曰：‘与尔为侄。世宗子不可为尔子也。’美遂持归。其后太祖亦不问，美亦不复言。”上述事可见潘美为人之仁厚也。太祖待美尤厚，《随手杂录》谓：“太祖无事时，常召潘美辈禁中议政，或与之纵饮，至令宫女解衣，无复君臣之礼。”是太祖知美忠义也。据《明史》，太祖、太宗时，诸节度皆解兵柄，独潘美不解。而其每赴镇所，辄留妻子，只携数妾以往。或有子，即遣其妾与子归京，仍具奏，乞上照管，盖其行事之慎也。自来为臣所惧者，功微则不显，功高则震主，美之功彰也，故掌兵柄而欲释上之疑，留妻子者，言己无异心耳。

上摘数事，可窥潘美其人，然不知熊大木何以独丑诋之而不遗余力？或以为杨业之亡与其有责焉。呜呼，李广之死，责在卫青，然后世未闻有诋卫青以伸广者。朱元璋尝评潘美曰：“宋潘美节义，兼善始终，可以庙祀。”可知明初时，潘美尚无恶声。夫天下事有幸与不幸，潘美无端而蒙恶名，诚所谓不幸哉。以是知优伶之辈，小说家言所说，概不可以史视之，然无端而毁人名节，实非君子之行事。复观于今之演义古史者，满剧荒唐，尤胜于熊大木焉。

钱惟演希进

钱惟演，字希圣，吴越王钱俶子，自枢密使为使相，而恨不得为真宰，居常叹曰：“使我得於黄纸尽处押一个字，足矣。”然亦未登斯位。希圣人品不足称，唯好文辞，“西昆体”赖其成也。希圣在朝无吏才，唯好读书。自谓“平生唯好读书，坐则读经史，卧则读小说，上厕阅小词，盖未尝顷刻释卷也”。欧阳希文与之有知遇之情，其尝谓“三上”者源于希圣也。其谓黄纸者，言未於中书任耳。盖宋制，上发诏诰敕制皆以黄纸书之，故亦曰“黄敕”“黄牒”“黄卷”者也。放翁《投梁参政》诗云：“平生实易足，名幸污黄纸。”放翁易足而希圣耿耿矣。

希圣生贵家，虽亦文士，然未悟一名字。西昆酬唱犹未足，日日掂量於黄纸押字，至贻笑大方，悲也。不知今日知其名者，西昆之诗也，何人晓得于黄纸押字否。

邱浚不明忠奸

明文渊阁大学士邱浚，字仲深，学识深博，著《大学衍义补》，其议论颇与人殊。自宋始，世人皆罪秦桧而冤岳飞，独浚违乖众意，谓世人浅薄。浚谓高宗非幼弱昏昧之主，秦桧非承其意，奉苟安一隅之策而杀岳武穆，岂能为之？故桧之於高宗则为有功之臣，其说招士大夫非议也。其时又有孙觌《鸿庆居士集》，其《韩忠武墓志》亦极诋岳飞。至明时，有提学佥事蔡衮《题岳武穆集》诗云："千古人来笑会之，会之却恐笑今时。若教似我当钧辅，未必相知岳少师。"引秦桧为同心而辞诋武穆，其居心殊难测料也。

噫，邱浚著《大学衍义补》，当深究於圣人之说，然《大学》开篇即言"大学之道在明明德"，浚岂能明德焉？自古忠奸两立，闾巷之人亦能辩之，浚以桧承高宗意而为之辩，谬也。为臣之道首在一忠字，忠君而在明德，若君为桀纣，岂可言忠焉？高宗畏两帝归而欲偏安，弃两帝而不顾，桧岂不明其意哉，故桧亦杀岳武穆之帮凶也。读书人首在明理，明理方无乖僻之言，若一意欲惊世骇俗而强出违乖众意之论，则必为世所诟，不可不慎也。

司马光廉洁

司马温公谦谦君子也，洁身自好，世人难及。公熙宁、元丰间尝往来于陕洛之间，从者三两人，跨驴道上，人不知其温公也。《懒真子录》卷二载：公"每过州县，不使人知。一日，自洛趋陕，时陕守刘仲通，讳航，元城先生之父也，知公之来，使人迓之，公已从城外过天阳津矣。刘遽使以酒四樽遗之，公不受。来使告云：'若不受，必重得罪。'公不得已，受两壶。行三十里，至张店镇，乃古傅岩故地，於镇官处借人复还之。"温公时辞枢密，优游洛中，不屑世务，弃物我，一穷通，自谓曰齐物子。温公固有君子之风，其廉且诚。《萍洲可谈》载："司马温公闲居西京，一日令老兵卖所乘马，嘱云：'此马夏月有肺病，若售者，先语之。'老兵窃笑其拙，不知其用心也。"

温公樽酒而不受，非其不近人情者也。人遗之慕其名耳，既无友朋之谊，受之何名？无名而受人之遗，非君子之为也。使若东坡、范文正遗之，焉能不受之哉。受人樽酒则必制於人，岂可不慎。观夫今之致仕官员，每有游，喜州县相陪，犹如旧时，迥不知相陪者亦无奈矣。古风不存，竟至如斯。

司马温公得民心

为政者之得民心否，莅位之时诚难评议，及其卒，可窥之也。司马温公自与王荆公论不合，退居西洛，人谓负天下重望十五年矣。温公薨，万民哀之，《云谷杂纪》卷三载："京师之民罢市而往吊，鬻衣以致奠。巷哭以过车者，盖以千万数。上命户部侍郎赵瞻、内侍省押班冯宗道护其丧归葬。瞻等还言：'民哭公哀甚，如哭其私亲。'四方来会葬者盖数万人，而岭南封州父老相率致祭，且作佛事以荐公者，其词尤哀。炷香于首顶以送公葬者，九百馀人。京师民画其像，刻印鬻之，家置一本，饮食必祀焉。四方皆遣人购之京师，时画工有致富者。"

呜呼，余阅史众矣，卒而万民致哀者鲜也。斯哀者，哀其失恤民之相，是温公之得民心如斯，亦其恤民也。余谓荆公之行新法，其初实亦为民计，为国计，然操之过甚，民不堪受，故诟之怨之，温公岂概非荆公之法焉，数喻其缓而弗听，至所行亦皆废矣。荆公率性，无顾恤民，故民多怨之，温公之获民心，亦非所行政法使民获利，其忠厚全德，民心归焉。

司马温公恤官妓

司马温公以高才全德，大得中外之望，然忠厚正直，出於天性，始终一节，故得天下人之称也。《东皋杂录》曰："文潞公守洛，富郑公致仕，司马温公宫祠，范蜀公自许下来，同过郡会。出四玉杯劝酒，官妓不谨，碎其一。潞公将治之，温公请书牍尾云：'玉爵弗挥，典礼虽闻於往记；彩云易散，过差可恕於斯人。'潞公乃笑而释之。"

噫，论人之贤否，诚不可风闻之也，子曰：闻其言，观其行。君子之道岂存乎典籍焉？余谓六经之义，孔门儒教，实存乎人之些微言行之中也。

若心存忠义，则其率尔所行皆合乎礼，岂为三思者欤。官妓碎杯，罪之当亦无怨；温公恕之，恤卑实为有仁。故当时士大夫论天下贤者，必曰君实。可知其道德风流，足以师表当世也。

宋太祖不杀上书言事人

陈寅恪先生《金明馆丛稿二编》云："华夏民族之文化，历数千年之演变，造极於赵宋之世。"所言何谓焉？盖宋艺祖尝立誓碑示子孙，止言二事，一不杀上书言事人，二不杀柴氏子孙。叶梦得《避暑漫抄》载："艺祖受命三年，秘携一碑，立於太庙寝殿之夹室，谓之'誓碑'，门钥封闭甚严。……及新帝即位，谒庙礼毕，奏请恭读誓词，独一小黄门不识字者从……上至碑前，再拜，跪瞻，默诵讫……君近侍皆不知所誓。"夫其誓实为三事："柴氏子孙，有罪不得加刑，纵犯谋逆，止于狱内赐尽，不得市曹刑戮，亦不得连坐支属；不得杀士夫及上书言事人；子孙有渝此誓者，天必殛之。"

呜呼，太祖善莫大矣。赖此誓碑，有宋三百馀年间，鲜有诛士大夫矣。王船山云："自太祖勒不杀士大夫之誓以诏子孙，终宋之世，文人无欧刀之辟。"神宗朝"熙宁变法"，东坡数上书言不可行新法，寻以"乌台诗案"入狱，然终得保全。其赖太祖之誓碑乎？夫以宽大养士之正气，本自贵士也。士人乃圣贤之传人，辱士人即辱圣贤，辱圣贤即辱吾国之文化，而文化为一国一民族之本，焉可辱之哉。故士有为保全民族文化而以身殉之者，若近世之王静安先生、陈寅恪先生是也。太祖誓不戮柴氏，盖其既受周之托孤，终取而代之，吾谓其内之似亦有亏者焉。然立此誓碑，其忠厚之风，胜明祖矣。

唐太宗不行诈道

唐太宗有贞观之治，人皆谓得之於善纳谏，余谓其不行诈道，实有明君之气度也。《贞观政要》载："贞观初，太宗谓萧瑀曰：'朕少好弓矢，自谓能尽其妙。近得良弓十数，以示弓工。乃曰：'皆非良材也。'朕问其故，工曰：'木心不正，则脉理皆邪，弓虽刚劲而遣箭不直，非良弓也。'

朕始悟焉。朕以弧矢定四方，用弓多矣，而犹不得其理。况朕有天下之日浅，得为理之意，固未及於弓，弓犹失之，而况於理乎？’自是诏京官五品以上，更宿中书内省。每召见，皆赐坐与语，询访外事，务知百姓利害，政教得失焉。”噫，太宗於一弓工之言而省治国之道，其有贞观之治，非虚得之也。史家称其英主，名实所至矣。《唐语林》记其一事，可知其不行诈道。盖有人言尚书令史多受赂者，乃密遣左右以物遗之。司门令史果受绢一疋。太宗将杀之，裴矩谏曰：“陛下以物试之，遽行极法，使彼陷於罪，恐非道德齐礼之义。”太宗乃免之。自此，遇事总以正大光明而行，不取诈道也。

贞观初，有上书请去佞臣者，太宗谓曰：“朕之所在，皆以为贤，卿知佞者谁耶？”对曰：“臣居草泽，不的知佞者，请陛下佯怒以试群臣。若能不畏雷霆，直言进谏，则是正人；顺情阿旨，则是佞人。”太宗曰：“流水清浊，在其源也。君者政源，人庶犹水，君自为诈，欲臣下行直，是犹源浊而望水清，理不可得。朕常以魏武帝多诡诈，深鄙其为人，如此，岂可堪为教令？”乃谓上书人曰：“朕欲使大信行天下，不欲以诈道训俗，卿言虽善，朕所不取也。”

为君之道，立信为本，子曰：“人而无信，不知其可也。”太宗弓矢取天下时，用兵用亦以诈道，而既得天下，则以信治天下，是行诈行信视其时也，行之不当则贻矣。

王安石强辩

王安石与欧阳修同朝，时有诗词往来。介甫尝有《残菊》诗云：“黄昏风雨打园林，残菊飘零满地金。措得一枝犹好在，可怜公子惜花心。”欧公见而戏之，曰：“秋英不比春花落，传语诗人仔细吟。”介甫闻之，曰：“永叔独不见《楚辞》‘夕餐秋菊之落英’耶？”（《西塘集耆旧续闻》卷一）荆公之说实强辩也。屈平《离骚》云：“朝饮木兰之坠霜兮，夕餐秋菊之落英。”盖屈平以香草喻君子之志行，饮露喻己不与同污，化用凤凰非露水不饮，非炼食不食之典，菊本高洁，尝作《菊颂》，秋菊落英亦本此。欧阳永叔言秋菊之坠非春花之落，焉得一夕而满地，荆公乃强辩夕餐落英，辩非所问也。

李义山《残菊》诗云："幽泪欲干残菊露，馀香犹入败荷风。"曹雪芹《残菊》诗云："露凝霜重渐倾欹，宴赏才过小雪时。蒂有余香金淡泊，枝无全叶翠离披。"皆无言菊之坠速也。秋菊之坠乃渐次而落，虽秋风肃杀，不能一夕而坠也。诸诗皆未如鉴湖女侠秋瑾之《残菊》，其云："岭梅开后晓风寒，几度添衣怕倚栏。残菊犹能傲霜雪，休将白眼向人看。"巾帼而胜须眉也。

王安石专以会义著《字说》

文字之制，盖有六义，人皆知之，王荆公独出手眼，撰《字说》凡二十卷，穿凿附会，贻笑大方矣。

《宋史·王安石传》载，（安石）"作《字说》，多穿凿附会，其流入于佛、老，一时学者无敢不传习，主司纯用以取士，士莫得自名说，先儒传注一切废而不用。"待新政既罢，其书亦湮没不传，今仅以前人所著窥其一二耳。荆公书既成，呈《进字说表》，云："盖闻人生而有情，情发而有声。声以类合，皆足相明。人声为言，述以为字。字虽人之所制，本实出于自然。凤鸟有文，河图有画，非人为也，人则效此。"夫荆公以为汉字之音、形含万事万物之理，"其声之抑扬、开塞、会散、出入，其形之横纵、曲直、邪正、上下、内外、左右，皆本于自然，非人私智所能也"。故其解实多谬误也。

《字说》之释字，多妄为比附，兹搜之前人笔记例之。徐健《漫笑录》曰："东坡闻荆公《字说》新成，戏曰：'以竹鞭马为笃，以竹鞭犬，有何可笑？'"介甫尝解"波"为"水之皮"，东坡戏之曰："'滑'乃水之骨乎？"介甫难于"鸠"字，询之东坡，曰："鸠字以九从鸟，亦有所证。《诗》曰：'鳲鸠在桑，其子七兮。'和爹和娘，恰是七个。"曾敏行《独醒杂志》卷五云："王荆公作《字说》，一日，踌躇徘徊，若有所思而不得。子妇造侍见，因请其故。公曰：'飞'字未得。妇曰：'鸟爪反面升也。'公以为然。"邵博《邵氏闻见录》卷二十五云："王荆公晚喜《字说》。客问：'霸'字何以从西？"荆公以西在方隅主杀伐，累言数百不休。或曰："霸从雨。"荆公随辄曰："如时雨之化耳。"

嗟夫，公概以会意逞其臆说，实如市井之拆字者也。其说多违古文字“六书”之例，仅以楷书点画而释字，故不得要旨。陆放翁尝评曰：“王氏见字多有义，遂一概以义取之……是以每至穿凿附会。”（《字说跋》）凡字不为无义，然古之制字，非专主义，或声或形，焉有一欤？

荆公既罢相，于其著尤重之。《高斋漫录》云：“有举子自京师归，公问有何新事，对曰：‘近有指挥不得看《字说》。’公曰：‘法度可改，文字亦不得作乎？’是夜，闻公绕床行至达旦，於屏上书‘司马光’三字，凡数百。其胸次不平之气，概可见也。”

王荆公不事修饰

王荆公性简率，素不事修饰，《石林燕语》卷十载，“王荆公性不善缘饰，经岁不洗沐，衣服虽弊，亦不浣濯。与吴冲卿同为群牧判官，时韩持国在馆中，三数人尤厚善，无日不过从。因相约：每一二月，即相率洗沐定力院，家各更出新衣，为荆公番，号‘拆洗王介甫’云。出浴见新衣辄服之，亦不问所从来也”。《曲洧旧闻》卷十亦载，“王荆公性简率，不事修饰奉养，衣服垢污，饮食粗恶，一无所择”。其亦介甫率性如此也，然其夫人独异好洁成癖。《萍洲可谈》卷三载：“王荆公妻越国吴夫人，性好洁成疾，公任真率，每不相合。”又载：“吴夫人有洁疾，其意不独恐污己，亦恐污人。长女之出，省之於江宁，夫人欣然裂绮縠制衣，将以赠甥，皆珍异也。忽有猫卧衣笥中，夫人即叱婢揭衣置浴室下，终不肯与人，竟腐败，无敢取者。”

一污一洁，余不知其如何相处者也。世之事皆有定数亦复有异数，介甫夫妻一污一洁，异数也；然一污一洁竟为夫妻，相安白头，岂非又一异数哉。

王荆公满门能诗

世之能诗者众也，然满门能诗者则鲜矣。王荆公名列“唐宋八大家”，诗文俱佳，除苏氏父子三人，一门能诗者仅荆公也。其子元泽尝作《倦寻芳慢》，时服其工。其词曰：“露晞向晓，帘幕风轻，小院闲昼。翠迳莺来，惊下乱红铺绣。倚危墙，望高榭，海棠经雨胭脂透。算韶华，又因循过了，清明时候。倦游燕风光满目，好景良辰，谁共携手。恨被榆钱，买断两眉长斗。忆高阳，人散后，落花流水仍依旧。这情怀，对东风，尽成消瘦。”

荆公妹长安县君，尤善诗，尝有诗寄介甫云：“少年离别意非轻，老去相逢亦怆情。草草杯盘共笑语，昏昏灯火话平生。自怜湖海三年隔，又作尘沙万里行。欲问后期何日是，寄书应见雁南征。”尝见亲族妇女有服者，带白罗系头子者，因戏为诗云：“香罗如雪缕新裁，惹住乌云不放开。还似远山秋水际，夜来吹散一枝梅。”吴安持妻蓬莱县君，荆公之女也，有句云：“西风不入小窗纱，秋意应怜我忆家。极目江山千万恨，依前和泪看黄花。”荆公尝以《楞严经》新释付之，有和诗曰：“青灯一点映窗纱，好读《楞严》莫忆家。能了诸缘如幻梦，世间惟有妙莲花。”又有刘天保妻，平甫女也，句有“不缘燕子穿帘幕，春去春来那得知”。荆公妻吴国夫人亦能文，有小词《约诸亲游西池》，句云：“待到明年重把酒，携手，那知无雨又无风。”皆清丽洒落。

荆公妻女皆善诗，实为罕有。盖闺秀诗唐人亦不能多也。李季兰、薛玄度、花蕊夫人诗为唐人中奇葩也。徐淑以伉俪唱酬，左芬以兄妹往复，班婕妤之《团扇词》，苏伯玉妻之《盘中歌》，虽令人追忆汉晋，然其篇什，亦自寥寥，累而成帙者无有焉。余读书所见唯明季叶绍袁集妻女所作《午梦堂集》，实为有明一代妇女为诗之佼佼者，其一门联珠，唱和自娱，然悲情哀怨令人掩卷不忍卒读。其与介甫一门为诗史中之二奇葩，惜介甫妻女所作皆散见於后人所述，未尝有集之者矣。

王荆公轻《五代史》

欧阳永叔撰《五代史》，笔力之健，史家皆称之也，而王荆公独轻之。《东皋杂录》云：“神宗常问荆公云：‘卿曾看欧阳《五代史》否？’公对曰：‘臣不曾子细看，但见每篇首必曰呜呼，则事事皆可叹也。’”《五总志》亦载，“王介甫意轻《五代史》。一日，因平甫案间有之，遂问曰：‘此书何如？’平甫曰：‘以明白易晓之言，叙扰攘难尽之事，未易议也’

始诚其言，以为切当”。

《宋史·欧阳修传》云：“自撰《五代史记》，法严词约，多取《春秋》遗旨。”永叔亦自谓：“呜呼，五代之乱极矣。”“当此之时，臣弑其君，子弑其父，而缙绅之士安其禄而立其朝，充然无变廉耻之色者皆是也。”盖其欲效孔子作《春秋》而使乱臣贼子惧也。至于是书，史家皆谓笔力雄健而约，可与太史公相抗，余史皆逊之矣。荆公眼高，实不曾细阅之也，其谓“但见每篇首必曰呜呼”，予谓五代之事，岂非事事可叹者乎？

王荆公至孝

王荆公行变法，天下多有诟之者，然其人性率至孝，常人不可及也。《默记》卷下云：王荆公知制诰丁母忧，已五十矣。哀毁过甚，不宿於家，以藁秸为荐，就厅上寝于地。是时，潘夙公所善，方知荆南，遣人下书金陵。急足至，升厅，见一人席地坐，露头瘦损，愕以为老兵也，呼院子令送书入宅。公遽取书，就铺上拆以读。急足怒曰：“舍人书而院子自拆可乎？”喧呼怒叫。左右曰：“此即舍人也。”急足惶恐趋出，且曰：“好舍人，好舍人。”

噫，介甫至孝也。观其天命之年也而哀毁过甚，不宿於家，行上古之礼也。孝者，人皆能言，然行之各异。孝者，非独谓能养，夫子以为“至于犬马，皆能有养；不敬，何以别之？”《盐铁论·孝养篇》云：“善养者，不必刍豢也。以己之所有，尽事其亲，孝之至也。故匹夫勤劳，犹足以顺礼，啜菽饮水，足以致敬。”故言孝者，实一己心理情感之培养也，非特言其仪式云云，朱熹曰：“孝弟也者，其为仁之本欤”。介甫率性之人，故其为亦出于至性，非复伪道学者所行也。

王琪对晏殊诗

晏殊《浣溪沙》词“无可奈何花落去，似曾相识燕归来”。脍炙人口，同叔亦因此句而传世也。然《能改斋漫录》卷十一谓“似曾相识燕归来”乃王琪所作。其云：

晏元献公赴杭州，道过维扬，息大明寺，瞑目徐行，使侍史诵壁间诗板，戒其勿言爵里姓名，终篇者无几。又俾别诵一诗云：“水调隋宫曲，当年亦九成。哀音已亡国，废沼尚留名。仪凤终陈迹，鸣蛙只沸羹。凄凉不可问，落日下芜城。”徐问之，江都尉王琪诗也。召至同饭，又同步游池上。时春晚，已有落花，晏云：“每得句书墙壁间，或弥年未尝强对。且如‘无可奈何花落去’，至今未能也。”王应声曰：“似曾相识燕归来。”自此辟置，又荐馆职，遂跻侍从矣。

此说自宋始多有言之者，《苕溪渔隐丛话》《诗人玉屑》《宋诗纪事》皆记其事。余藏钱钟书《宋诗纪事补订》手稿影印本，于王琪诗后批曰“许彦园诗论亦载此诗”。惜不知许彦园为何人，槐聚先生未对王琪续晏同叔诗有异词，似亦信其说也。

王维求仕

王摩诘年未弱冠，文章得名，且工书、善画、能诗、谙乐。开元九年，游历於诸贵之间，尤为岐王所眷重。时朝廷以科举取士，废魏晋间九品中正制，然士子欲得高中，亦受制於其名望，故时行行卷之风。若得名公巨卿一言，则高中有望也。旧传陈子昂於长安以千金购琴而毁之，亦意在猎名耳。时维方将应试，故言於岐王，仍求庇借。《集异记》载曰：岐王曰“吾为子画焉。子之旧诗清越者可录十篇，琵琶新声之怨切者可度一曲，后五日至吾。维即依命，如期而至。……岐王乃出锦绣衣服，鲜华奇异，遣维衣之，仍令赍琵琶，同至公主之第。……维妙年洁白，风姿都美，立於行。公主顾之，谓岐王曰：‘斯何人哉？’答曰：‘知音者也。’即令独奏新曲，声调哀切，满坐动容。公主自询曰：‘此曲何名？’维起曰：‘号《郁轮袍》。’公主大奇之。岐王因曰：‘此生非止音律，至於词学，无出其右。’公主尤异之，则曰：‘子有所为文乎？’维则出献怀中诗卷呈公主。公主既读，惊骇曰：‘此皆儿所诵习，常谓古人佳作，乃子之为乎？’因令更衣，升之客右。”维既以此法行卷於公主，公主则“召试官至第，遣宫婢传教。维遂作解头，而一举登第矣。”（《集异记》）

嗟乎，以右丞之才，欲一登第而屈为乐工呈公主行卷，不亦悲乎？魏晋唯重门第，至唐其风犹存，如欧阳修公取东坡兄弟，斯亦久闻其文名也。维本释门种子，其弱冠时亦不免名利之惑，叹叹。其传世者诗书画也，何人知其太乐丞哉。其弟缙亦有文名，然厕身官宦，唯利是图，今鲜有知之者也。

晏殊不谙孔颜之乐

晏同叔虽起于田里，及贵，则唯喜豪华，人或曰其富贵宰相也。《石林避暑录话》卷二谓其："惟喜宾客，未尝一日不燕饮。而盘馔皆不预办，客至旋营之。……每有宾客必留，但人设一空案一杯，既命酒，果实蔬茹渐至，亦必以歌乐相佐，谈笑杂出。数行之后，案上已粲然矣。"其既富贵，温柔乡中不复忆旧时出身矣。《青箱杂记》卷五记其"尝览李庆孙《富贵曲》云：'轴装曲谱金书字，树记花名玉篆牌。'公曰：'此乃乞儿相，未尝谙富贵者。'故公每吟咏富贵，不言金玉锦绣，而唯说其气象，若'楼台侧畔杨花过，帘幕中间燕子飞'，'梨花院落溶溶月，柳絮池塘淡淡风'之类是也。故公自以此句语人曰：'穷儿家有这景致也无？'"

嗟夫，晏同叔之富贵，直乞儿骤得百金之态矣。若言其儒则小人之儒也。孔子曰："贤哉，回也。一箪食，一瓢饮，在陋巷，人不堪其忧，回也不改其乐。贤哉，回也。"夫颜子之乐，非乐箪瓢陋巷，不以贫窭累其心而改其所乐也，故夫子称其贤。程子曰："箪瓢陋巷非可乐，盖自有其乐尔。其字当玩味，自有深意。"观同叔之文可知其志也，《宋景文公笔记》卷上云："晏相国，今世之工为诗者也，末年见编者，乃过万篇，唐人以来所未有。"然万篇诗词所传后世者仅"无可奈何花落去，似曾相识燕归来"一联耳。后来陆放翁亦存世万篇，可圈点者胜同叔多矣。盖放翁所忧所乐者，黎民社稷也，范文正公"后天下之乐而乐"，乃君子之乐，晏同叔之乐乃小人之乐也，此亦心志相异而致焉。

赵孟頫折节事元

南宋末，赵孟頫名盛於时，博学多才，能诗善文，工书，精绘，善金石，通律吕，解鉴赏，惜折节事元，终为后人所诟病矣。

夫子昂乃宋宗室，赵匡胤十一世孙，秦王赵德芳之后也。至正二十三年，行台侍御史程钜夫“奉诏搜访遗逸於江南”，引子昂於元世祖忽必烈，两年后任集贤直学士，元贞元年，与修《世祖实录》。初，元世祖诏其廷见，命书殿上春联。子昂题曰：“九天阊阖开宫殿，万国衣冠拜冕旒。”又命书应门春联，题曰：“日月光天德，山河壮帝居。”又出宋艺祖神像命之题赞，盖元世祖欲观其志尔。子昂踧踖良久，题曰：“玉带绯袍色色新，一回展卷一伤神。江南江北新疆土，曾属当年旧主人。”世祖大喜（《濯缨亭笔记》）。二联文辞极尽阿谀，如假之他人，亦属佳作，然子昂书之则有伤气节矣。至题太祖像则未敢一字赞之，岂复似赵氏子孙焉。《癸辛杂识》续集上载：“赵子昂入觐之初，上命作诗嘲留忠斋云：‘状元曾受宋朝恩，目击权奸不敢言。往事已非那可说，好将忠孝报皇元。’”盖留梦炎，号忠斋，南宋末人，恭帝时官至左丞相，宋亡而降元为官。子昂嘲其曾受宋朝恩语，焉知身为宋宗室而屈节事元人，可谓无羞耻之心也。

今人以松雪书画为贵，未省其人品污秽，然其折节事亦当为士子所惕矣。窃谓皇朝更代，士子而事新朝亦属平常，焉可强天下士子皆殉难於旧国哉？余谓子昂折节者，谓其南宋甫亡，即以旧国宗室而屈节事元人，於情於理，人何以堪哉。呜呼，余终叹松雪道人“奈何佳人却作贼”也。

卷六

白居易因诗被贬

元和十年，白乐天贬江州刺史，寻再贬司马，其因盖由乐天《赏花》《新井》两诗所致。陈振孙《白文公年谱》载：“有恶公者言其母看花堕井死，而作《赏花》及《新井》诗。……新井之事，世莫知其实。”余谓白乐天之贬实非两诗也。

元和间乐天任左拾遗，一时得意，遂亦无暇顾及身后之事矣。其《与元九书》曰：“权贵豪迈者，相目而变色”，“执政柄者扼腕”，“握军要者切齿”。呜呼，满朝树敌，焉能不败。以至乐天“换尽旧心肠”，旧心肠者，昔时“兼济天下”之雄志，今日之心肠者乃“独善其身”也。方其时也，盗杀宰相武元衡，乐天首上疏，请急捕贼以雪国耻。宰相则反以非谏职言事恶之，遂贬之。至若言其《赏花》《新井》二诗，欲加之罪焉。凡为诗者，岂有无赏花之诗哉。此事后人言之者未绝，多以为乐天因诗而罹祸也。余阅《白文公年谱》有言及其事甚详，故记之於右。其曰：高彦休《阙史》言之甚详，谓：

公母有心疾，因悍妒得之，及嫠，家苦贫。公与弟不获安居，常索米丐衣於邻郡邑，母昼夜念之，病益甚。公随计宣州，母因忧愤发狂，以苇刀自刭，人救之得免。后遍访医药，或发或瘳，常恃二壮婢厚给衣食，俾扶卫之，一旦稍怠，毙於坎井。时裴晋公为三省，本厅对客，京兆府申堂状至，四坐惊愕。薛给事存诚曰：“某所居与白邻，闻其母久苦心疾，叫呼往往达於邻里。”坐客意稍释。

窃谓凡人之坠井者，必恚恨至极也，凡人之观花者，必怡畅闲适也，安有於怡畅闲适之际而遽致沛废坠之事哉？乐天长於情，观其《长恨歌》《琵琶行》可知矣，若论赏花之诗，则其无一春无咏花之诗也，因欲籔藻其罪，何所不能欤？母死心疾，固人伦之大不幸，而传致诗篇，以成谗谤，则小人之为者也。

曾国藩纳妾

黄濬《花随人圣庵摭忆》记云："相传曾文正在两江时曾纳一姬，其事暂而秘。叔章昔以询重伯，重伯云：'诚有之，吾家人皆习知。'"重伯者文正公曾孙也。时人祝吏香《听月轩杂录》所记则与传适相反，其云："咸丰季年，湘乡相国曾侯克安庆，开府两江，门丁某为侯纳一妾於军府密室。其事甚秘，幕僚虽知之，无敢言者。公（彭玉麟）闻，亟入谏曰：'公勋望冠一时，岂可以一妇人而致生平之玷？公方禁将弁奸掳民妇，而公自蹈之，何以服众？且公新督两江，例不应取部民为妾。军中有妇人，则军气不扬。有此数端不便，愿三思之。'侯闻立命遣去。人咸谓公能直言，侯能纳谏，皆不能及。"

彭玉麟所记纯系子虚，文正公咸丰十一年十月初一日记云："前季弟代余买一婢，在座船之旁，因往一看视，体貌颇重厚，特近痴肥。"以同年十月十月廿四日云："前季弟买一詹姓女子，初十日在船一见，未有成议。旋韩正国在外访一陈姓女子，湖北人，订纳为妾，约本日接入公馆。申刻接入，貌尚庄重。中饭后，陈妾入宅行礼。"据此，则祝氏之讹，自不俟言。

窃谓文正公之纳小妾，何以众议如斯焉。盖文正公人誉之"千古完人""一代儒宗"，故其一言一行莫不注视於世人也。纳妾之事於其时，即乡野富裕之家亦属平常，况文正公乎？余疑其事者，咸丰十一年七月帝崩，依制，当为国丧，文正公纳妾事乃同年十月，况公於安庆军营纳陈氏，其事颇不可解也。或云：文正公素有癣疾，夜间须人搔抑。余意或为其实也。癣疾之发，苦不可耐，岂他人可解之者？若非妻妾，多有不便处，是以其於国丧而纳妾，亦可解矣。况大清国丧例禁娱乐，纳妾似无禁令。今人多有以文正公纳妾事诟之，不亦过矣。况后人誉其"千古完人"，而世之真有完人欤？人誉孔子为完人，然夫子常自叹己过。所谓盛名之下，其实难副，吾信之也。

陈亮讽朱熹

陈亮，字同甫，号龙川，婺州永康人。《宋史》本传谓其：“生而且有光芒，为人才气超迈，喜谈兵，议论风生，下笔数千言立就。”亮素不喜理学性命道德之说，以为空言之学无补於时，更无益抗金恢复之业，是与辛稼轩善。《桯史》卷十二载：“吕东莱死，同父以文祭之……朱晦翁见之，大不契意，遗婺人书曰：‘诸君子聚头磕额，理会何事，乃至有此等怪论。’同父闻之不乐。它日，上书孝宗，其略曰：‘今世之儒士，自谓得正心诚意之学者，皆风痹不知痛痒之人也。举一世安於君父之大仇，而方且扬眉拱手以谈性命，不知何者谓之性命乎？陛下接之而不任以事也，臣以是服陛下之仁。’”其意盖以讽朱熹也。

余谓陈同甫非狂即妄，平生未尝将一兵，战一役，数十徒聚而论之，其非亦空谈者乎？朱子道德性命之说，在於人本，本立而复有所为，岂同甫辈可知者焉？余尝见纪晓岚评其语曰：亮“才气雄毅，有志事功，持论乃与朱子相左。……足见其负气傲睨，虽以朱子之盛名，天下莫不攀附，亦未尝委曲附和矣。……其才辩纵横不可控勒，似天下无足当其意者。使其得志，未必不如赵括、马谡狂躁偾辕。”是谓中肯之论也。

陈师道连襟交恶

陈师道，字履常，一字无己，号后山居士。师道列苏门六君子，主江西诗派，其诗以拗峭惊警见长。元祐初，苏子瞻等荐其文行，起为徐州教授，历仕太学博士。师道性高洁，不事权贵，《昨非庵日纂》二集卷二载：“傅公钦之初为吏部侍郎，闻师道游京师，欲与相见。先以问秦观，观曰：‘师道非持刺字、俛理色、伺候乎公卿之门者，殆难致也。’公曰：‘非所望也，吾将见之，惧其不吾见也，子能介於陈君乎？’”少游与后山善，知其人故有是言也。师道敬苏子瞻，《容斋三笔》卷六载：“无己官於彭城，坡公由翰林出守杭，无己越境见之於宋都，坐是免归，故其诗云：‘一代不数人，百年能几见？昔为马首衔，今为禁门键。’”师道真性情中人也，然其与连襟赵挺之素交恶，时人尽知。

赵挺之，字正夫，子明诚，李清照为其媳也。时挺之为相，然为士人所诟。东坡谓其“聚敛小人”，学问、道德皆不可取，师道亦恶之。《鹤林玉露》丙编卷四载：“陈后山为馆职，当侍祠郊丘，非重裘不能御寒，后山止有其一。其内子与赵挺之之内，亲姊妹也，乃为赵假一裘以衣之。后山问所从来，内以实告。后山曰：‘汝岂不知我不著他衣裳耶。’却去之，止衣一裘，竟感寒疾而死。”呜呼，后山恶其人复鄙其衣，风骨如此，无愧苏门君子也。余复叹易安居士何有如此之翁，亦为明诚一叹也。

程子拜佛

余素叹服孔子“祭如在，祭神如神在”语，盖夫子虽“不语怪力乱神”，然其于祭则“吾不与祭，如不祭”。其如祭也，毕恭毕敬，全无矫作也。

《山志》载：程子伊川游僧舍，一后生置坐，背佛像，伊川令列坐。门人问曰：“先生平日辟佛老，今何敬也？”伊川曰：“平日所辟者道也，今日所敬者人也。且佛亦人耳，想在当时，亦贤于众人者。故辟其道而敬其人也。”伊川先生之说主“穷理”，谓“天下之物皆能穷，只是一理”。其高足尹和靖亦云：“先生在从班时，朝士迎天竺观音於郊外，先生与往。有问：‘何以迎观音也？’先生曰：‘众人皆迎，某安敢违众。’又问：‘然则拜乎？’曰：‘固将拜也。’问者曰：‘不得已而拜之欤，抑诚拜也？’曰：‘彼亦贤者也，见贤斯诚敬而拜之矣。’”大哉程子，非大学识，大胸怀者焉能如此。自宗教兴，儒、释、道以至天主、基督、伊斯兰诸教，凡信者皆以一己而斥别教，名之曰正信也。然吾儒学，其包容也浩瀚至宇宙鸿荒。伊川先生所谓“彼亦贤者”，固视其亦一时有为者，非复因其道之不合而斥之。其言与孔子之谓“祭如在”仁心大同，不为古今而殊。

余素膺服夫子“祭如在”之论，故于佛殿、道观、教堂乃至清真，若至则必以礼而拜之，心底不敢存一丝轻慢，非拜其道也，以释迦、老子、基督、穆罕默德皆一时贤者也。窃谓凡能成一教者，若非有大智慧不能成，故其创教者亦必为一时之贤者也。

帝王称孤寡

古之帝王自称曰“孤”，曰“寡”，曰“不谷”，人多为之惑。孤者独也，《孟子·梁惠王下》：“幼而无父曰孤。”寡者少也，谓老而失偶者，《管子·入国》：“妇人无夫曰寡。”然古之帝王诸侯皆以“孤”“寡”为谦称。《吕氏春秋·君守》：“君民孤、寡，而不可障壅”，高诱注：“孤、寡，人君之谦称也。”《战国策·齐策四》：“夫孤、寡者，人之困贱下位也，而侯王以自谓。”《淮南子·原道》：“是故贵者必以贱为号”，高诱注：“贵者，谓公王侯伯，称孤、寡、不谷，故曰以贱为号。”

然则帝王何以以贱称而自谓，训者各异。或谓君主以己为贱，为少德之人，乃谦辞也。《老子》三十九章：“贵以贱为本，高以下为基，是以侯王自称孤、寡、不谷”；又四十二章：“人之所恶，唯孤、寡、不谷，而王公以为称。”《庄子·盗跖》载孔子之言：“凡人有止一德者，足以南面称孤矣。”《孟子·梁惠王上》“寡人之民不加多”，朱熹注：“寡人，诸侯自称，言寡德之人也。”或谓古之王侯初即位，而先王未葬，为表悲情而自称“孤”“寡人”，以示为先人所弃，为上天所弃，后遂以为自谦之词也。《左传·庄公十一年》载臧文仲曰：“列国有凶，称孤，礼也。”《礼记·曲礼下》谓诸侯“其在凶服，曰适子孤”；又《杂记上》谓诸侯卒，继位者“讣於他国之君，曰：‘寡君不禄，敢告於执事。’夫人曰：‘寡小君不禄’。”

君主称孤、寡，战国之时所见甚多，然先秦时，周王未称孤、寡，称孤道寡者皆列国之君或诸侯也。至始皇帝一统天下之时，尝自称“寡人”，至议帝号则以“朕”为自称，弃孤、寡之称也。是知孤、寡乃小国之君、诸侯王之自称，周天子不用，故始皇帝亦弃孤、寡而用朕矣。故《称谓录》卷九“天子自称”条曰：“孤、寡、不谷皆诸侯自称，而天子不必以此自称也。”

秦汉之后，此习相沿。凡大一统之王朝君主不称“孤”“寡”。割据偏安之君主、诸侯则时或以“孤”“寡”自称之。若汉初韩王信语汉高祖曰：“陛下擢仆起闾巷，南面称孤，此仆之幸也”（《史记·韩信卢绾列传》）。齐王田横曰：“横始与汉王俱南面称孤”（《史记·田儋传》）。东汉末，

卷六

曹操封魏公，即自称“孤”，其名言曰：“设使国家无有孤，不知当几人称帝，几人称王”（《三国志·魏书·武帝纪》注引《魏武故事》）。阅《三国志》，袁绍、孙策、刘备皆自称“孤”，诸葛孔明亦尝自称“孤”。《三国志·蜀书·谯周传》注引《蜀记》：“周初见亮，左右皆笑。既出，有司请推笑者，亮曰：‘孤尚不能忍，况左右乎。’”

余尝见今有为文者，於一代之帝王而自称“孤”“寡”，未谙其理也。

范仲淹受挫公使钱

有宋一代，自州府以上官署例有公使钱，若今之办公费，其用为招待宾客及祭祀杂项。公使钱岁由朝廷下拨，名为正赐钱，各有司额等不一，如国子监岁额为千贯。北宋时，奢靡风行，朋党亦起，官署间多以公使钱馈赠。一代名臣范仲淹力推庆历新政，惜受挫于公使钱，亦其始料不及矣。

盖庆历间，希文公以宰相杜衍之助，力推新政，未几，败于公使钱之案。初，希文公自西部边陲诏归朝，任执政大臣，然新政未推，公使钱案发。或言希文公所荐于抗夏役中建功之官员均有贪污恶行，若泾州滕宗谅、尹洙及名将狄青等亦在其中。仁宗怒，诸人均下狱。及审，皆因边陲重镇，所费颇繁，公使正赐杯水也，为补一足，故贩茶米，以增公费，所得资无一毫入私囊。然天子之案，滕宗谅诸人虽不以贪污坐罪，亦皆贬任远郡，新政之辈尽失也。后新政党人苏舜钦、刘巽等又因公使钱被劾，舜钦乃希文公荐举，依连坐制，迫而辞官。

余阅《续资治通鉴长编》，感公使钱之弊而毁一代名臣，然祸兮福倚，及滕宗谅守巴陵郡，重修岳阳楼，复有希文公《岳阳楼记》，不亦幸事乎？滕宗谅字子京，即《岳阳楼记》中所谓“滕子京谪守巴陵郡”者，其为官清廉，及谪守岳州，乃重修岳阳楼。《涑水纪闻》记其修楼之资亦颇有趣，谓其知岳州初，欲重修颓楼，然苦于乏资。时民间多有借贷而不归者，告于官衙，子京乃亲为讨债，及得钱万缗，用于修楼之费，债主亦皆欢欣。子京之名亦因楼因文而垂于世，不亦幸哉。

号谥连称

古人之谥，原仅一二字，然后之称其则非特止称其谥，若今人称曾国藩为“曾文正公”，称左宗棠为“左文襄公”等，所称公、王、侯者，非谥，此习古之所谓“号谥连称”也。号谥连称者若鲁哀公、秦庄襄公、魏武帝、诸葛忠武侯、欧阳文忠公、王文成公等，其哀、庄襄、武、忠武、文忠、文成皆谥也。

《通典》卷六十四曰：“欲但言谥，不忍死之；欲但言号，又是实死，故以号谥，文王、武王是也。”唐宋之前，得谥之人皆有爵位，无爵则赐谥之时加公、侯、子类号。《陔余丛考》卷十六曰：“汉以来谥法，皆与其官爵并称，大者则曰某王，次者则曰某侯，盖犹春秋战国之遗法也。”“六朝时，又按其官位之大小而分别王、公、侯、伯、子……凡谥皆连爵并称，非如后世但赐某谥也。”

余考之史籍，无爵者得谥非鲜，凡各朝大儒、隐士、孝子、烈妇甚而僧道亦多有得谥者，其谥号后亦有以称之也。南朝梁武帝尝赐道士陶弘景“诏赠中散大夫，谥曰贞白先生”（《梁书·陶弘景传》）。北魏明元帝赐僧人法果“追赠老寿将军、赵胡灵公”（《魏书·释老志》）。此乃官位例不及谥，而出於特恩者也。唐宋之后，得谥之人多无爵，人遂於谥后加一“公”字，以示敬耳，自唐至清，千年未易。

洪迈使金辱命

洪景卢所著《容斋随笔》《夷坚志》，今人多喜之。余读宋人野乘记其使金辱命事，亦白璧微瑕也。

盖绍兴三十二年，金世宗完颜雍遣使议和，迈为接伴使，继以翰林学士充贺金国主登位使。金人欲迈行陪臣礼，迈初执不可，既而金人锁馆绝食，自旦至暮，迈惧留，乃易表授之。及归，御史张震劾其使金辱命，论罢之。《鹤林玉露》丙编卷三记其事云：“绍兴辛巳，亮既授首，葛王篡位，使来修好，洪景卢往报之。入境，与其接伴约用敌国礼，伴许诺。故沿路表章，皆用在京旧式。未几，乃尽欲回，使依近例易之。景卢不可。於是扃驿门，绝供馈，使人不得食者一日。又令馆伴者来言，顷尝从忠宣公学，阳吐情实，令勿固执，恐无好事，须通一线路乃佳。景卢等惧留，不得已，易表章授之，供馈乃如礼。”

嗟乎，景卢博学，焉不知使而辱命者，所辱者国也，以一饭不馈而惧，以惧其留而屈，实不可恕也。景卢素有风疾，头常微掉，时人为之语曰：“一日之饥禁不得，苏武当时十九秋。传与天朝洪奉使，好掉头时不掉头。”（《坚瓠癸集》卷三）时太学诸生闻之，作词以讽之《南乡子》词讽之云“洪迈被拘留，垂哀告彼酋。七日忍饥犹不耐，堪羞。苏武曾禁十九秋。厥父既无谋，厥子安能解国忧。万里归来夸舌辩，村牛。好摆头时不摆头”（《宋稗类钞》卷六）。词云“厥父既无谋”者，盖迈父皓尝以礼部尚书使金，遭拘荒漠十五载，不屈，终以全节而归，时誉为苏武第二。洪景卢喜著书，所记者泛也，余效其颦，亦以记之。

皇与帝

今人习以古之帝王称皇帝，然皇帝一词实自秦始，故以“始皇帝”称之。秦之前，有称“帝”者，有称“皇”者，然无称“皇帝”者。

“三皇五帝”之“三皇”之称，始见於《周礼·春官·外史》；“五帝”之称始见於《易·系辞下》。寻之典籍，何谓“三皇”，何谓“五帝”，记述各异，盖其源於古之传说，未可深究也。

先秦之时，未有以“皇”称人君者，盖其原非名词。古文献所谓“皇天”“皇王”“皇君”“皇考”“皇祖”者，皆形容之词，类后世之“煌”，其义乃大、美也。《说文》释“皇”为“大也”；《广雅·释诂》释“皇”为“美也”。《诗·小雅》之《皇皇者华》，毛《传》释“皇”为“犹煌煌也”。以其初义而引申，“皇”方表煌煌然之事物，於祖先神明亦称之“皇”也。若屈原《离骚》“皇览揆余初度兮，肇锡余以嘉名”之“皇”，《远游》“凤凰翼其承旂兮，遇蓐收乎西皇”之“西皇”即为称其祖神也。秦之前，无君主以“皇”称之者。袁庭栋先生以为：《诗·大雅·文王有声》有“皇王”，《书·吕刑》有“皇帝”，《书·顾命》有“皇后”，其“皇”字皆为形容之词，以为修饰之语，唯“王”“帝”“后”方为古时君主之称。“后”之初义乃谓发号施令之人君，秦之后方为帝王正妻之称。

古之“帝”乃神，是谓上帝、天帝，人君则称“王”也。人君称王，神灵称帝。《礼记·曲礼下》曰：“措之庙，主之木，曰帝”，郑玄注：“同之天神”，谓王既亡即升天为神，斯时可曰帝也。《荀子·强国》“百姓贵之为帝”，杨倞注：“帝，天神也。”今人称黄帝、炎帝、帝尧者，皆予神话人君之称也。

战国之时，诸侯皆称王，与周时无异。方其时，七雄争霸，齐、秦以“帝”而称。秦昭王尝称“西帝”，并尊齐湣王为“东帝”，然齐湣王不敢受，仅两月即废之，秦昭王寻亦废其帝号。以是知“帝”之号至尊者也。

至秦一统天下，志骄气盈，故“号曰皇帝”，是取“三皇”之“皇”，“五帝”之“帝”而成。是时赵高即告天下曰：“秦故王国，始皇君天下，故称帝。今六国复自立，秦地益小，乃以空名为帝，不可。宜为王如故，便。”（《史记·秦始皇本纪》）。

秦末，楚汉相争，无论陈胜，抑或项羽、刘邦，皆称王而未敢称帝也。他如陈王、楚王、齐王、赵王愈不足论矣。及刘邦击杀项羽，天下既定，“诸侯及将相相与共请尊汉王为皇帝”，而刘邦尚“不敢当帝位”，“三让，不得已，曰：‘诸君必以为便，便国家’。乃即皇帝位於汜水之阳”（《史记·高祖本纪》）。以是皇帝之称得以沿用也。二千年间，唯唐之女皇武则天时称“天后”，亦属个例耳。

夫皇与帝，合之为一，分之则复有别。秦始皇自称皇帝，追尊其父秦庄襄王“太上皇”；汉高祖称帝后，亦尊其父“太上皇”，言太上皇而不言太上帝，《史记·高祖本纪》“高祖乃尊太公为太上皇”下《索隐》引蔡邕曰：“不言帝，非天子也。”颜师古注《汉书·高帝纪》“尊太公曰太上皇”曰：“不预治国，故不言帝也。”曹魏时，王肃释曰：“汉总帝皇之号，称为皇帝，有别称帝，无别称皇，则皇是其差轻者”（《三国志·魏书·王肃传》）。

魏晋之后，皇、帝之称时亦不甚明。唐高宗上元二年尝自称“天皇”，唐玄宗尝称之“明皇”，臣子亦称之“皇上”，是亦为个例耳。

黄濬之汉奸情结探源

民国间黄秋岳有文名，其受知於梁任公，得陈宝琛、严复赏识，所著《花随人圣庵摭忆》《壶舟笔记》，人比之於《容斋随笔》，亦可谓一时才子也。然自倭寇侵华之战始，即沦为汉奸，以通日罪，父子俱伏法白门。后人阅其文，叹其人，於其沦落之因不免惑矣。余近读其《盗贼对文化之残毁》文，悟其汉奸情结实由来已久，迥非一时失身者也。

秋岳於中华文化以为“夷考旧史，入寇中国之异族，破隳焚掠极酷者，实不甚多。若拓跋魏，若辽、金，以及满清，皆有所建设。蒙古虽甚暴，而其后亦多创置”。“元代诸帝，尽力於文化事业，气魄尤为雄伟。大都制作，超轶前朝，迥非南方诸城可比。”“今日中国精美之城邑，仅有北京，而北京之所以有此风格，乃自辽、金、元诸代承袭而来，异族帝王有造於中国如此，关心中国文化者，不可不知此盛衰起伏之迹。”其於外族入侵之种种恶迹，茫然无视，而专注於一城一室之建设，殊不知斯城斯室之建设者亦吾中华之匠工也。其於赞赏外寇之馀复切齿内乱之汉民，曰：“余则谓残毁文化最力者，实为国中盗贼。且如关洛文物，荡扫之者，黄巢，朱温以降，群盗如毛。三百年间，闯、献之后，不久又有川陕教匪，不久又有回乱、捻匪，以暨於白狼与诸军阀之争，焚斫洗荡，驯成今日之状。故国之不强，文化之不振，未可概罪於异族也。”

嗟乎，黄秋岳之谬论，可谓汉奸之情结也。斯於历代外寇入侵殊无愤慨之言，而专注所谓建设，外寇之建设乃欲长久奴吾尔，岂为中华之建设者欤？至于历代之乱，战火之焚毁者自不可免，考之西洋诸国，何国无有？秋岳则专责之於黄巢朱温，其意殊不可解也。其於国民政府任职时，倭寇侵我，所毁所掠文物岂可胜计，秋岳未置一言，其汉奸情结可窥焉。呜呼，秋岳原本佳人，奈何佳人做贼，尤为可憎。

君主政体受制

夫坊间流行史书，概谓自秦至清朝之政体为君主专制，且谓之残暴、独裁，此说过矣。余退食之馀，聊以读史遣日，观夫历代政体，君权虽尊，亦有所制，若廷议，若守法，若台谏，若敬天法祖，君主无不受制於斯，即有一二专横者，亦复破家亡国之君也。若夫汉武、文景、唐宗宋祖，乃至明清之太祖太宗时，概重廷议，守法、台谏，敬天法祖，绝无朕即天下之为也。

盖上古之时，国有大业，决於群议，千年一贯之制也。春秋之时，子产执政於郑，民议於乡校，或曰毁之，子产不允。秦汉以来，国有事则交廷议，君无成见。汉武以来，盐铁之争，桑弘羊与贤良文学诘难久之，词辩云涌，君主几为贤良文学所屈。有宋一代，每在大事，必令两制侍从诸臣集议。王介甫变法，司马温公、东坡等极具口辩也。明之内阁六部都察院通政司六科诸臣集议，清之王大臣会议，与人虽异，然君主不以私见独断大政，历朝一以贯之也。

自秦始，各代皆制法典，自君主而下，以纲纪政事，维持国本，虽君主不可违也。汉文帝史谓明君也，其幸臣邓通，尝在帝旁有怠慢之礼，丞相申屠因言朝廷之礼不可不肃，罢朝坐府中檄召通至相府，不来且斩。通求救於帝，帝令诣嘉，免冠顿首徒跣谢，嘉谓小臣戏殿上，大不敬当斩，史今行斩之，通顿首，首尽出血不解，文帝闻而赦之。《涑水记闻》卷一载："太祖时，尝有群臣立功，当迁官。上素嫌其人，不与，赵普坚以为请。上怒曰：'朕固不为迁官，将若何？'普曰：'刑以惩恶，赏以酬功，古今之通道也。且刑赏者，天下之刑赏，非陛下之刑赏也，岂得以喜怒专之？'上怒甚，起，普亦随之。上入宫，普立於宫门，久之不去。上寤，乃可其奏。"又明太祖时禁私茶出境，驸马都尉欧阳伦违之，伦妻安庆公主乃马皇后所生女也，然伦终以赐死。史乘所载，君主依法行事者比比也。盖君不守法则政治失常，臣下固无所绳，亡国之祸，跷足可待矣。

自汉建台谏之制，历代循之未之废。台谏以直陈主失，尽言直谏为职，批龙鳞，捋虎须，且例君主不得诛言官也。若魏徵事太宗，直言无所避，太宗无不曲意从之，肇成贞观之治。宋之言官气焰尤盛，包拯论事仁宗前，唾沫四飞，仁宗谓妃嫔：被包拯唾了一面。《曲洧旧闻》卷一载：“仁宗皇帝至诚纳谏，自古帝王无可比者。一日，朝退至寝殿……及内夫人至，放理发次，见御怀中有文字，问曰：‘官家，是何文字？’帝曰：‘乃台谏章疏也。’曰：‘所言何事？’曰：‘霖淫久，恐阴盛之罚，嫔御太多，宜少裁减。’掌梳头者曰：‘两府、两制，家中各有歌舞，官职稍如意，往往增置不已。官家根底剩有一两人，则言阴盛须待减去，只教渠辈快活。’帝不语。又问曰：‘所言必行乎？’曰：‘台谏之言，岂敢不行？’又曰：‘若果行，请以奴奴为首。’盖恃帝宠也。”奴奴者，掌梳头者也。窃谓奴奴之言亦由衷也，然台谏既成议，帝不得违也。故知言官以进言排箴为尽职，人君以受言改过为美德，台谏之制，功莫大焉。

又两汉以来，董仲舒倡天人合一，君主奉敬天法祖为信条。敬天所以治国，法祖所以成宪。凡有事言官则假天异而谏之，故人君亦为之所缚。夫两千年间，唯王荆公言：“天颜不足畏，祖宗不足法，人言不足恤。”亦一奇数焉。

是知君主之制非专制之制，苛政猛於虎，上古有之，然亦偶然之畸形之时，若求之於千年之史，则非也。清朝之时，自乾嘉后，台谏松弛，不复旧时，然至光绪朝，清议复起，帝亦不得尽违之也。今人治学求之於书，不知书之误人，善治学者当求之於史，正史野乘间而求之，方可求其真焉。

君子之争

放翁《老学庵续笔记》云：“王荆公、司马温公、吕申公、黄门韩公维，仁宗朝同在从班，特相友善。暇日多会於僧坊，往往谈燕终日，他人罕得而预，时目为‘嘉祐四友’。”然介甫与君实之争，世所皆知者也。今人言及安石变法，则视君实为保守，以为两者相斗，水火不相容也。然其所争，岂俗辈可知者欤？吾谓介甫与君实之争，乃君子之争而非小人之争焉。

盖介甫、君实之争乃施政之异耳，其欲达者一也。以其君子之争，故胸襟坦荡而无私，亦绝无诋毁之言行。君实《与王介甫书》云：“孔子曰：益者三友，损者三友。光不才，不足以辱介甫为友；然自接待以来，十有余年，屡尝同僚，亦不可谓之无一日之雅也。”介甫《答司马谏议书》则云“与君实游处相好之日久”，“无由会晤，不任区区向往之至”。所言当非虚文也。方值介甫行新法，君实尝三劝谕，不可“用心太过，自信太厚”，借以“尽益友之忠”。法既行，君实则隐於洛阳，撰书以示不予。时吕海尝数劾介甫，及卒，君实为之书铭，言及新法害民语。人窃而谢于介甫，欲伤君实，介甫览而悬於壁，曰“君实之文，西汉之文也”，盖介甫与君实诚君子之交也。君实尝言：“光与介甫，趣向虽殊，大归则同”。介甫亦尝言：“议事每不合，所操之术多异故也。”及哲宗即位，高太后临朝，介甫罢相，避於金陵。介甫卒，君实深悲之，曰：“介甫文章节义，过人处甚多……方今矫其失，革其弊，不幸介甫谢世，反复之徒必诋毁百端，光意以谓朝廷宜优加厚礼，以振起浮薄之风。”《邵氏闻见录》亦云：“荆公以行新法作相，温公以不行新法辞枢密何，反复相辩论，三书而后绝。荆公知温公长者，不修怨也。”

嗟夫，欧阳文忠公尝作《朋党论》曰：“君子与君子以同道为朋，小人与小人以同利为朋”，斯言善矣。子曰：“君子和而不同，小人同而不和。”所言君子者，介甫与君实也。君子心和然其所持政见焉能尽一，故曰不同；而小人所嗜好者利也，纷其所争，故曰不和也。余所叹而悲之者，今之君子之争鲜矣。

马一浮楷定国学名义

吾国民於学术尤喜逞一时之热，余生也晚，亦复睹红楼之热，鲁迅之热，其热也炽而冷也速，唯雪芹、鲁迅蒙污耳。近岁，复燃国学之热，墙头巷尾间皆书孔孟片言，一时大师频出，杂项艺技皆谓之国学之延，呜呼，其岂知何为国学者耶?

国学之名始于《礼记》，谓国立之学也。晚清以还，西学渐进，章太炎复以国学以对之西学，然与古之国学者大异其趣也。胡适之尝谓国学乃国故之学，其义涵诚为过泛，复有谓国学乃中国固有学术之说，以此而论，则不知为何种学术者也。会稽马一浮乃界定国学乃“六艺之学”，斯得真谛矣。蠲叟谓：

“今先楷定国学名义。举此一名，该摄诸学，唯六艺足以当之。‘六艺'者，即是《诗》《书》《礼》《乐》《易》《春秋》也。此是孔子之教，吾国二千余年来普遍承认一切学术之原皆出于此，其余都是六艺之支流。故六艺可以该摄诸学，诸学不能该摄六艺。今楷定国学者，即是六艺之学，用此代表一切固有学术，广大精微，无所不备。"（《马一浮集》卷一）

蠲叟谓经、史、子、集四部，经部诸书皆由"六艺"繁衍，《十三经》概不离"六艺"之属。史部之《史》《汉》皆为《春秋》之遗意，而观其多录诏令奏议，又可视为《尚书》之遗意。至于《通典》《通志》《通考》《通鉴》，蠲叟则曰："编年纪事出于《春秋》，多存论议出于《尚书》，记典制者出于《礼》。"至于集部，蠲叟复曰："文章体制流别虽繁，皆统于《诗》《书》。"又曰："《诗》以道志，《书》以道事，文章虽极其变，不出此二门。"复曰："《诗·大序》曰'治事之音安以乐，其政和；乱世之音怨以怒，其政乖；亡国之音哀以思，其民困。'三句便将一切文学判尽。"如此诠解，则"六艺"之统摄"四部"说成也。

然六艺之后，诸子辈出，儒、墨、名、法、道并列，至汉董仲舒后，儒家独尊，诸子之说相对，言"六艺统诸子"复作何解哉？蠲叟以为若明"六艺统诸子"之理，须先行明"六艺"之流失。其引《经解》曰："《诗》之失愚，《书》之失诬，《乐》之失奢，《易》之失贼，《礼》之失烦，《春秋》之失乱。"以为"六艺"之流失，於诸子最为明显。之所以流失者，盖墨家统于《礼》，名、法家亦统于《礼》，道家统于《易》。故老子得之于《易》者为多，其失也多；庄子得于《乐》者多，其失之也多；墨子《兼爱》《尚同》出于《乐》，《节用》《尊天》出于礼，其于《礼》《乐》乃得少失多；法家兼道家特点，其于《礼》《易》，亦得少失多；惠施、公孙龙子得少失少；荀子得多失少；杂家亦得少失少；农家与阴阳家虽出于《礼》《易》，因末流卑陋，无足判。故其曰："观于五家之得失，可知其学皆统于六艺，而诸子学之名可不立也。"（《论六艺该摄一切学术》）

蠲叟既云六艺该摄一切学术，复以为西来之学术亦可统于"六艺"之内。其曰："六艺不唯统摄中土一切学术，亦可统摄现在西来一切学术。举其大概言之，如自然科学可统于《易》，社会科学（或人文科学）可统于《春秋》。因《易》明天道，凡研究自然界一切现象者皆属之；《春秋》明人事，凡研究人类社会一切组织形态者皆属之。"（《论西来学术亦统于六艺》）蠲叟之言说固振聋发聩，惊世骇俗，然吾以为其理甚明，昔竺可桢君聆其论说亦谓“其理亦甚明显”。

余谓今日之教育，必当深明鬮叟之定义，盖其学理内涵尤为恰切，当有助于厘清国学概念之乱象及滥用也。若明其说，国学复归中华文化之初典，吾国人为人、立国之特殊精神实在六经也。

冒顿单于嫚书之辱

自汉高祖白登之围，匈奴冒顿单于势益强。灭东胡王，而虏其民人及畜产。西击走月氏，南并楼烦、白羊河南王。悉复收秦所使蒙恬所夺匈奴地者。中国罢於兵革，以故冒顿得自强。及高祖崩，三年，冒顿单于书吕后，《史记》载云：

“高祖崩，孝惠、吕太后时，汉初定，故匈奴以骄。冒顿乃为书遗高后，妄言。高后欲击之，诸将曰：‘以高帝贤武，然尚困于平城。’於是高后乃止，复与匈奴和亲。”

冒顿之书，太史公仅以“妄言”一词带过，以至读《史》者不知所云矣。幸《汉书》卷九十四《匈奴传》记其事，录於右。

“孝惠、高后时，冒顿寖骄，乃为书，使使遗高后曰：‘孤偾之君，生於沮泽之中，长於平野牛马之域，数至边境，愿游中国。陛下独立，孤偾独居。两主不乐，无以自虞，愿以所有，易其所无。’高后大怒，召丞相平及樊哙、季布等，议斩其使者，发兵而击之。”

顾炎武以为：“《匈奴传》：‘孤偾之君。’‘偾’如《左传》‘张脉偾兴’之‘偾’。《仓公传》所谓‘病得之欲男子而不可得也’。‘张脉偾兴’一词源于《左传·僖公十五年》：‘乱气狡愤，阴血周作，张脉偾兴，外强中干，进退不可，周旋不能，君必悔之。’洪亮吉释为‘血管之涨起者’。”钱钟书以为：“顾氏不欲明言，故借《仓公传》语示意，谓冒顿自称‘孤偾’，乃‘欲女子而不能得’，‘有鳏夫见寡妇而欲娶之’耳。‘所无’、‘所有’亦秽媟语，指牝牡。”

冒顿之书，辱吕太后甚矣，然马迁录之於曲笔，若无班固之记，千年后人不复知冒顿之所谓“妄言”者为何也。嗟夫，太史公以孔子自诩，自谓已之生也乃为续接夫子，成其未竟之业焉，是以其为文也多为雅驯，素恶秽媟之语。其书《史记》也，多以孔子著《春秋》为则，“幽、厉之后，王道缺，礼乐衰，孔子修旧起废，论《诗》《书》，作《春秋》，则学者至今则之”。

余谓太史公之书也有章有隐，行文既若书冒顿与吕太后书之曲笔，亦有所谓“不隐恶”之直书，其隐其直盖有所取也。其书高祖，多有不隐者，虽恶之甚未为之隐。“欲过沛，收家室而西；楚亦使人追之沛，取汉王家。家皆亡，不与汉王相见。汉王道逢得孝惠、鲁元，乃载行。楚骑追汉王，汉王急，推堕孝惠、鲁元车下，滕公常下收载之，如是者三。”呜呼，虎毒不食其子，汉王之为者何哉？然太史公之实录无隐未见之於本纪，其事迹移至《项羽本纪》，抑为尊者讳欤？抑为史家之曲笔欤？吾不得知也。

孔子以春秋笔法欲使“乱臣贼子惧”，然《春秋》亦为尊者讳也。太史公曰：“孔氏著《春秋》，隐桓之间则章，至定哀之际则微，为其切当世之文而罔褒，忌讳之辞也。”其言善矣，余观夫《春秋左传》，於隐公、桓公之事述之甚详，至定公、哀公之事则所云简且略，盖有所忌讳也。呜呼，为文之道古今一理，岂太史公能免者欤？马迁以曲笔记冒顿“嫚言之辱”，而班固则可直书其事，盖时之异也。夫今人书清朝、民国事固可无所讳，然清朝、民国间人书当世事焉可无所讳哉？虽良史亦不可免，此后来读史者当明之矣。

庙号始末

古之帝王卒，必建祭祀之庙或於太庙立室奉祀，奉祀不称名，追以称号，谓之“庙号”，若“唐太宗”“明成祖”者，其“太宗”“成祖”即所谓“庙号也”。

庙号之始，据刘知几《史通》卷四《称谓》：“古者天子庙号，祖有功而宗有德，始自三代，迄於两汉，名实相允，今古共传。”刘氏以为“始自三代”也。宋刘攽则谓：“有功亦称祖，商祖甲是也”（《资治通鉴·汉景帝前元年》注引《贡父曰》），以为商之“祖甲”即庙号也。《史记·殷本纪》太甲称太宗、大戊称中宗、武丁称高宗。然马迁著《史记》，“文献不足征”，故其著亦不可以“信史”视之。殷代卜辞诚有祖甲、祖乙、高祖甲、后祖乙、小祖乙之称，然亦有大甲、小甲、大乙、小乙、报乙、报丙、羌甲、盘庚者。是甲骨学家以其称为庙号，然其称与自汉至清两千年间之庙号迥非一辞焉。

周、秦、汉初无庙号，庙号之称始於西汉景帝。刘邦卒，“上尊号为高皇帝”（《汉书·高帝纪》注），其尊号实为谥号也。汉孝惠帝刘盈仅谥号“孝惠”而无庙号，其祭祀之庙名“孝惠庙”（《史记·景帝本纪》）。汉文帝刘恒卒，“谥为孝文皇帝”亦无庙号。

汉景帝即位，下诏曰：“盖闻古者祖有功而宗有德，制礼乐各有由”，命大臣於追念祖宗功德之事“具为礼仪奏”。丞相申屠嘉上言：“臣谨议，世功莫大於高皇帝，德莫盛於孝文皇帝，高皇庙宜为帝者太祖之庙，孝文皇帝庙宜为帝者太宗之庙。”景帝曰“可”（《史记·景帝本纪》），是为“太祖”“太宗”庙号之始也。然其未为制度，故汉景帝卒，有谥而无庙号，汉武帝卒，汉昭帝时亦未定庙号，至汉宣帝本始二年六月，方“尊孝武庙为世宗庙”（《汉书·宣帝纪》）。西汉之时，刘邦均称“高祖”，《史记》谓《高祖本纪》，称刘邦为“高祖”而未称“太祖”，是知未以庙号视之也。《汉书》易为《高帝本纪》，然其文仍以“高祖”称之。故至今日，史家仍以“汉高祖”称之。

东汉承西汉之制。刘秀於建武元年六月即帝位，八月，即“祠高祖、太宗、世宗於怀宫”。及光武帝卒，“有司奏上尊庙曰世祖”（《后汉书·明帝纪》）。汉明帝刘庄卒，“尊庙曰显宗”（《后汉书·章帝纪》）。以是知庙号之制，始於西汉，定於东汉也。唐大历间颜真卿为礼仪使，其奏议曰：“自光武以下，皆有庙号”，其说有据也。

历代庙号惟以“祖”“宗”二字。《孔子家语》卷八《庙制》载，孔子言卫之卫羔曰：“古者祖有功而宗德。谓之祖宗者，其庙皆不毁。”汉人应劭释谓：“始取天下者为祖，高帝称高祖是也；始治天下者为宗，文帝称太宗是也。”然颜师古以为“应说非也。祖，始也，始受命也。宗，尊也，有德可尊”（《汉书·景帝纪》注）。二说皆善。

以清庙号例，顺治为世祖、康熙为圣祖，以下皆为“宗”。雍正为世宗、乾隆为高宗、嘉庆为仁宗、道光为宣宗、咸丰为文宗、同治为穆宗、光绪为德宗，惟宣统为逊帝，卒而无谥无庙矣。

自汉制庙号始，历代相承，直至清末。然史之帝王，亦非皆具庙号，若三国之蜀汉，五胡十六国之西燕，五代十国之楚、南平，皆无庙号，或国祚短暂，或战事频繁，亦非特例也。

庙号称“祖”，称“宗”，史家自来批评甚多。刘知几《史通》卷四《称谓》言：“或承家之僻王，或亡国之庸主，不谥灵缪，为幸已多，犹曰祖宗，孰云其可。而史臣载削，曾无辩明，每有所书，必有庙号，何以申劝沮之义，杜渝滥之源者乎？”顾炎武亦以为“一代三祖”、“无帝不宗”乃非礼。其言“一代三祖”者，若清以努尔哈赤为太祖、顺治为世祖、康熙为圣祖者。

求仕获侮

明武宗朝有致仕礼部主事杨南峰者，尝求伶人臧贤之荐而获侮，可为致仕者戒也。

盖武宗朝宠任伶人臧贤，至赐一品服。上南巡时，贤荐杨南峰之才，召令供事左右，屡进乐府，上善之。然久而不得官，贤为之请，上欲以伶官与之，南峰大惭求归，不许，又赖贤力为之请，得放还。嗟夫，循吉固苏州名士也，何至依于倡优而求仕，其久负重名，一旦轻出，反致武宗所侮，亦其求仕之切矣。司马子长尝云：主上以倡优畜之，乃愤悱之词也。千载之后，苏州杨南峰不意亦以倡优畜之，叹叹。

僧一行不以私废公

僧一行，唐开元间高僧，密宗领袖也。一行博览经史，尤精天文术算，制《大衍历》，名行於世。玄宗闻其名，强诏入京，礼敬有加。一行既得上礼敬，未尝倚宠行事也。《酉阳杂俎》前集一载：一行“幼时家贫，邻有王姥，前后济之数十万。及一行开元中承上敬遇，言无不可，常思报之。寻王姥儿犯杀人罪，狱未具，姥访一行求救。一行曰：‘姥要金帛，当十倍酬也。明君执法，难以请求，如何？’王姥戟手大骂曰：‘何用识此僧。’一行从而谢之，终不顾。”于戏，一行释门中人，亦知国家法度，终不以私情而废公，太宗、玄宗皆敬其人品才学，盖有因也。方其时，太史奏北斗不见，帝甚恐，一行曰：“释门以嗔心坏一切善，慈心降一切魔。如臣曲见，莫若大赦天下。”玄宗从之。窃谓一行所言，斯亦假天象而赦王姥之子也，然所赦者天下之囚，非独王姥之子也，是亦一行大慈悲处，市井老姥焉能知之焉。

夫自释氏入汉土，帝王多有尊崇者，然佞佛而非礼佛也。就释氏言，无非假皇家而自尊，图一己私利者众也。玄宗之敬一行者，敬其才识而能惠民也，一行所为亦无愧於玄宗，可谓相得益彰哉。《南部新书》载：“一行老病将死，玄皇执手问之曰：‘更有何事相求？’行曰：‘尚有二事。’其一曰：‘勿遣胡人掌重兵。不获已用之，勿与内宴。若使见富贵，必反逆以取。’其二曰：‘禁兵勿付汉官，须令内官监统。’及幸蜀，临渭水，与肃皇别，叹曰：‘吾不用一行之言。’后方置神策军。”呜呼，李林甫擅权於内，安禄山弄兵於外，东都为之所陷，皆一行所预知也。

沈剑知校《世说》

民国间，校笺《世说新语》之学者众，余尝独尊余嘉锡之笺疏，今偶得阅沈剑知校笺，叹为观止矣。

剑知名觐安，以字行，晚号茧翁，乃沈葆桢之孙也。郑逸梅《艺林散叶》记其“能书善画，然不轻为人作，若贻人扇面，则必书画兼施，盖彼自视甚高，深恐空留一面，随便配合，不相称也”。又曰：“沈剑知傲慢成性，有请之写条幅者，彼展纸抚摩一过云：‘纸太劣，恐有损我之佳笔。’拒绝不书。”更有一则，记其“谓王静安之《人间词话》，乃笨伯所为”。其狂狷孤傲，颇有魏晋遗风也。

剑知校《世说》用词之误，他书无可及者。若“管宁、华歆共园中锄菜”条，“有乘轩冕过门者”句，人皆解为“有坐华车、著官服者过门外”，今之中学课本亦作如是解。沈氏校笺则曰：“《左传·闵公二年》：‘鹤有乘轩者’。杜预注：‘轩，大夫车也。’冕不当言乘，此乃赘字。盖因行文每轩冕连用，传钞时不觉误入耳。”乘乃赘字，言轩冕者，即乘轩服冕也。以此一例，可见其校笺之精，用心之密矣。

沈氏於《世说》之述事，考其虚无者甚多，若“华歆、王朗俱乘船避难”条，考辩云：此条恐非事实，故孝标举华峤《谱叙》所纪歆与郑泰避乱出关事，隐纠其谬也。《三国志·朗传》：“汉帝在长安，朗为陶谦治中，与别驾赵昱等说谦勤王，谦乃遣昱奉章至长安。天子嘉其意，拜谦安东将军，昱广陵太守，朗会稽太守。”则朗自徐州拜命，初未诣长安。正孙策略地江东，朗犹在会稽也。而《歆传》：“何进征郑泰、荀攸及歆。歆至，为尚书郎。董卓迁天子长安，歆求出为下邽令，病不行。遂从蓝田至南阳依袁术。旋拜豫章太守。”则董卓之乱，朗、歆未尝共处，而此云避难，又云贼追至，明在是时。故知不可信也。

沈氏以《三国志》本传考史辨析，以至直言“此条不可信”，分明老吏断狱，鞭辟入里，读者不由不信矣。观夫其校笺，於一词一语皆未放过，若笺“王戎、和峤同时遭大丧”条，有“和峤生孝，王戎死孝”句，其笺注“生孝死孝”，引《潜确居类书》七十引《典略》：“戴伯鸾母卒，居庐啜粥，非礼不行。弟叔鸾食肉饮酒，哀至乃哭。二人俱有毁容，世谓伯鸾死孝，叔鸾生孝。”复谓：“生孝死孝之称，始见於是。惟以备礼者为死孝，越礼者为生孝，与《世说新语》所以称戎、峤者适相反。”噫，非深思密察者不能道此语也。

余尝读《世说》“郗公值永嘉丧乱”条，於郗公“公於是独往食，辄含饭著两颊，还，吐与二儿。后并得存，同过江”。甚惑，两颊所含之食几何，况食竟而含饭，何以待人哉？所含之食何可供两儿之需？几近小说家言也。沈氏校笺曰：

《晋书·郗鉴传》：“郗陷陈午贼中，午寻溃败，鉴得归乡里。於时所在饥荒，州中之士素有感其恩义者，相与资赡。鉴复分所得以恤宗族及乡曲孤老，赖以全济者甚多。”按：石勒之攻乞活陈午，《通鉴》系於永嘉五年，正《世说》所谓“永嘉丧乱，郗公在乡里”时也。而既能分恤乡族，则自赡有馀矣。且两颊能含饭几何，乌足全活二小儿，岂非过言哉？若谓在徐龛石勒交侵兖州，百姓饥馑食鼠燕之时，则已是永兴间事，鉴为兖州刺史，无复穷馁之理矣。《晋书·鉴传》叙事已竟，复赘《世说》此文，盖亦知其乖错，无所附丽，而终不能割者，溺其词也。

《晋书》历来批评者甚多，其广采《世说》史家聚讼无已，沈氏假此一事，窥斑知豹，“溺其词”三字，揭橥《晋书》史臣“知其乖错”然“不忍割爱”之心矣。

呜呼，余见今之校笺古籍者众也，然多采摘前人之言，其善者无非资料汇聚耳，其不善者则不加考释，随心而注，误人深矣。

沈括陷苏轼

沈括著《梦溪笔谈》而存其名，今吾郡南明山高阳洞尚有其摩崖墨迹存也。括在北宋，学问尤博洽，纪昀称其“於当代掌故乃天文、算法、钟律尤所究心”。神宗时，括与熙宁变法，为王介甫重，而交恶於温公、坡公也。政见相异，持论相悖，亦寻常之事，然阴设机谋，陷人不义则非君子之为也。

《续资治通鉴长编》卷三百一载：“括素与苏轼同在馆阁。轼论事与时异，补外。括察访两浙，陛辞，神宗语括曰：‘苏轼通判杭州，卿其善遇之。’括至杭，与轼论旧，求手录近诗一通。归即签贴以进，云词皆讪怼。轼闻之，复寄诗。刘恕戏曰：‘不忧进了也？’”窃谓神宗私心实欲括善待坡公，而括欲以诗陷之，自古诗无达诂，欲加之罪，何患无辞？欲以文字之为狱，括亦小人也。其后，御史何正臣、李定以坡公诗弹劾，至构“乌台诗案”，时人皆以本於括也。元祐中，坡公知杭州，括闲废在润，往来迎谒则恭甚。坡公益薄其为人也。

夫士人入仕，所见相异，实属平常。私谊朝议焉可一之哉。熙宁变法，王介甫与司马温公各为一党之帜，朝廷之上，水火不容。然其绝无有害私谊，盖君子之争也无及私。及介甫方卒，温公忧小人毁之，亟为之上言。介甫为相日，温公离朝著作，亦数加体恤之。嗟乎，此所谓古之君子之交者也，如沈存中者，以一私见而构罪相陷，为后人诟病矣。

食人之军

余尝窃谓白香山诗：“食饱心自若，酒酣气益振。是岁江南旱，衢州人食人。”言事过实，闲阅《旧唐书·朱粲传》方知食人之事於饥岁亦寻常事矣。传曰：“朱粲者，亳州城父人也。初为县佐史，大业末，从军讨长白山贼，遂聚结为群盗，号‘可达寒贼’，自称迦楼罗王……粲所克州县，皆发其藏粟以充食，迁徙无常，去辄焚余赀，毁城郭，又不务稼穑，以劫掠为业。於是百姓大馁，死者如积，人多相食。军中罄竭，乃取婴儿蒸而啖之，因令军士曰：‘食之美者，宁过於人肉乎？但令他国有人，我何所虑。’即勒所部，有略得妇人小儿皆烹之，分给军士，乃税诸城堡，取小弱男女以益兵粮。”呜呼，史乘所载食人者，皆岁饥所迫耳，《公羊传·宣公十五年》“易子而食之，析骸而炊之”。亦言其守城之志耳，迥非实有其事，朱粲所为则直禽兽，盖其食人非迫於饥，乃习性也。本传载“隋著作佐郎陆从典、通事舍人颜愍楚因谴左迁，并在南阳，粲悉引之为宾客，后遭饥馁，合家为贼所啖”。及其败，高祖令假散骑常侍段确劳之，确因醉侮粲曰：“闻卿啖人，作何滋味？”粲曰：“若啖嗜酒之人，正似糟藏猪肉。”及其被斩于洛水之上，士庶嫉其残忍，竟投瓦砾以击其尸，须臾封之若冢。若朱粲者，实不可谓其人也，有史以来，无过其者，余读其传尚心悚然矣。

士人以致仕为荣

官员致仕始于三代，《礼记·内则》曰：“大夫七十而致仕。”汉后渐成制度焉。观夫今之入仕者，多不欲致仕，虽至其年亦复兼以他职，盖恋于虚名也。

余览前贤诗文，多有以致仕为题者，歌咏志庆，了无恋意，盖以致仕为荣也。兹录人所熟知之人于左。白居易尝作《不致仕》诗以讽恋位者云：

七十而致仕，礼法有明文；何乃贪荣者，斯言如不闻。可怜八九十，齿坠双眸昏。朝露贪名利，夕阳忧子孙。挂冠顾翠緌，悬车惜朱轮。金章腰不胜，伛偻入君门。谁不爱富贵，谁不恋君恩。年高须告老，名遂合退身。少时共嗤诮，晚岁多因循。贤哉汉二疏，彼独是何人。寂寞东门路，无人继去尘。

北宋时，苏州守孙冕有《书苏州厅壁》诗言致仕，云：

人生七十鬼为邻，已觉风光属别人。莫待朝廷差致仕，早谋泉石养闲身。去年河北曾逢李，今日淮南又见陈。寄语姑苏孙太守，也须抖擞旧精神。

南宋有陆务观《致仕后即事》诗，云：“归耕所愿杂民编，乍脱朝衫喜欲颠。但得吾儿能力穑，不须半俸更超然。”《致仕后述怀》诗复云：店店容赊酒，家家可乞浆。白陂时雨足，绿树午阴凉。病为休官减，门缘谢客荒。今朝遇邻叟，满意说丰穰。

明孝宗时，刑部尚书林俊书乞致仕《四休述怀》云：

老去官书可自由，百年吾道信沧州。奈无异术劳三往，窃有闻名办四休。红雨满江枫叶暮，金霜孤径菊花秋。抄来种树堪长日，灵草丛多莫漫求。

刘伯温年六十，太祖时有疑其意，书《辞职自遣》诗云：

买条黄牛学种田，结间草屋傍林泉。因思若去无多日，且向山中过几年。为吏为官皆是梦，能诗能酒总神仙。世间万事都增价，老却文章不值钱。

嗟夫，宦海浮沉，未嗜于斯者固欲嗜之，既嗜于斯者复欲却之，若庄周之所谓宁曳尾于涂者几何哉。《万历野获编》卷十二记一事，可知陋俗难易也。其曰：

"犹忆孙简肃植生前以刑部尚书请告，后以工部尚书起用，孙辞不赴，屡疏始允，得旨加褒语，以原官致仕。身后其家求先大父文其墓石，因于衔上入'致仕'二字，其家入石时抹去之，大父屡以古道规之，不从。"

以官为荣而以致仕为耻，此亦所谓官本位者也。余见今之官员致仕，或见于客，人多以其旧衔而称之，不愠。斯未若前人矣。

四贤一不肖

庄子言"君子之交淡若水"，水淡而清，然遇危石则必击扬其浪，岂仅一马平川者耶。《渑水燕谈录》卷二记范仲淹、余安道、尹洙、欧阳修四贤事迹，感人至深矣。

盖景祐中，范文正公知开封府，"忠亮谠直，言无回避。左右不便，因言公离间大臣，自结朋党，乃落天章阁待制，黜知饶州。余靖安道上疏论救，以朋党坐贬。尹洙师鲁言：'靖与仲淹交浅，臣於仲淹义兼师友，当从坐。'贬监郢州税。欧阳修永叔贻书责司谏高若讷不能辩其非辜，若讷大怒，缴其书，降授夷陵县令。"时蔡襄君谟为《四贤一不肖》诗，播布都下，人争传写，鬻书者市之，颇获厚利。四贤者，希文、安道、师鲁、永叔也；一不肖者，谓若讷也。

此事虽见在于野史，《宋史·高若讷传》亦有所记，传曰："时范仲淹坐言事夺职知睦州，余靖、尹洙论救仲淹，相继贬斥。欧阳修乃移书责若讷曰：'仲淹刚正，通古今，班列中无比。以非辜逐，君为谏官不能辩，犹以面目见士大夫，出入朝廷，是不复知人间有羞耻事耶。今而后，决知足下非君子。’若讷忿，以其书奏，贬修夷陵令。”盖仁宗时吕夷简为权相，若讷为参知政事也。

四贤者，四君子也。君子之交以道，道不同不相为谋，道同则虽知其险亦必趋之，其相交者义理耳。孔门儒学至宋，尤重义理，如仲淹之祸，安道交浅，师鲁交深，然无论私交之浅深，义理一也，故皆能坦荡从之。范文正公以言事凡三黜。初为校理，忤章献太后，贬倅河中。后为司谏，因郭后废，率百官、御史伏阁争之不胜，贬睦州。又知开封府，撰《百官图》进呈，落职贬饶州。斯时也，众皆避之，唯王子野独留数夕，抵掌极论天下利弊。客有迎大臣之旨惴之者谓：“君与范仲淹国门会别，一笑语、一樽俎，采之皆得其实，将有党锢之事，君乃第一人也。”子野对曰：“果得觇者录某与范公数夕邮亭之论，条进于上，未必不为苍生之幸，岂独质之幸哉？”（《续湘山野录》）呜呼，此真君子之交也。或曰：吾中华之文化绝于今矣。谬也。义宁陈寅恪先生近世之史家，以“独立之精神，自由之思想”而立世，方其罹“文化大革命”之祸，目盲腿折，红卫兵欲以筐抬其批斗，历史系主任刘节自请代之。或问其所思，答曰：吾能代师，幸甚矣（蒋天枢《陈寅恪先生编年事辑》）。值其乱世，人皆避之尤恐不及，刘氏之举，实足惊天地也。宋之四贤遗风岂已绝之哉？一人一事，诚可谓微也，然一人一事实可征一代之风气，夫子可叹“吾道不绝”矣。

宋太宗戒酒诗

戒酒之诗文，始於周。《尚书·微子》谴纣，谓其纵酒乱政，危及社稷：“我用沈酗於酒，用乱败厥德於下。”警其“小民方兴，相为敌仇”。“殷遂丧，越至於今。”《尚书·酒诰》篇传乃“康叔监殷民，殷民化纣嗜酒，故以戒酒诰”，谓：“王若曰：明大命於妹邦。乃穆考文王，肇国在西土。厥诰毖庶邦，庶士越少正，御事朝夕曰：‘祀兹酒。’惟天降命，肇我民，惟元祀。天降威，我民用大乱丧德，亦罔非酒惟行。越小大邦用丧，亦罔非酒惟辜。文王诰教小子有正有事：无彝酒。越庶国：饮惟祀，德将无醉。”

自周始，历代帝王皆有劝戒酒之诗文。宋人董更《书录》记宋太宗谓：“太宗皇帝。秘阁刊皇朝祖宗御书刻，太宗书倍于累朝……《赐苏易简戒酒诗二首》刻于江西漕台。”苏易简，《宋史》卷二六六记其“易简少聪悟，好学，风度奇秀，才思敏赡。太平兴国五年，年逾弱冠，举进士。太宗方留心儒术，贡士皆临轩覆试。易简所试三千余言，立就奏，上览之，称赏，擢冠甲科”。然易简酷嗜酒，“初入翰林谢日，饮已微醉。余日多沉湎。上尝戒约深切，且草书《劝酒二章》以赐，令对其母读之。自是每入值不敢饮，及卒。上曰：‘易简果以酒死，可惜也。’”太宗之诗云：“何人肯立杜康庙，又拉刘伶在畔头。愿得黄金千万铤，一时送与酒家休。”其二云：“几酝香醪一曲歌，本图闲放养天和。后人不会先贤意，破国亡家事极多。”曾巩《隆平集》卷六亦记事云：“易简嗜酒，上尝以诗戒之。入直虽不敢饮，在私第，未尝不醉。”

易简以酒死，以酒败，其子孙亦皆善诗文，然亦皆嗜酒，可谓嗜酒世家也。其孙苏舜钦，即苏子美也，《汉书》下酒之典即出於斯。宋人龚明之《中吴纪闻》卷二“苏子美饮酒”条谓：“子美豪放，饮酒无算，在妇翁杜正献家，每夕读书以一斗为率。正献深以为疑，使子弟密察之。闻读《汉书·张子房传》，至‘良与客狙击秦皇帝，误中副车’，遽抚案曰：‘惜乎。击之不中。’遂满饮一大白。又读至‘良曰：始臣起下邳，与上会于留，此天以臣授陛下’，又抚案曰：君臣相遇，其难如此。复举一大白。正献公闻之大笑，曰：‘有如此下物，一斗诚不为多也。’”《世说》《研北杂志》皆载此事。明人吴从先《小窗自纪》记此事，且云：“苏子美读《汉书》，以此下酒，百斗不足多。余读《南唐书》，一斗便醉。”嗟乎，宋太宗书戒酒诗乃爱易简“聪悟，好学”，而其子孙虽亦“风度奇秀，才思敏赡”，然亦“饮酒无算”，亦为酒史之趣谈矣。

宋真宗病狂

《宋史·真宗本纪》末，撰史者赞曰：“真宗英晤之主。其初践位，相臣李沆虑其聪明必多作为，数奏灾异以杜其侈心，盖有所见也。及澶渊既盟，封禅事作，祥瑞沓臻，天书屡降，导迎奠安，一国君臣如病狂然，吁，可怪也。”夫所谓“天书屡降”者，盖祥符元年，天书两降大内，一降泰山，是年十月，真宗登泰山封祀，大中祥符四年，真宗赴山西万荣，西祀汾阴。

天禧三年，天书再降乾祐县，至此，“中外咸知其诈”。呜呼，赵恒非庸碌之辈，其“天书封祀”焉不知其谬，盖有其因也。

《真宗本纪》赞云：“宋自太宗幽州之败，恶言兵矣。契丹其主称天，其后称地，一岁祭天不知其几，猎而手接飞雁，鸨自投地，皆称为天赐，祭告而夸耀之。意者宋之诸臣，因知契丹之习，又见其君有厌兵之意，遂进神道设教之言，欲假是以动敌人之听闻，庶几足以潜消其窥觎之志欤？然不思修本以制敌，又效尤焉，计亦末矣。”赞之所云，虽为揣测，似亦可信，然岂独为以之慑契丹哉。反思太祖之得天下，陈桥兵变，黄袍加身，身为周世宗托孤重臣而夺天下於孤儿寡母之手，其心焉可息焉？君为天子自当奉天承运，虽历三朝，真宗犹为虑之，故假天书而宣其天命所归也。又澶渊既盟，宋、辽偃兵，然城下之盟，君臣蒙羞，欲以天书而证体统，亦可为一因乎？

嗟夫，后人但以病狂诟之，而未及所以，朱熹讥谓：“真宗东封西祀，靡费巨万计，不曾做得一事。”恐难服人也。及仁宗即位，谓“殊尤之瑞专属先帝，不可留于人间”，以天书殉於真宗陵寝，可谓贤哉。

宋之问杀刘希夷考

刘希夷有诗云：“年年岁岁花相似，岁岁年年花不同。”时以为诗谶，盖因其诗而为其舅宋之问所杀。《唐才子传》卷一“刘希夷”条载：（希夷）“尝作《白头吟》一联云：‘今年花落颜色改，明年花开复谁在？’既而叹曰：‘此语谶也。石崇谓“白首同所归”，复何以异。’乃除之。又吟曰：‘年年岁岁花相似，岁岁年年花不归。’复叹曰：‘死生有命，岂由此虚言乎。’遂并存之。舅宋之问苦爱一联，知其未传於人，恳求之，许而竟不与，之问怒其诳己，使奴以土囊压杀於别舍，时未及三十。人悉怜之。”

自《唐才子传》载其事，后人遂以为信史，毁之问者亦以为据也。余於此颇存疑焉，或曰之问为希夷舅，然未见於二人本传。之问亦一时才俊，《唐才子传》载：“后游龙门，诏从臣赋诗，左史东方虬诗先成，后赐锦袍。之问俄顷献，后览之嗟赏，更夺袍以赐。”此事两《唐书》本传皆载之，是知之问诗亦甚佳。传世《宋之问集》多有佳作存也，焉有为一诗而杀人者欤？

唐人重诗，因诗而得名，因名而得仕，为一时风气，然之问上元二年即为进士，甫冠，武后召与杨炯分直习艺馆。累转尚方监丞（《唐才子传》）。其名其仕皆於希夷之上，何为而夺其诗杀其人哉？

《大唐新语》卷八《文章》载：希夷“尝为《白头翁》咏曰：‘今年花落颜色改，明年花开复谁在？’既而自悔曰：‘我此诗似谶，与石崇白首同所归何异也。’乃更作一句云：‘年年岁岁花相似，岁岁年年人不同。’既而叹曰：‘此句复似向谶矣。然死生有命，岂复由此。’乃两存之。诗成未周，为奸人所杀。或云宋之问害之。”

《刘宾客嘉话录》载：“刘希夷诗曰：‘年年岁岁花相似，岁岁年年人不同。’其舅宋之问苦爱此两句，知其未示人，恳乞，许而不与。之问怒，以土袋压杀之。宋生不得其死，天报之也。”

《本事诗·徵咎第六》载：“诗人刘希夷尝为诗曰：‘今年花落颜色改，明年花开复谁在？’忽然悟曰：‘其不祥欤？’复构思逾时，又曰：‘年年岁岁花相似，岁岁年年人不同。’又恶之。或解之曰：‘何必其然。’遂两留之。果以来春之初下世。”

噫，诗谶之说，三书皆类，言希夷为之问所杀，则见《大唐新语》与《嘉话录》，《才子传》盖据此掇合，其说不足信。宋人魏泰《临汉隐居诗话》谓：“韦询集刘禹锡之言为《嘉话录》，载刘希夷诗云‘年年岁岁花相似，岁岁年年人不同’，希夷之舅宋之问爱此句欲夺之，希夷不与，之问怒，以土囊压杀希夷。世谓之问末节贬死，乃刘生之报也。吾观之问集中尽有好句，而希夷之句殊无可采，不知何至压杀乃夺之，真狂死也。”

窃谓野史笔记固有其讹传，然既传其事则必有因也。余谓延清诚具才情，然其人品落入下乘，是当为人所诟。观其行事，实有不足道者也。《唐才子传》谓其“谄事张易之，坐贬泷州。后逃归，匿张仲之家。闻仲之谋杀武三思，乃告变，擢鸿胪簿。迁考功郎。复媚太平公主”。“以知举贿赂狼藉，下迁越州长史。睿宗立，以无悛悟之心，流钦州，御史劾奏赐死。人言刘希夷之报也。”故之问杀甥诚不可信，然其谄媚权势，以恶报恩，以至野史书其恶矣。野史之载，善恶多有讹传者，然所传善恶事虽讹，传其善者多世人所称誉者，所恶者亦世人所憎恨者，事讹而人不讹矣。

汤思退善钻营

宋高宗朝丞相汤思退素善钻营，巧言令色为士人诟。《宋诗纪事》卷四十七载："宋高宗一日坐寝殿，汤丞相思退侍立，上曰：'卿家处州有何异迹？'思退曰：'臣乡有石僧题咏，其诗曰：云作袈裟石作身，岩前独立几经春。有人若问西来意，默默无言总是真。'大称旨。本无此诗，彻夜遣人归，刻石圣僧之旁。"其善揣度上意如此，总非君子之行为也。时秦桧擅权，思退亦附之，及桧卒，遂迁左仆射侍御史，时人皆以为异数。《坚瓠巳集》卷三记其事云："高宗绍兴二十六年，秦桧病笃，召参政董德元、佥枢密院事汤思退至卧室，属以后事，各赠黄金千两。德元虑桧以为自外，不敢辞。思退以为期其死，不敢受。帝闻思退不受，以为非桧党，遂信任之，至左仆射侍御史。"李东阳有《古乐府》云："相门深深夜不扃，百年恩重千金轻。二人辞受本同情，君王但赏辞金名。呜呼一桧死，一桧生，君王孤立臣为朋，谁人更问胡邦衡。"

汤思退墓於处州府近郊十馀里处，余尝寻访之，殆无踪迹矣。乡民唯知大概耳。以处郡言，本郡人氏至相者唯思退也，然忌其无善迹可彰，以至蔓草萦骨，拱木殓魂，为宦者当鉴之矣。

唐宋八大家

今人皆知唐宋八大家，选本各异，人则皆同。其滥觞当为南宋时浙东学者吕祖谦也。祖谦有《古文关键》二卷，取韩愈、柳宗元、欧阳修、曾巩、苏洵、苏轼、张耒之文，凡六十馀篇。明人茅顺甫，倡唐宋古文，反"文必秦汉"，为文主阐发"六经"之旨，辑《唐宋八大家文钞》，其序云："世之操觚者往往谓文章与时相高下，而唐以后且薄不足为。噫，抑不知文特以道相盛衰，时非所论也。"明初又有朱右者，字伯贤，在翰林时，每以辞章献，朱洪武甚重之，每以"老朱"称之。其为文以唐宋为宗，选韩、柳、欧、曾、王、三苏为《六先生文集》，盖以三苏为一家也。

茅顺甫所选去张耒而进王介甫，复增二苏为三苏。吕祖谦不取介甫，乃是时清议仍诟於荆公也。清康熙间又有宜兴人储欣辑《唐宋十大家全集录》凡五十一卷，於八大家外增李翱、孙樵为十。然其书鲜传，世之所传仍沿旧选为八大家也。

唐太宗畏妒妇

妇之至妒者人皆畏之也。《隋唐嘉话》记房玄龄夫人至妒，曰："梁公夫人至妒，太宗将赐公美人，屡辞不受。帝乃令皇后召夫人，告以媵妾之流，今有常制，且司空年暮，帝欲有所优诏之意。夫人执之不廻。帝乃令谓之曰：'若宁不妒而生，宁妒而死？'曰：'妾宁妒而死。'乃遣酌卮酒与之，曰：'若然，可饮此鸩。'一举便尽，无所留难。帝曰：'我尚畏见，何况於玄龄。'"房玄龄内子虽妒，然其人质性端雅，姿神令淑，贞操逸群，亦一贤妇也。《朝野佥载》载："龄当病甚，乃嘱之曰：'吾多不救，卿年少，不可守志，善事后人。'卢夫人泣曰：'妇人无再见，岂宜若此。'遂入帐中，剜一目睛以示龄。龄后宠之弥厚也。"

夫卢氏之妒乃至爱於夫，宁自毁而不渝己志，如因妒而伤人则不可宥也。唐太宗时，敕兵部尚书任瓌宫女二人，皆国色。妻妒，烂二女头发秃尽。太宗闻之，令上宫以酒赐之，云："饮之立死，瓌三品，合置姬媵。尔后不妒，不须饮；若妒，即饮之。"柳氏拜敕讫，曰："妾与瓌结发夫妻，俱出微贱，更相辅翼，遂致荣官。瓌今多内嬖，诚不如死。"饮尽而卧，然实非鸩也，至夜半睡醒。帝谓瓌曰："其性如此，朕亦当畏之。"因诏二女令别宅安置（《朝野佥载》三）。

夫二妒妇，一自伤一伤人，其妒则一也。若一味悍妒，不近人情，则人尽厌之矣。东坡有友陈慥，字季常，眉山人，号龙丘居士。其妻柳氏极悍妒，坡公尝为诗云："龙丘居士亦可怜，谈空说有夜不眠。忽闻河东狮子吼，柱杖落手心茫然。"盖柳氏为河东望族也。

陶渊明《止酒》诗及宋人和陶诗

陶渊明《饮酒二十首》声名甚广，余谓诗坛绝响者乃其《止酒》诗。诗云：“居止次城邑，逍遥自闲止。坐止高荫下，步止荜门里。好味止园葵，大欢止稚子。平生不止酒，止酒情无喜。暮止不安寝，晨止不能起。日日欲止之，营卫止不理。徒知止不乐，未知止利己。始觉止为善，今朝真止矣。从此一止去，将止扶桑涘。清颜止宿容，奚止千万祀。”句句言止，而实不能止，五柳先生岂能止酒者哉？自《止酒》诗传世，应和、仿制者不绝，尤以宋时为甚。

“止酒”之辞乃宋通行之语。宋儒释《尚书·酒诰》经义亦用之。胡士行谓：“敬则不饮，此止酒第一剂也。”然宋之时风尚繁华，“止酒”则与其奢侈之风背，故虽言止酒而实尚之矣。东坡尝作《和陶止酒》诗，云：“劝我师渊明，力薄且为己。微痾坐杯酌，止酒则瘳矣。望道虽未济，隐约见津涘。从今东坡室，不立杜康祀。”

辛弃疾有《沁园春》，序文云：“将止酒，戒酒杯使勿近。”其辞尤为有趣：杯，汝来前。老子今朝，点检形骸：甚长年抱渴，咽如焦釜；于今喜睡，气似奔雷。汝说，刘伶，古今达者，醉后何妨死便埋。浑如此，叹汝于知己，真少恩哉。更凭歌舞为媒，算合作人间鸩毒猜。况怨无大小，生于所爱；物无美恶，过则为灾。与汝成言：‘勿留亟退，吾力犹能肆汝杯。’杯再拜，道：‘麾之即去，招则须来。’”稼轩虽言“鸩毒”，余观其词则全然求之“一醉”，言止而实不能止，名戒而终不能戒，此即活脱脱一文人像也。

宋人李纲有《戒酒》诗云：“吾初不解饮，涓滴莫下咽。自从游宦来，稍稍颇称善。譬犹怯懦士，习惯亦能战。”以饮喻战，可浮一大白矣。宋人陈造《戒饮三诗》叙言：“予中年病于酒以饮自誓谓不当自贼，亦不当贼人，饮客多寡听自酌，人皆笑之。”其二云：“中古避世者，或以饮自名。世网未易脱，颠眩宁其情。嗟哉竹林子，呤茹日瓶罂。”以“止酒”为诗然言“此酒不可止”者，有宋人张孝祥《止酒》诗：“饮酒见真性，此酒不可止。一饮病三日，止酒宁获已。饮酒有别肠，劝酒无恶意。既因酒成疾，那识酒真味。将军醉不敬，次公醒而狂。破面长触人，不如持空觞。人言我止酒，似是遣客计。但使客常满，客醉我亦醉。”

嗟夫，士人之於酒，犹躯体与精神之合，岂可一旦分之？陶渊明言止酒，贫而无可饮也，若家储良酿，必不令储之明日也。余年近古稀，未尝一日无酒，故亦深知酒之三昧矣。

万历帝恶唐太宗

唐太宗贞观之治，向为史家所称，其《贞观政要》亦后世帝王多所借鉴之籍，然明神宗尤恶之。沈德符《万历野获编》卷二载：戊子二月，以春和初起讲筵，上御文华……传圣谕云：“唐太宗胁父弑兄，家法不正。”阁臣对曰：“伦理果亏，闺门亦多惭德，但纳谏一事可取耳。”此语稍为得之。上意终不释，命罢《贞观政要》而讲《礼记》。朱翊钧亲政之初，亦能励精图治，颇有勤勉明君之风，史家誉为“万历中兴”。以日讲一事论，经筵月初二、十二、廿二凡三日，而日讲则不拘期，一切礼仪视经筵俱减杀。然余惑其何以独恶李世民耶？恶其主亦复恶其臣，魏徵为史家素称者也，然神宗谓其“徵先事李密，再事建成，后事太宗，忘君事仇，固非贤者”。夫神宗在位四十八年，初十年尚属勤政，后即荒于朝事，筵臣以致数十年未睹天颜，纵观今古为君者，未之有也。吾观大唐太宗私德诚亏，然既建贞观之功业，岂可与历历之中兴同语哉？朱翊钧居君位而言私德，不知为君之道也。其评唐太宗“胁父弑兄，家法不正”，然明成祖之弑建文帝，叔侄相杀，其亦类李世民玄武门之变也。本朝祖宗亦复如是，何独詈言于李氏哉？万历末年，衰势已显，至强征矿税时，大明败迹彰矣。李氏贞观之治，季年虽亦少逊，盖古今同一慨矣，非朱翊钧之辈可目者。

王缙贪贿

今人皆知王维摩诘之贤，其弟缙性贪鄙，鲜有知者。《新唐书·王缙传》载曰：缙“少好学，与兄王维早以文翰著名。……性贪冒，纵亲戚尼姑招纳财贿，猥屑相稽，若市贾然。……及败，上悯其耄，不加刑，乃贬括州刺史。”余尝询诸括郡治文史者，不知缙事，盖其名为兄所淹也。缙与摩诘皆笃信佛法，任相时，大肆崇佛，大历间寺庙云集，沃壤被侵，僧徒横行，以至刑政失修，缙之过也。

缙为相日，摩诘於其行止颇不合，《虞氏杂说》记一事可证，“唐宰相王缙好与人作碑志。有送润毫者，误扣右丞王维门，维曰：‘大作家在那边。’”噫，缙之诗文固佳，其诗风类兄，若《别辋川别业》“山月晚仍在，林风凉不绝”。《古离别》“下阶欲离别，相对映兰丛”。皆有摩诘之风。其为括州刺史间无一字遗於斯，抑或被贬之身，无意文翰乎？

缙与摩诘兄弟也，而其行止迥异，近世会稽有周树人、周作人兄弟，其於大关节处亦行事迥异，皆弟不如兄矣。

为文不可折节

伊川先生《二程遗书》言：“饿死事极小，失节事极大。”所言乃论寡妇再醮事。钱默存尝於倭寇占沪时自谓“蝼蚁槐聚”，睹失节文人事故，讥为“寡妇再醮”。余谓文人失节何代无有，熊掌与鱼不可皆得之时，舍义而取利者，亦非鲜矣。

宋周紫芝诗文名於世，其诗在南渡后，特为秀出，时人谓“继眉山之后尘，伯仲於石湖、剑南也”。其《太仓稊米集》有为秦桧祝寿乐府诗，《四库总目》计其“共九题六十首”。其题止曰“时宰”耳，时人诟其“老而无耻，贻玷汗青”。陆放翁《渭南文集》有《致韩侂胄启》其题止曰“丞相”。韩侂胄南宋权相也，素恶朱熹，士人多鄙之，而放翁为其撰《南国阅古泉记》，故见讥於清议也。今集中凡及侂胄处，皆讳其名，但称丞相耳。叶绍翁《四朝见闻录》有其全文。或曰其文盖非游之本志，然是见愧词曲笔，虽自刊除，而流传记载，有求其泯没而不得者，是亦足以为戒矣。刘克庄初受业真德秀，而晚节不终，年八十乃失身於贾似道。王士桢《蚕尾集》有跋，称其论扬雄作《剧秦美新》及作《元后诔》，蔡邕代作《群臣上表》，又论阮籍晚作《劝进表》，皆词严义正。然其《贺贾相启》《贺贾太师复查启》《再贺平章启》，谀词谄语，连章累牍，蹈雄、邕之覆辙而不自觉，不亦悲夫。湛若水乃有明一代理学大家，然与严嵩游，党附权奸，为之作《钤山堂集》序，溢美之词，奉承之语遍於文中，以至为儒林所恶也。

鸣呼，士人之折节於权贵，虽有其不可言之隐，然大节有亏，究竟难逃众口矣。观夫近世周一良先生，冯芝生先生，皆一代大儒也，然“文化大革命”乱世，以文章而趋势，及乱定，士人不齿其所为，一生清名为之毁矣，叹叹。

先秦帝王诸侯称后

先秦时帝王称“王”，称“帝”，此人所熟谙者，然亦有称“后”或“元后”者。帝王之正妻称“后”或“皇后”，故两称谓易混淆也。至于地方诸侯称后，则愈为之惑也。《日知录》卷二十四《后》条：“汉时郡守之于吏民亦有君臣之分，故有称府主为‘后’者。汉武都太守李翕《西狭颂》云‘赫赫明后，柔嘉维则。’桂阳太守周憬铭云：‘懿贤后兮发圣英。’晋应詹为南平太守，百姓歌之曰：‘饶倖之运，赖之应后。’兰亭宴集，有郡功曹魏滂诗云：‘明后欣时丰，驾言映清澜。’”

“后”字有帝王之义，金文“后”从手从口，手于口上，乃高声号令义也。《说文》释“后”曰：“象人之形，施令以告四方……发号者，君后也。”三代之时，帝王称“后”。《史记·夏本纪》记夏禹传位於子启，“于是启遂即天子之位，是为夏后帝启”，故史家以夏之帝王皆称“夏后”“夏后氏”。《古文尚书·大禹谟》“后克艰厥后，臣克艰厥臣”；“后非众，罔与守邦”；“汝终陟元后”，多有以“后”“元后”称之君主、帝王。《尔雅·释诂》：“后，君也”。《周礼·夏官司马量人》：“管后宫”，郑玄注：“后，君也。”《书·顾命》甚或称周成王为“皇后”，蔡沈《集注》释：“皇，大；后，君也”。故知先秦帝王可称“后”。至若诸侯称“后”，《日知录》卷二十四云：“帝王天子所专，后则诸侯皆得称之。”若《尚书·尧典》：“班瑞于群后”；“五载一巡守，群后四朝”，即谓诸侯也。周人始祖“后稷”、射日之“后羿”，皆上古之帝王也。

义熙甲子

齐沈约《宋书·陶潜传》载，潜“所著文章，皆题其年月，义熙以前，则书晋氏年号；自永初以来，唯书甲子而已”。盖五柳先生不奉刘宋为正朔也。以是后人称“义熙甲子”，抒士人易代之悲也。

嗟夫，《白虎通》谓：“王者受命必改朔何？明易姓，示不相袭也。明受之于天，不受之于人，所以变易民心，革其耳目，以助化也。”自秦始，吾国易代换朝无数，然遗民多有旧国之情怀，所谓“义熙甲子”者，未能免也。顾炎武曰：“亡国与亡天下奚辩？曰：‘易姓改号，谓之亡国；仁义充塞，而至于率兽食人，人将相食，谓之亡天下。’”盖文化之式微尤胜於政权之更迭也。

俞荫甫《九九消夏录》卷十云：“唐韩偓书裴郡君祭文时，唐亡已八年，不书梁年号，止书甲戌岁，此当为前代遗臣止书甲子不书年号之创例。”此风自唐始，至清朝而不止。辛亥宣统逊位，前清遗臣多有“义熙甲子”者。梁鼎芬民国六年致康南海书尚自署“宣传九年”。陈曾寿民元后令其婿“署年月不许用公元或民国字样”。汪兆镛自订年谱，民国前以年号纪年，民元后则以干支纪年，盖不欲为新朝之子民矣。遗老胡思敬《病起书怀》诗云：“闻道重阳佳节近，看花不似义熙年。”《题陈侍御仁先菊轩记后》诗云：“捐尽芳菲悲正则，坚持晚岁赖渊明。”陈曾寿亦有《以旧京菊种移至海上寄养邻圃》诗云：“海上羁魂断乡国，一畦寒守义熙花。”

于戏，仁者固守於义，然天下者非一姓之天下，焉能以一姓而替天下焉？若前朝圣主，则势无亡国之理，以晋安帝之流，一味残守义熙，何忠之有？余以为愚也。

尹洙不畏死

尹师鲁性高而偏，庆历中，师鲁与范希文、欧阳文忠公善。师鲁谪官监均州酒，时范希文知邓州，师鲁得疾，即擅去官，诣邓州，以后事属希文。

《涑水记闻》卷十云："希文日往视其疾，师鲁曰：'今日疾势复增几分，可更得几日。'一旦，遣人招希文甚遽，既至，师鲁曰：'洙今日必死矣。人言将死者必见鬼神，此不可信，洙并无所见，但觉气息奄奄就尽耳。'隐几坐，与希文语久之，谓希文曰：'公可出，洙将逝矣。'希文出至厅事，已闻其家号哭。希文竭力送其丧及妻孥归洛阳。"

噫，人之将死，而迥无畏惧，盖亦自知死之将至也。唯其与范文正言不见鬼神，洒脱如旧，人不如也。人之将死，所系者身后之事，师鲁所言者，世之无鬼神，若非心胸坦荡之人焉能如此哉。

张商英欲焚《资治通鉴》

余阅钱默存《宋诗纪事补订》，卷十四引《孤臣泣血录》云："金人入汴，驻青城，索监书藏经，如《资治通鉴》，苏、黄文集之属，皆指名取索。当时朝廷行下诸路，尽毁坡、谷著作，奸党付会，至欲焚《资治通鉴》。赖有神宗御制序文，不敢毁，而敌国之敬重顾如此。"所谓奸党者，张商英也。商英于哲宗初为开封府推官，屡诣执政求进，且移书苏轼求入台，未果。及哲宗亲政，召为左司谏，积憾元祐大臣不用己，极力攻之，至乞夺司马温公赠谥，仆碑毁冢。《蓉塘诗话》卷十二载："金人入洛，禁勿犯司马光宅。张商英辈乃欲发其棺。"

呜呼，公论自在人心，焉可泯者焉。商英以一己私欲不得而积怨于人身后，不亦小人乎。金为敌国，尚知礼敬温公，而英欲发其棺，行止不如外夷也。至于毁书之举，则欲效祖龙焉。凡书之优劣，士人自有评定，三代以降，诸子辈出，百家众言，不可胜计，今之可见者凡几焉，岂秦之前仅此数家欤？六经既成，千载而不毁，即欲毁之亦不可，何哉？其合于天理，存于人心也。故奸人之举，徒为后世讥矣。乾隆帝修《四库》而毁书万部，甚于秦火，然六经未废，薪火不绝，中华文化岂一炬可焚之哉。

张先佚事

张先，字子野，善乐府，与东坡游，东坡推为前辈。先自谓“三影”，盖平生有三佳句皆有影字也。《古今诗话》云：张子野郎中善歌词，尝作《天仙子》云：“云破月来花弄影。”士大夫皆称之。子野初谒欧公，迎之坐，语曰：“好‘云破月来花弄影’。”恨相见之晚也。有客谓张子野曰：“人皆谓公为张三中，即心中事，眼中泪，意中人也。”公曰：“何不目我三影？”客不晓。公曰：“云破月来花弄影”，“娇柔懒起，帘压卷花影”，“柳径无人，坠风絮无影”。此予平生所得意也。所谓三中者，子野尝为一歌伎作《行香子》词，云：“舞雪歌云，闲淡妆匀。蓝溪水，深染轻裙。酒香醺脸，粉色生春，更巧谈话，美情性，好精神。江空无畔，凌波何处？月桥边，青柳朱门。断钟残角，又送黄昏。奈心中事，眼中泪，意中人。”

子野之词多有为歌伎所作，人或诟之，亦不在意。《绿窗新话》记其为比丘尼作词事，云：（先）尝与一尼私约。其老尼性严。每卧於池岛中一小阁上，俟夜深人静，其尼潜下梯，俾子野登阁相遇。临别，子野不胜惓惓，作《一丛花》词以道其怀曰：“伤高伤远几时穷。无物似情浓。离愁正引千丝乱，更东陌、飞絮濛茸。归骑渐遥，征尘不断，何处认郎踪。双鸳池沼水溶溶。南北小桥通。横看画阁黄昏后，又还是、新月朦胧。沈思细恨，不如桃李，犹解嫁东风。”词出，一时盛传。欧阳永叔尤爱之，恨未识其人。

子野年八十五，居钱塘，家犹畜声妓，东坡尝赠以诗云：“诗人老去莺莺在，公子归来燕燕忙。”盖全用子野故事戏之。先和云：“愁似鳏鱼知夜永，懒同蝴蝶为春忙。”极为东坡所赏。以是知张先实亦工于诗，惜俚俗多喜传咏其乐府，至掩其诗声，岂不为恨焉。

贞烈才女

贞烈女子，列代皆有，然女子贞烈而具才学者鲜矣。余读宋人笔记，有韩希孟、徐君宝妻、王氏则皆贞烈有具才学者。盖高宗南渡后，身被贼虏，不屈而死者，其绝笔文辞，不忍卒读，虽未及易安居士之妙笔，其神气慷慨凄惨，不下易安也。

《宋诗纪事》卷八十七载："岳州破时，韩氏为游卒所掠，以献诸主将。韩知必不免，乘间赴水死。越三日，有得其尸，於练裙中题五言长句曰：'宋未有天下，坚正臣礼秉。……妾本良家子，性僻守孤梗。嫁与尚书儿，衔署紫兰省。不弃宿瘤瘿，初结合欢带。……一方遭劫虏，六族死俄顷。……意坚志不移，改邑不改井。我本瑚琏器，安肯作溺皿。志节匪转石，气噎如吞鲠。不作爝火然，愿为死灰冷。借此清江水，葬我全首领。皇天如有知，定作血面请。愿魂化精卫，填海使成岭。'"韩氏名希孟，襄阳贾尚书之媳，诗传於世，士大夫多称道之。又有徐君宝妻，《南村辍耕录》卷三载其事曰：岳州徐君宝妻某氏"被虏来杭，居韩蕲王府。自岳至杭，相从数千里，其主者数欲犯之，而欲以巧计脱。盖某氏有令姿，主者弗忍杀之也。……即严妆焚香，再拜默祝，南向饮泣，题《满庭芳》词一阕于壁上，已，投大池中以死。词曰：'汉上繁华，江南人物，尚遗宣政风流。绿窗朱户，十里烂银钩。一旦刀兵齐举，旌旗拥、百万貔貅。长驱入、歌楼舞榭，风卷落花愁。清平三百载，典章人物，扫地俱休。幸此身未北，犹客南州。破镫徐郎何在，空惆怅、相见无由。从今后、断魂千里，夜夜岳阳楼。'"《宋诗纪事》卷八十七以记临海王氏事曰："台之临海王氏者，美姿容，被掠至师中。千夫长杀其舅姑与夫，而欲私之，妇誓死不可。自念且被污，因阳曰：'能俾我为舅姑与夫服期月，乃可事君。'千夫长见其不难於死，从其请，仍使俘妇杂守之。师还，挈行至嵊，过上清风岭，妇仰天窃叹曰：'吾知所以死矣。'即啮拇指出血，写口占诗於崖石上曰：'君王无道妾当灾，弃女抛男逐马来。夫面不知何日见，此身料得几时回。两行清泪偷频滴，一片愁眉锁未开。回首故山看渐远，存亡两字实哀哉。'写毕，即投崖下以死。"

夫诸诗收於《全宋诗》，余阅钱钟书《宋诗纪事补订》有批语焉。窃谓诸女虽具才学，如在太平时，亦吟风诵月之作耳，逢国破之乱，身死殉节，故有如此诗作，而名登史乘，不亦悲而有幸者哉。叹叹。

制科试因人改期

苏子瞻、子由兄弟文名甚望，《师友谈记》云："东坡云：'顷同黄门公初赴制举之召，到都下，是时同召试者甚多。一日，相国韩公与客言曰：二苏在此，而诸人亦敢与之较试，何也。此语既传，於是不试而竟去者十盖八九矣'。"可知苏氏兄弟之声望，天下尽知也。

清俞樾《茶香室三钞》卷十三有"二苏召试事"条，曰：东坡云：国朝试科目，亦在八月中旬。顷与黄门公既将试，黄门公忽感疾卧病，自料不能及矣。相国韩魏公知之，辄奏上曰："今岁召制科之士，惟苏轼、苏辙最有声望。今闻苏辙偶病未可试，如此人兄弟中一人不得就试，甚非众望，欲展限以俟。"上许之。黄门病中，魏公数使人问安否，既闻全安，方引试，凡比常例展二十日。自后试科目并在九月，盖始於此。

呜呼，以一士之疾，至展试期，千年科举未之闻也。凡一朝一代皆有其好者，上之所好而下效之则成风俗。宋时崇文，於文士颇有敬，余观夫有宋一代，文士虽亦时有贬谪，然人不以为然，若东坡、少游之谪，凡至处，人皆优礼之，是世风使然也。故文士多有贬谪而书佳作传於世者。若非此习，焉能以一士而展试期哉。

中官乱用词

人或未辨词义而草率用之，贻笑大方者，古今皆然。《画墁录》载：嘉祐、治平间，有中官杜浙者，好与举子同游，学文谈，不悉是非。然居扬州，凡答亲旧事，若此事甚大，必曰"兹务孔洪"。如此甚多。苏子瞻过维扬，苏子容为守，杜在座。子容少怠，杜遽曰："相公何故溘然？"其后子瞻与同会，问典客曰："为谁？"对曰："杜供奉。"子瞻曰："今日直不敢睡，直是怕那溘然。"

杜浙之说，令人莞尔，然余观夫今日，若杜浙者众矣。近岁，多有喜言复兴国学者，言语掉文，以示其雅耳。然时有未谙词义而误用之，其说亦若中官者也。余尝与某友文，其复余文，下署“愚弟”，是不明“愚”之用也。愚为谦辞，然属长于晚，上于下、长于幼之谦辞，貌似谦而实居之高也。或有滥用“贤”字者，其义类于“愚”，若言“贤弟、贤妹、贤伉俪”者，自居尊位也。今多有称人“贤内助”者，若依古义，亦以人为卑，人多不识而致泛滥。呜呼，人之为学，始於识字，字义之不解，如何为文焉？中官之后滥矣。

周敦颐慎用刑

周敦颐濂溪先生以《爱莲说》名於世，其“予独爱莲之出淤泥而不染，濯清涟而不妖”句，传之千载而犹为人耳熟也。濂溪先生创宋明道学，倡“文以载道”，主“明慎用刑”，谓圣人在上，以仁育万物，以义正万民。以为圣人法天，以政养万民，以刑治世，然须慎刑，盖主刑者握人性命，不可不慎，终须中正明达也。

《宋名臣言行录》外集卷一载：先生“为南安司理，时郡狱适有囚法不当死，运使王逵欲深治之。先生独力争，不听，置手版归，取告身委之而去，曰：‘如此尚可仕乎？杀人以媚人，吾不为也。’逵感悟，囚得不死”。嗟乎，冤狱屈死，何朝无有，虽朝廷置法典，而司法者枉之，奈何哉？濂溪先生独以置手版、委告身而与之争，所争者岂一囚焉？如屈於运使而致囚以死，则其亦染於淤泥也，其争者，洁身也。王介甫性耿，平常人难入其眼，然与濂川相见恨晚，亦可知先生之高洁也。《宋名臣言行录》载：嘉祐“五年东归，王荆公江东提刑，与先生相遇，语连日夜。荆公退而精思，至忘寝食。六年，倅虔州，赵清献为守，熟视其所为，乃寤，执其手曰：‘几失君矣，今日乃知周茂叔也。’”

濂溪先生既以一文行世，而其言行鲜见於人，余书其事者，冀读《爱莲》之文者知其平生行事，亦可为其文作一小注矣。

朱熹病足诗

朱文公谦谦君子也，然斯文之辈则见欺於奸人矣。《宋稗类钞》卷七载："朱文公有足疾，尝有道人为施针灸之术，旋觉轻安。公大喜，厚谢之，且赠以诗云：'几载相扶藉瘦筇，一针还觉有奇功。出门放杖儿童笑，不是从前勃窣翁。'道人得诗径去。未数日，足疾大作，甚於未针时。亟令人寻逐道人，已莫知其所在矣。公叹息曰：'某非欲罪之，但欲追索其诗，恐其持此误他人尔。'"时杨万里漕江东，与晦庵先生吟诵甚多，性情相洽，故颇好戏谑。《诗人玉屑》卷十九引《柳溪吕炎近录》曰："刘约之丞庐陵，过诚斋，语及晦庵足疾，诚斋因赠约之诗云：'忠显闻孙定不虚，四枢犹子固应殊。鸾停梧上遗风在，鹭进松间得句无。剩有老农歌赞府，未多荐墨送清都。晦庵若问诚斋叟，上下千峰不用扶。'晦庵后视诗笑云：'我疾犹在足，诚斋疾在口耳。'"道人以朱文公君子可欺，然斯文自在人心，岂可欺之哉。《癸辛杂识》尝云："朱晦庵之葬用悬棺法，术家云：'斯文不坠。'"呜呼，此术家亦孔门儒学中人也。

朱熹恢复中原

古人言辞有故为悠谬者，其意或讥或讽，不可信其实也。汉魏时，曹操灭袁绍，其子丕纳袁尚遗孀甄夫人，孔北海谓操曰："武王灭殷，以妲己赐周公。"操疑而问其出何典，北海曰："想当然耳。"盖讽丕纳甄夫人也。

明末清初有唐大陶者，撰《衡书》三卷，凡十三篇，大抵学庄、列之寓言。其《核儒篇》称：冉有为鲁将，与齐兵战，败，季孙欲诛之，惧而奔楚。子贡游说吴越，反为鲁召兵，国几亡。朱子进正心诚意之说，金人闻风而遁，遂恢复中原，并削平西夏。盖大陶生於明末，故其书多有激之谈也。明来集之《倘湖樵书》引《名贤录》云："宋章樵遇李全之乱，率诸生盛服坐堂上讲诵。寇至，敛刃而去。"又引《宋濂集》"宋郑霖讲《中庸》一篇，寇退，不敢攻城"。

噫，余谓北海之杜撰妲己赐周公，乃怒操掠人之妇也，大陶之杜撰诸种，盖其目睹明季诸儒徒张讲学之帜，而於时事更无裨益，所谓空谈误国者，是以谬说而抒己愤懑之情也。虽属无稽之谈，然细品其味，亦觉别有所感矣。

尊号

古之有尊号，然常见而无常称之者。凡帝或其后有尊号然未常称，帝、后之外有尊号者则常称之也。

宋人宋敏求《春明退朝录》云："尊号起於唐，中宗称应天神龙皇帝，后明皇称开元神武皇帝，自后率如之。"清史家王鸣盛《十七史商榷》卷七十六亦谓："生上尊号，因起於唐，前世未有。"今人读史，於前代人物称谓，多不知为何，盖谥号、庙号、尊号、年号繁复，每为所惑也。

尊号之别於谥号、庙号者，乃帝、后生前所上，实乃臣子所上之谀颂之词耳。唐高祖李渊生前未上尊号。唐高宗上元元年追上为"神尧皇帝"；唐玄宗天宝八载，增为"神尧大圣皇帝"；十三载，复追上为"神尧大圣大光孝皇帝"。武后称帝之前，即已"加尊号为圣母神皇"。称帝后"加尊号曰圣神皇帝"。帝、后之上尊号唐时亦谓之"徽号"，《旧唐书·德宗纪》：贞元五年十月，"百寮请复徽号"。徽号者，美号之义也。《尔雅·释诂》云："徽，美也。"

帝、后之尊号虽存，然以之称者鲜，盖其字数繁多也。以清之慈禧例。同治元年，其尊为皇太后，垂帘听政，遂上徽号曰"慈禧"；十一年，庆同治大婚，加"端佑"二字；十二年，庆同治亲政，加"康颐"二字；十三年，庆同治帝天花得愈，然未及加而同治崩，未果。及光绪即位，上四字"昭豫庄诚"；光绪十五年二月，庆光绪大婚，上"寿恭"二字；三月，庆光绪亲政，复上"钦献"二字；二十年，庆慈禧六旬大寿，复上"崇熙"二字。其尊号已至十六字之多，及其卒，复加庙号"孝钦"，十六字后复加"配天兴圣"四字，上谥号"显皇后"，其庙号、尊号、谥号已至二十有三字也。清东陵慈禧之神主牌即书为"孝钦慈禧端佑康颐昭豫庄诚寿恭钦献崇熙配天兴圣显皇后"。尊号字数繁多，故前人鲜有以尊号称谓，唯那拉氏以"慈禧"二字行於世，亦属非常矣。

帝、后之外获尊号者罕有，唯孔子、老子、庄子、关羽、岳飞、达赖、班禅耳。孔丘自汉武帝尊儒学始，其位尊崇。汉平帝元始二年，首追谥孔子“褒成宣尼公”，虽谥亦尊也。北魏孝文帝太和十六年，易为“文圣尼父”。北周宣帝追封“邹国公”。唐太宗称“先圣宣父”，武后追封“隆道公”……宋元明清，皆有追封，至清顺治二年加号“大成至圣文宣先师”；十四年，易为“大成至圣先师”，此尊号神主至民国初未易。

道家奉老子为始祖，唐高宗追尊号为“太上玄元皇帝”。唐玄宗追封“大圣祖玄元皇帝”。宋真宗易尊号“太上老君混元上德皇帝”。唐玄宗追封“庄子号南华真人”，文中子号通玄真人，列子号冲虚真人，庚桑子号洞虚真人。

尤为可奇者为三国之关羽。考羽之事迹，一武将耳，刚愎自用，失荆州而坏东吴联盟，以至蜀汉之败，其亡之时，以获恶谥。然至宋时，神化其人，以为忠义之需，历代皆加其尊号，为王、为帝、为神，尊其极矣。清赵翼《陔余丛考》卷三十五“关壮缪”条曰：“关壮缪在三国六朝唐宋皆未有禋祀，考之史志，宋徽宗始封为忠惠公，大观二年加封武安王。高宗建炎二年，加壮缪武安王。孝宗淳熙十四年加英济王，祭於荆门当阳县之庙。”至清顺治九年，易为“忠义神武关圣大帝”。《日知录》卷三十“古今神祠”曰：“关壮缪之祠至遍於天下，封为帝君，岂鬼神之道亦与时为代谢乎？”佛教尊其为“护法伽蓝神”，故释子称其“盖天古佛关圣帝君”。自清以来，民间帮会无不敬之，以至占山为匪者亦敬其为神。清逊帝溥仪《我的前半生》谓关羽乃清之“护国神”，其尊号“协天大帝关圣帝君”。

夫关羽之尊，名实不副，岳飞之尊则名至实归也。桧杀飞，宋孝宗为之昭雪，追谥“武穆”。理宗易谥“忠武”。至明，数追封，万历间其号极长且怪，尊其号曰“诛邪辅正大将、精忠武穆帝君、主治洞天福地、统领禋祀蒸尝、协理三十六雷律令、赞七十二候天罡、受命上清、永扬帝化、神霄右监门、靖魔忠勇岳鄂王、荡卤大元师”（沈德符《万历野获编》）。沈氏亦谓：“今上加南宋岳鄂王谥号，见之诰词，不减壮缪，则海内或未及闻也。”

至若西藏之达赖，清顺治十年册封五世达赖阿旺·罗桑嘉措尊号乃“西天大善自在佛所领天下释教普通瓦赤喇怛喇达赖喇嘛”。清康熙五十二年封五世班禅罗桑意西尊号为“班禅额尔德尼”。今人但以达赖、班禅简称之也。

卷七

高俅乃东坡小史

读《水浒》者皆晓高俅，小说家谓其本市井无赖子，以善蹴鞠而亲徽宗。余阅宋王明清撰《挥麈录》卷七，谓俅本东坡小史也。权录以左：

高俅者，本东坡先生小史，笔札颇工。东坡自翰苑出帅中山，留以予曾文肃，文肃以史令已多，辞之；东坡以属王晋卿。元符末，晋卿为枢密都承旨时，祐陵为端王，在潜邸日，已自好文，故与晋卿善。在殿庐待班，邂逅。王云："今日偶忘记带篦刀子来，欲假以掠鬓，可乎？"晋卿从腰间取之。王云："此样甚新可爱。"晋卿言："近创造二副，一犹未用，少刻当以驰内。"至晚，遣俅赍往。值王在园中蹴鞠，俅候报之际，睥睨不已。王呼来前，询曰："汝亦解此技邪？"俅曰："能之。"漫令对蹴，遂惬王之意，大喜，呼隶辈云："可往传语都尉：既谢篦刀之况，并送人皆辍留矣。"由是日见亲信。逾月，王登宝位，上优宠之，眷渥甚厚，不次迁拜。

据余嘉锡先生《四库提要辩证》考，明清父王铚毕生致力于《国朝史述》，明清自幼耳濡目染，于当朝史实饶有兴趣，至弱冠已博识"本朝典故，前辈言行"，"在座中偶举旧事，了了如在目前"。故其所述，颇可采信也。俅固谄媚小人，以小技而媚上，为世人诟。然其于子瞻子弟甚厚之，亦不忘故主之意也。据明清记，俅"不忘苏氏，每其子弟入都，则给养问恤甚勤"。亦可谓良知未尽泯矣。

又，俅既为东坡小史，才气当佳，非复若《水浒》所述，市井无赖辈也。

公车上书

今人读史，皆知康梁"公车上书"案，然诘之何为公车多茫然也。

夫公车者，汉之官署，卫尉之属也。设公车令，掌宫殿中司马门之卫。凡臣民上书及征召，皆由公车招待。

其制盖源于武帝。建元元年武帝甫即位，即下诏举贤良方正直言极谏之士，至元光元年，诏举至数百之众。董仲舒、公孙弘、严助辈皆出于郡县举贤良对策。夫武帝内则制礼作乐，外则控南越、伐匈奴，其欲一改文、景两朝无为而治之策。史载“武帝初即位，征天下举方贤良文学材力之士，待以不次之位，四方士多上书言得失”（《汉书·东方朔传》）。

夫诣阙上书亦谓“公车上书”。长安未央宫有东司马门与北司马门，各立一阙，东阙为“朝诸侯之门”，吏民“上书奏事谒事之徒皆诣北阙，公车司马亦在北焉”（《汉书·高帝纪》）。故“公车”实乃北司马门公车司马之署也。吏民则诣北阙上书而于公车待诏。然又于公车司马近处北军之中设狱，以惩非法狂妄之辈，故非恃非常之才者，不敢妄书也。

武帝于诣阙上书之近侍“程其器能，用之如不及”（《汉书·东方朔传》），但“其尤亲者，东方朔、枚皋、严助、吾丘寿王、司马相如”。武帝文功武治之伟业得益于斯也。然权重则危至，鲜有善终者：严助弃市，朱买臣坐事诛，主父偃族灭。史家叹曰：“出入禁门，招权利死，皆得其所也。”（《汉书·严朱吾丘主父徐严终王贾传赞》）

二涯庵曰：庄子尝谓“为善无近名，为恶无近刑”。斯言善矣。

古代文人之天道

儒、道之学皆谓天道之存焉，然余观夫屈原乃至陶潜则皆叹天道之不公，呜呼，天道果存乎？抑或不存乎？钟嗣成《双调·清江引》云：“试问屈原醒，争似渊明醉？早寻个稳便处闲坐地。”既须寻闲坐地则天道何存焉？

余谓屈原之愤实乃疑天道之存也。老子曰：“天道无亲，常与善人。”屈子亦尝谓：“皇天无私阿兮，览民德焉错辅。”（《楚辞·离骚》）待怀王逐之则呼曰：“天命反侧，何罚何佑？齐桓九会，卒然身杀。”（《天问》）故太史公叹谓：“余甚惑焉。倘所谓天道，是邪？非邪？”（《史记·伯夷列传》）故吾国文士，自屈原而今，论人则“不平则鸣”，论诗则“穷而后工”，是亦无奈也。然陶潜则不然，其既视外在功名似浮云，亦未抱建功立业之宏志，故“少无适俗韵，性本爱丘山”。任彭泽令惟因口腹之需耳，既违己性，乃能毅然挂冠，“心远地自偏”“悠然见南山”，固穷守节，自得其乐，不亦悠然一贫士哉。余谓自陶潜始，失意之文士乃有“柳暗花明”之转机，故东坡数度放逐后幡然自悟曰“深愧渊明”。

纷扰之世，文士之心路必亦需以选择，故海宁王静安乃效屈子而投水，义宁陈寅恪则避居粤地而偷安。是亦今之屈陶矣。

汉高祖手敕太子书

《殷芸小说》卷一载汉高祖手敕太子书，史书所未见也。其敕云："吾遭乱世，生不读书，当秦禁学问，又自喜，谓读书无所益。洎践阼以来，时方省书，乃使人知作者之意，追思昔所行多不是。"又云："尧舜不以天下与子，而与他人，此非为不惜天下，但子不中立耳。人有好牛马尚惜，况天下邪？"又云："吾生不学书，但读书问字而遂知耳，以此故不大工，然亦足自解。今视汝书，犹不如吾，汝可勤学习。每上疏，宜自书，勿使吏人也。"

高祖之书，宛然慈父诲子，惟内室之言，故殊无虚语。此种言语史乘所不可见，但野史可窥也。清人姚振宗谓《小说》"殆是梁武帝作《通史》时，凡不经之说为通史所不取者，皆令殷芸别集为《小说》。"噫，既为不经之说，何以复令纂之别集？余嘉锡云："考芸所纂集，皆取之故书雅记，每条必注书名，与六朝人他书随手抄撮不注出处者不同。"

是书散佚已久，赖周树人於宣统二年辑录成书。后余嘉锡推《殷芸小说辑证》，凡引书二十六种，较周氏强十四种，合辑百五十四条，其校勘考释尤精也。

汉人多诵赋

汉赋乃诗之衍变也，《诗》既皆可诵，汉人亦习以诵赋。时人诵赋，依声律音韵，《汉书·元帝纪赞》曰："元帝，多材艺，善史书，鼓琴瑟，吹洞箫。因其喜王褒之《洞箫赋》，尝"令后宫贵人左右皆诵读之"。此习至隋尚存。《隋书·经籍纪》卷三十五载："隋时有释道骞，善读之，能为楚声，音韵清切，至今传《楚辞》者，皆祖骞公之音。"

近时吟诵之风渐兴，然多不谙其声律音韵，或若依谱而唱，失其韵味也。

若夫《诗》之诵，当依中原之音，《楚辞》之诵当依楚音，至唐宋之诗词则各依方言而诵，唯于韵部一于官制也。

黄巢菊花诗

《全唐诗》卷七百三十三载唐末黄巢《菊花诗》。宋张端义撰《贵耳集》载：黄巢五岁时，父翁吟菊花诗，翁思未就，巢信口吟曰："堪与百花为总领，自然天赐赭衣黄。"父怪，欲击之。翁曰："孙能诗，令再赋一篇。"巢应声曰："飒飒西风满院栽，蕊寒香冷蝶难来。他年我若为青帝，报与桃花一处开。"翁大异之。《清暇录》又载巢下第作菊花诗曰："待到秋来九月八，我花开后百花杀。冲天香阵透长安，满城尽戴黄金甲。"

唐乾符二年，黄巢与王仙芝共举事，巢自称"冲天均平大将军"。《旧唐书·黄巢传》记"既一朝有变，天下离心，巢之起也，人士从而附之"。"时巢众累为盗，行伍不胜其富，遇穷民于路，争行施遗。"至其陷长安，名国号大齐，改元金统，加号"承平广运启圣睿文宣武皇帝"。

余观其两诗已可见跋扈之野心也，夫大盗亦复有其气概矣。《七修类稿》载，明高皇亦有菊花诗云："百花发，我不发，我若发，都骇杀。要与西风战一场，遍身穿就黄金甲。"似度巢意而作。凡成大事者皆非科场中人，巢落第而起事，若登科则亦入官场中矣。汉高祖素鄙儒者，待其平黥布，过沛县，邀故人饮，酒酣击筑而歌《大风歌》，朱洪武亦有《咏燕子矶》诗云："燕子矶兮一秤砣，长虹作竿又如何。天边弯月是钓钩，秤我江山有几多。"此般语气岂科场中人能作？故观人诗文可知其人之心胸矣。

佳人奈何还做贼

新得民国笔记《花随人圣庵摭忆》，乃福建侯官黄濬所撰。黄少年入京，自谓居京三十年，熟谙北方风土人情。既入世，同权宦显要、前辈名公相接席，周旋唱和，殆无虚日。耳食既多，目见亦广，于清季民初之史事掌故、人物轶闻详为记述，或考订，或议评。其文委婉传神，足称大观矣。世人比之洪迈《容斋随笔》，确非谀词也。惜黄氏终以汉奸罪而伏法，令人既恨且惜也。

黄濬，字秋岳，又称哲维，室名花随人圣庵，生于清光绪十六年庚寅。十七岁毕业于京师大学堂译学馆，授举人，七品京官。尝留学于日本早稻田大学。入民国，任北京政府陆军部承政厅秘书科员，为林森所赏，继任南京国民政府行政院秘书，得与闻密勿。民国二十六年，以通日寇罪，与子黄晟俱伏法白门。

夫濬为石遗室陈衍弟子。史载其人“才气横溢，诗工尤深”，知名当世，且肆力于骈文，“能集清代之大成”。其诗为孙雄选入《四朝诗史》。汪辟疆尝作《光宣诗坛点将录》，谓其作之佳者“有杜、韩之骨干，兼苏、黄之诙诡”。钱仲联《近百年诗坛点将录》收百零单八将，有“地贼星白日鼠白胜黄某”，盖即黄濬矣。

余阅其摭忆，有文曰《说汉奸》，义正词严，不旋踵而已乃成抗战之首号汉奸。呜呼，世事之不可逆料竟有如此焉。陈寅恪先生《寒柳堂未定稿》记曰：日本投降“重返清华园，始得读秋岳之书，深赏其暘台山看杏花诗‘绝艳似怜前度意，繁枝留待后来人’之句，感赋一律”；又谓“秋岳坐汉奸罪死，世人皆曰可杀。然今日取其书观之，则援引广博，论断精确，近来谈清代掌故诸著作中，实为上品，未可以人废言也”。陈师所赋一律云：“当年闻祸费疑猜，今日开编惜此才。世乱佳人还作贼，劫终残帙幸余灰。荒山久绝前游盛，断句犹牵后死哀。见说暘台花又发，诗魂应悔不多来。”

黄秋岳奈何作贼，余终有不可解处也。昔严复拥袁世凯称帝，郑孝胥尝作诗讽之云：“群盗如毛固若狂，佳人作贼亦寻常。六年不答东华字，惭愧清诗到海藏。”然郑孝胥旋任伪满洲国总理大臣，污民族之气节而为世人不齿，其讽严复诗亦若揽镜自照矣。秋岳亦尝作《说汉奸》文，不意亦为己照矣。一时才俊，沦落如斯，夫复何言哉。

又，黄秋岳摭忆名之曰“花随人圣庵”，初不甚解，寻之文献，则王荆公《寓言三首》诗有云“若见桃花生圣解，不疑还自有疑心”句。宋曾觌《蓦山溪·坤宁殿得旨次韵赋照水梅花》词云“花随人圣，须信世无双”句。黄书之名，疑取其义。

佳诗罹祸

《隋唐嘉话》卷上载隋炀帝嫉薛道衡诗而诛之事，后世传之甚广，然考之玄卿生平，殊非一诗而罹祸者也。

盖玄卿少而怀才，及长，诗文之名显于世，然性狷介，无矫饰，素与文帝善。及炀帝立，欲拜为秘书监，然玄卿书《高祖文皇帝颂》呈上。帝怒，曰："道衡至美先朝，此《鱼藻》之义也。"《诗·小雅·鱼藻》，《毛诗序》以为"刺幽王也。言万物失其性，王居镐京，将不能以自乐，故君子思古之武王焉"。故炀帝杀机起焉。

玄卿尝作《昔昔盐》诗，述思妇孤独寂寞之情，"暗牖悬蛛网，空梁落燕泥"联尤脍炙人口，人谓炀帝嫉而欲杀之也。余谓此说无据，广亦文艺之人，其《春江花月夜》三首，足可立于世也。况薛玄卿之才，世之所闻。其尝聘于陈，为人日诗云："入春才七日，离家已二年。"南人嗤之曰："是底言？谁谓此虏解作诗。"及云："人归落雁后，思发在花前。"乃喜曰："名下固无虚士。"余谓炀帝之诛玄卿实类魏武之诛杨修也，薛、杨以其才名显，故招忌才之说，然读史者当考之于斯世斯人斯情，焉可以意气而度之哉。《隋唐嘉话》云：炀帝善属文，而不欲人出其右。司隶薛道衡由是得罪，后因事诛之，曰："更能作'空梁落燕泥'否？"道途之说，未可尽信焉。

嘉道间士人重考据轻义理

雍乾两朝，罗织文网，至乾隆季年，学风为之大易矣。宋明以来，儒学重于义理，而至嘉道则学人寸积铢累于一节一句、一文一字之考据征实，订此校彼，炫博矜奇，其与宋明之儒志在家国天下者远矣。曾文正公曰：

"嘉道之际，学者承乾隆季年之流风，袭为一种破碎之学。辩物析名，梳文栉字，刺经典一二字，解说或至数千万言。繁称杂引，游衍而不得所归。张己伐物，专抵古人之隙。或取孔孟书中心性仁义之文，一切变更故训，而别创一义。群流和附，坚不可易。"（《曾国藩全集·诗文》）

夫宋明学人之于学多在明六经之旨，而嘉道学人则炫炫然于“汉学”，于是乎，音训、考据、笺疏、辨伪之学兴焉。邵懿辰，道光十一年举人，尝与曾文正善，其即叹曰：“世聪明杰魁之士，相劘而为考证纤末之务，名治经而经日以蔽晦”（《半岩庐遗集》）。虽系学风，亦涉世风焉，故嘉道后之士人其气象异于宋明之儒也。刘师培评曰：“清代之学，迥与明殊。明儒之学，用以应世，清儒之学，用以保身。明儒智直而愚，清儒智而谲。明儒尊而乔，清儒弃而湿。”（《清儒得失论》）故章太炎亦曰：“宋明诸儒多耿介，而清儒多权谲。”汉学既兴，故多有弃名利而守淡泊者焉。余阅《清史列传》，为学而学，轻仕途而重著述者众矣。择数例而征之。

孔广森，孔子六十八代孙，“乾隆三十六年进士，改翰林院庶吉士，散馆授检讨。年少入官，翩翩华胄，一时争与之交。然性淡泊，耽著述，不与要人通谒。告养归，不复出。”既跃龙门而复悄然隐去，非通脱之人焉能为之。梁玉绳“家世贵显，有赐书”，尝“据经传以纠乖违”，著《史记志疑》三十六卷。其私心所愿者，惟“世世作书生门户”，故“年未四十，弃举子业，专心撰著”。凌廷堪“六岁而孤”，由书坊佣工而成进士。朝廷授知县，“自请改教职，选宁国府学教授。则奉母之官，孝弟安贫，毕力著述”。弃命官而择冷官，所图者闲暇也，而有闲则可为学问，此即“为学问而学问”之本心也。钱塘，“乾隆己丑，举江南乡试，明年，成进士，需次当得知县，自以不习吏事，请就教职选，授江宁府学教授。公务多暇，专精撰述，于声音文字，尤多神解”。以小官闲职而成其大学问，此辈所慕者也。

窃谓斯辈，其进退之际皆负向学之心，“其穷也不忧，其乐也不淫”，若论其学问人品，自有卓卓不可轻之处。然较之宋明之儒，则复有别也。其潜心于学问之道，厕身于书斋之偶，更不复一顾天下世事。虽有文网之禁而欲脱身之说，然其于文字间已无士人之哀乐焉。宋儒范仲淹曰：“居庙堂之高，则忧其民；处江湖之远，则忧其君。”复六百年，明儒顾宪成曰：“官辇毂念头不在君父上，官封疆念头不在百姓上，至于水间林下，三三两两，相与讲求性命，切磨德义，念头不在世道上，即有他美，君子不齿也。”（《明儒学案》）孟子倡“修身、齐家、治国、平天下”，乾嘉之后儒者仅有其半耳。圣人劝喻当明心见性，若心中无家国，无百姓，耿介恬退仅私德尚佳耳。故读其书，绝少道德磨砺之崚嶒也。

康熙教子得失

康熙帝诚一代圣君也，文治武功，有清一代无出其右者，然於诸子之教则有失偏颇。帝育皇子三十五，早殇十有一，成年者二十余人。帝重皇子之教，既学文韬武略，复习弓马骑射；既重经史文学，亦强实战锻炼，诸子中多有堪当大任者矣。然则圣人之教首在德，孔子所谓德者在仁，帝诸子虽皆俱才华，而于仁心则缺憾颇多，是亦致后来相恶之因也。

帝于诸子之教，可谓尽心者也。所聘为师者皆一时才俊，张英、熊赐履、李光地、徐元梦、顾八代、法海均为满汉宿儒，况帝亦督之甚严，然其所失者忽于诸子之德也。据《东华录》，帝尤不以尊师重道为甚。帝尝当太子辱其师，甚者乃殴徐元梦于庭。南巡之际，以谓元梦教授失当，降旨革职，且于诸子前杖笞三十。父既轻于师则子亦蔑之矣。师道之尊不存，弟子视师若奴，斜立昏盹之余，博学宿儒颜面何在哉？尊师之心既失，孝悌之心焉存？故太子于父甚为冷漠，殊无孝道，及其废则众兄弟皆欲置之死地，储位争夺，弟兄相残，是亦康熙帝教子之大败绩也。

余谓帝以儒学开一代风气，儒家言：天子至于庶人，皆以修身为本，身修则家齐，然后可以治国平天下。帝诚过举无多，不可谓身不修，然诸子之狠戾残贼，太子旋废旋立，既立复废，至晏驾亦有疑义，复开兄弟相杀之端，此亦人伦之剧变矣。兹以太子例，据《理密亲王允礽传》“太子通满汉文字，娴骑射，从上行幸，赓咏斐然。二十九年七月，上亲征噶尔丹，驻跸古鲁富尔坚嘉浑噶山，遘疾，召太子及皇三子允祉至行宫。太子侍疾无忧色，上不怿，遣太子先还。三十三年，礼部奏祭奉先殿仪注，太子拜褥置槛内，上谕尚书沙穆哈移设槛外，沙穆哈请旨记档，上命夺沙穆哈官”。以一拜褥而夺尚书官，殊亦怪事也。礼部定祭当先仪注，其尊者诚太子也，虽有谕移太子拜褥向下，其请旨记档者，冀免祸也。太子骄纵，其左右亦必导之，以帝之明，焉有不知？然严处礼臣，人闻之则父子之间形迹过存矣。

康有为未曾公车上书

清光绪二十一年，因《马关条约》之签订事，至有史界所谓康有为公车上书案。余阅姜鸣先生著《天公不语对枯棋》，于康南海公车上书事断然质疑。呜呼，此乃百余年间史界之定论也，岂复有隐情乎？据姜文所述，吾复搜寻光绪朝文献，述之于右。

今之所谓“公车上书”案，学界皆采于康有为所撰《康南海自编年谱》之说：

“三月二十一日电到北京，吾先知消息，即令卓如（梁启超）鼓动各省，并先鼓动粤中公车，上折拒和议，湖南人和之……各直省莫不发愤，连日并递，章满察院。……时以士气可用，乃合十八省举人于松筠庵会议，与名者千二百余人，以一昼二夜草万言书，请拒和、迁都、变法三者……遍传都下，士气愤涌，联轨察院前里许，至四月八日投递，则察院以既已用宝，无法挽回，却不收。”

以康所述，其乃最先反签约之人，然揆诸档案，反签约之人非举人乃众现职官员也。外省封疆大吏电奏反对者已过半数，若两江总督张之洞、台湾巡抚唐景崧、钦差大臣刘坤一等。京官反签约之宗室贵胄及二品以上者亦有十余人，翰林院、总理衙门、国子监、内阁、六部官员皆有联名上书，至六百余人次。众官员既起，举子辈复亦欲效之，然按清制，举人无上书权，惟公呈由都察院代奏。后都察院日代奏举人上书。以康文所称都察院拒收上书之5月2日（初八日己酉）例，转递湖北、江苏、河南、浙江、顺天、山东、四川等七省举人八批公呈，签名者324人。上书达31件，签名举人达1555人次，上书均达御前。故康所述“却不收”谬也。

光绪二十一年乙未夏，康于沪间出版《公车上书记》，刊有署“沪上哀时老人未还氏”于五月朔日之序，其说则与康氏《自订年谱》径庭甚巨也。序曰：

各公车再联十八省同上一书，广东举人康长素……主其事，草疏万八千字，集众千三百人……文既脱稿，乃在宣武城松筠庵之谏草堂传观会议。……是夕议者既归散，则闻局已大定，不复可救，于是群议涣散，有谓仍当力争以图万一者，亦有谓成事不说无为蛇足者，盖各省坐是取回知单者以数百人，而初九日松筠庵之足音已跫然矣，议遂中寝，惜哉惜哉。

于戏，依此说，康氏发起之上书5月2日即已胎死也。其因乃众举子以为“局已大定，不可复救”，其地乃松筠庵而非都察院。康氏所谓“公车上书”实为子虚，或曰“公车集会”“公车拟上书”则可矣。

夫考之现存涉“公车上书”之文献，皆康氏及其弟子门生所撰，且所述不一，时在京官员及应试举子众也，然所遗文献一无是案，复令后人疑窦丛生焉。

为谨慎意，余尝检之《清史编年·卷十一》，亦无康氏公车上书事。《清通鉴·光绪朝》于己酉（初八日）则记：“康有为草就《上清帝第二书》，并联合一千二百名举人签名，上书呈请‘拒和、迁都、变法’，欲赴都察院投递，未果。是为‘公车上书’。”

二涯庵曰：康南海一生自负，自以圣人居，然圣人岂沽名而可成者欤？

空乏其身

《孟子·告子章句下》“故天将降大任于是人也”文，读书人莫不熟谂，有周笃文君指其句读之误，吾取诸前贤之本校之，以为周说有据也。录孟子文于右：

“故天将降大任于是人也，必先苦其心志，劳其筋骨，饿其体肤，空乏其身，行拂乱其所为。所以动心忍性，曾益其所不能。”

周文谓是文当存句读之误，盖“行拂乱”三字语意含混，几不可解。以为其句读当为“空乏其身行，拂乱其所为”，又谓误之因乃未训“空”字也。“空”当“困”训，“空乏”即“困乏”也。并引《尚书大传》云：“行而无资谓之乏，居而无食谓之困。”吾以朱子《四书章句集注》校，朱熹注曰：“空，穷也。乏，绝也。”复以杨伯峻先生《孟子译注》校，其译“空乏其身”为“穷困他的身子”。其意亦与周文类。然以句读论，“空乏其身行，拂乱其所为”，则文从字顺，文法相合。噫，奈何千载以来，读书人皆不以其为惑焉？吾则复惑也。

孔庙塑像

孔庙夫子之像，余尝见于州县学，其像有塑有绘，亦有木主。据明史料记，盖明之前文庙均用塑像也。自汉至宋元，凡文庙祭祀多以塑像，洪武四年前，仍袭元制，十五年方易为木主。成化时大学士丘濬谓“太祖高皇帝建国之初，秩祠百神，咸惟其旧，独于先师孔子之祀，用木主以易塑像，不敢以百神例视之也”。然洪武中易木主，仅行于金陵国子监，地方州县儒学仍沿旧例。永乐后，北京国子监亦因元之旧，祭孔用塑像，盖因“塑像犹在，不忍毁之也”。

《山志》卷六载“天顺六年三月，苏州府文庙像剥落，将加修饰。知府林鹗曰：‘塑像非古，洪武时於太学易以木主，彼未坏者，犹当毁之。今遇其坏，易以木主可也。’或以毁圣贤像为疑，鹗曰：‘此土泥耳，岂圣贤耶？’於是并从祀诸贤，皆易为木主。嘉靖时，则天下通行矣。”宋濂以为“以土埂为孔子，为礼也，诚一旦不可毁也；以土埂非孔子也，非礼也，则不可不亟毁之矣。毁之，所以尊孔子也，以全礼也。夫奚疑哉？”

夫尊孔子者，尊其道也，非尊其像也。若心存夫子之道，即不拜于文庙何过欤？《宋高僧传》卷十一载：释自在于慧林寺遇大寒，乃焚木佛像以御之。人或讥之，曰吾荼毗舍利，曰木头何有。然曰：若尔者何责我乎？盖释自在悟佛之在心非在木像，此亦禅宗之理论也。筑文庙而使儒生祭之，尊孔也，以其礼而增士子向道之心耳。塑像、绘影、木主，皆孔子也，焉有所别哉。近时复倡孔学，余见学校多有塑孔子像于正门，使其暴于风雨烈日之中，岂可谓尊之焉？

孔子论天下无道

孔子既悲礼崩乐坏，故叹曰：“天下有道，则礼乐征伐自天子出；天下无道，则礼乐征伐自诸侯出。自诸侯出，盖十世希不失矣；自大夫出，五世希不失矣；陪臣执国命，三世希不失矣。”（《论语·季氏》）盖夫子睹王纲解纽，礼崩乐坏而无力复礼，唯以悲之矣。其十世、五世、三世之说，以天命推之乎？余以为夫子之言盖谓礼之愈下则亡之愈速耳。《左传》崇礼，余以之相征之。

自隐、桓二公至庄公闵公，天子之权衰，诸侯雄起，所谓礼乐征伐自诸侯出之时。自僖公至襄公，则各国皆世卿执政也，是所谓礼乐征伐自大夫出之时。至昭公以降，大夫间，大夫与家臣间相争，是所谓陪臣执国命之时。方是时，鲁之季孙氏有阳虎；齐之陈恒氏有陈豹；卫之孔悝氏有浑良夫；鲁之仲孙氏有公敛处父。自“天子出”至“陪臣执国事”，总二百二拾五年间，不知经几世也。故夫子之言几世者，不可拘其数也。

李光地伪道学

康熙一朝，李光地恩眷尤隆，然帝亦知其有伪道学之疵也。光地字晋卿，号厚庵，理学名臣也。康熙三十三年四月，光地母丧，制当丁忧，康熙帝谕旨“提督顺天学政关系紧要，李光地特行简用，可在任守制”。李称：“臣蒙荷圣恩，怎敢不以残喘自效？”复又乞予九月假，以返乡治丧。是时，御史沈恺曾、杨敬儒交章论劾。给事中彭鹏复疏光地十不可留，目为贪位忘亲，排诋尤力。乃下九卿议，命光地解任，在京守制。此皆《清史稿》光地本传之文也。彭鹏之疏文言语尖刻，似有挟私之疑。略言：

以三年之通丧，请为九月之给假，于礼则悖，于情则乖，于词则不顺。又言：光地有不可留者十：一则上谕十六章，首敦孝弟。二则太皇太后之丧，圣躬哀瘠。皆斥光地不能体贴则效。三则闻光地哭母甚哀，勉强衡文，必多恍惚。四则闽变时以忠贞闻，今使人疑不孝未必能忠，并议其后而叹其先。五则谈理讲道于平日，为珪为璋，倏忽瓦裂。六谓九月大功服，人皆谈言微刺。七谓生童匿丧，褫革严处，万一犯者诘侍郎衰绖何以在此，何辞以对？八谓学校之堂曰明伦，以不祥之身俨然而登，奈桥门环视何？九谓本年正月，上谕诸臣，申礼义廉耻难进易退之意，光地今日，礼乎义乎？进退难易之谓何？悖圣训而失本心。十谓光地必曰君命何敢辞。古人丧中辞起复，曰金革之变礼不可施于平世，纲目累书以予之。皇上教孝教忠，固辞必无不允，而光地不辞而请假九月。凡此十不可留，贪位忘亲，司文丧行，宜重其罚。

疏入，帝传旨询问，鹏复疏言：“皇上令光地在任守制，或以此试光地耳。光地深文厚貌，道仁道义，言忠言孝，一试诸此，而生平心术品行，若犀燃镜照而无遁形。”

于戏，彭鹏之疏实道明帝之不可言者，得其情也。然帝始终为之保全，可窥恩遇之隆矣。夫光地侍帝讲学最亲且久，帝虽知其伪道之疵，然光地官至极品，以清廉终，君臣相得，亦属异数矣。余谓康熙之所以窥光地之伪而仍为之包容者，知人也。理学之士，言之易而行之难，其若二程、朱熹者世有几人哉？然光地虽伪，无亏大节，故仍可为我所用也。况丁忧之制，固有夺情之说，岂可一味责之光地哉。

李泰伯骂孟子

李觏，字泰伯，号盱江先生，北宋名儒也。觏博学多识，尤长于礼，然不拘泥于汉唐诸儒旧说。其抵佛而不喜孟子，于六经常抒己见，推理经义，为“一时儒宗”。觏诟道学家禁言利欲之说教，谓“人非利不生。（《原文》）”曾巩尝师之。

余阅《坚瓠集》有觏与士子骂孟子诗，名儒而骂孟，亦一奇事也。其记曰：宋李太伯贤而有文章，素不喜佛，不喜孟子，好饮酒。一日，有达官送酒数斗，太伯家酿亦熟，一士无计得饮，乃作诗数首骂孟子云：“完廪捐阶未可知，孟轲深信亦还痴。岳翁方且为天子，女婿如何弟杀之。”又：“乞丐何曾有二妻，邻家焉得许多鸡？当时尚有周天子，何必纷纷说魏齐。”太伯见诗大喜，留连数日，所与谈莫非骂孟子也。无何酒尽，乃辞去。

野乘所记，未必尽实，然孟子之说后来儒者诘之者亦时有之也。若齐人有一妻一妾、邻人攘鸡类，虽为作喻，人以实求之则疑其伪也。以是知圣人亦非完人，焉能无失欤？

梁启超《时务报》为文多杜撰

梁启超以《时务报》而得盛名，侃侃高论，大言动听，然细究其文，多汗漫不知边际。余检旧箧有《辛亥前后文论集》，读梁任公诸文，实有信口开河，英雄欺人之感也。其叙西国事，功夫尽在渲染虚构，若汉赋之铺陈，然杜撰者实多也。择《变法通议》例示：

“西人之为学也，有一学，即有一会。故有农学、矿学、商学、工学、法学、天学、地学、算学、化学、声学、光学、重学、力学、水学、热学、医学、动植两学、教务等会。乃至于照相、丹青、浴堂之琐碎，莫不有会。其入会之人，上自后妃王公，下及一命布衣，会众有集至数百万人者。”

其论及译书之况则云：“诸国都会之地，庋藏汉文之书译成西文者，浩博如《全史》、《三通》，繁缛如国朝经说，猥陋如稗官小说，莫不各以其本国语言繙行流布，其他种无论矣。”

前文夸张，后文臆想，所叙皆非西国之真相也。若“数百万人者”与汉书西译之名目类举尤能见其所思之类天马行空。然彼之时也，吾国人读《时务报》而初识西方世界，故心中之西方世界即梁笔下之世界也。故刘体智于《异辞录》感慨曰：“三十年前，昧于外务，群众心目之中，颇为倾服而与之俱靡”，以使其以“匹夫之力，足以率天下趋于其所指引之地，使风气转移于无形”。

呜呼，孟子曰人之患在好为人师，梁氏以二十五岁弱龄，岂足为国人之师乎？固其言之滔滔实非真知者焉。后数岁，梁氏内省而曰：“今日检视旧论，辄欲作呕，复勘其体例，未尝不汗流浃背也。”（《饮冰室合集·清议报一百册祝辞并论报馆之责任及本馆之经历》）夫深自愧疚而后能广纳新知，较之渲染臆想，诚属“苟日新，日日新，又日新”也。

刘基不欲后人学天象

刘青田，明之开国功勋也，今浙西人多有以其为卦占之师，不知其病笃之时嘱子毋令后人习之也。

初，基佐明太祖定天下，洪武四年即赐归老于乡。据《明史·刘基传》载：“基佐定天下，料事如神，性刚嫉恶，与物多忤。至是还隐山中，惟饮酒弈棋，口不言功。邑令求见不得，微服为野人谒基，基方濯足，令从子引入茆舍，炊黍饭令。令告曰：‘某青田知县也。’基惊起，称民，谢去，终不复见。其韬迹如此，然究为惟庸所中。”洪武八年，基病笃，以天文书授子琏曰：

“亟上之，毋令后人习之。”盖值其隐于青田之时，尝言瓯、括间有隙地曰谈洋，南抵闽界，为盐盗薮，方氏所由乱，请设巡检司守之。奸民弗便也。胡惟庸使吏讦基，谓谈洋有王气，基图为墓，民弗与，则请立巡检司逐民。帝为之动，遂夺基禄。

呜呼，余谓诚意之归隐韬迹，非饰为名高也，亦非为矫情也，盖惧祸耳。《历朝诗集刘诚意小传》云：“可知大人志士，惟在乱世为有意气发舒，得志大行则皆忧危之日。其不知忧危者，必为胡惟庸、蓝玉之流；知忧危者，则公及汉之张良是也，而公犹且不尽免祸，读史诚可感矣。”“世所传为神奇，多阴阳风角之说，非其至也”。野官俾史喜以阴阳神奇状人，若言三国者状孔明如神人，今人状青田亦多有言其晓阴阳天象者，谬也。夫谈洋王气之谗，正以公有术数之长而动帝听。余谓公之料事奇中，自由正大学问所养成之学识，于阴阳风角何预？使果有秘术，何以谈洋之说不能预其讦；惟庸之毒不能烛其奸？故其临终，使子上天文书，毋使后人复习，诚悔之矣。今之嗜青田阴阳之说者戒之。

柳如是不入清代闺阁诗人

丁酉冬於沪上旧书肆得《清代闺阁诗人征略》，凡十卷，补遗一卷。是书辑录前清自顺治至光绪间一千二百六十馀女诗人之姓名、里居、著述、事迹，且以文艺为重。辑者施淑仪，字学诗，江苏崇明人，清末尝掌崇明尚志女校，以能诗著称。是书例言谓“专载有清三百年中闺秀，起於顺治，下迄光绪。至明季闺秀，甲申后尚生存於世者亦录之”。“是编偏重文艺，凡诗文词赋书画考证之属，有一艺专长足当闺秀之目者皆录之，非是，虽有嘉言懿行，概不著录。”然余检之目录，康熙朝竟无柳如是，弃书而叹者三，河东君未获其列，是书可废之矣。

盖柳如是卒於康熙三年，亦属“甲申后尚生存於世者”，如是诗擅近体七言，作书得虞世南、诸遂良笔法，传世有《戊寅草》集，可谓“有一艺专长足当闺秀之目者”乎？况施氏自谓“是编托始於沈云英刘淑英，毕著殿以秋瑾，所以寓崇拜女豪杰之微意”。夫河东君之民族气节岂逊於鉴湖耶？值其清兵临城，如是力劝钱牧斋投池殉国，及其与陈子龙交，皆谋划於复明之计也。寅恪师以百万字为之作传，崇明迂腐小女子而竟弃之，可谓无目之人也。叹叹。

吕洞宾题妓诗

《坚瓠甲集》卷四有“黄莺”条，谓：广陵妓黄莺有姿色，豪客填门。一日，有士子托宿，莺以其褴褛拒之。士乃题二绝于屏而去。诗云：“嫫母西施共此身，可怜老少隔千春。他年鹤发鸡皮媪，今日红颜花貌人。”又：“花开花落两相欢，花与人还事一般。开在枝头防客拆，落来地上倩谁看。”莺顿悟，即日束发为道士。

其言士子者，唐吕岩也。《唐才子传》卷十载：“岩，字洞宾，京兆人，礼部侍郎吕渭之孙也。咸通初中第，两调县令。更值巢贼，浩然发栖隐之志，携家归终南，自放迹江湖。”其诗见于《吕岩诗集》。褚人获未审传说，乃托言士子，疑本八仙传说类也。阅其故事，似为道家点化者，况其妓“即日束发为道士”，可证。

余先祖尝语予故事云：某少年阅《石头记》，痴于黛玉不能解，神思恍惚，病恹焉。家人延医，汤药无效。道士某闻而赴其宅，言可解其疾。欣欣然告少年曰：“吾已寻得颦儿之迹也。”少年喜，即与之走。至一桃林，狼藉斑斑，一老媪鸡皮鹤发，正以帚扫之。道士曰：“颦儿，此慕汝之人也。”媪茫然不知所云。少年怒其欺，道士徐云：“潇湘馆人已二百岁矣，安得当年貌？”少年顿悟，病亦寻除。吕岩点化黄莺之诗其立意亦复如是。

马致远风流误前程

马致远，元散曲大家也，人誉为“万花丛中马神仙”。明初贾仲明诗曰：“姓名香贯满梨园。”今人皆因其《天净沙·秋思》一曲而知其名，可谓一曲名世矣。

酷暑无聊，偶取元散曲消暑，见东篱先生迥非“古道西风瘦马”之态也。值其任“江浙行省务官”时，频献颂曲，阿谀之词令人生厌。“祝吾皇万万年，镇家邦万万里，八方齐贺当今帝，稳坐盘龙亢金椅”（〔中吕·粉蝶儿·尾〕“寰海清夷”）“善教他归厚德，太平时龙虎风云会。圣明皇帝，大元洪福与天齐”（〔中吕·啄木儿煞〕“至治华夷”）至晚年坎坷之际尚念及“自年幼，写诗曾献上龙楼”。然而“都不迭半纸来大功名一旦休”。东篱之功名由何而休，文献无考，唯黄克先生考之甚详，兹录于右。东篱尝作〔大石调·青杏子〕《悟迷》散套曰：“云雨行为，雷霆声价，怪名儿到处里喧驰的大。没期程，无时霎，不如一笔都勾罢。”此云雨行为，据下文乃谓嫖妓也。元代律有明文：“诸职官频入茶酒市肆及倡优之家者，断罪罢职”（《元史·刑法·职制上》）。本乃云雨私情，竟似雷霆般响动，于是乎，怪名儿到处传播。

窃以为，虽斯时蒙古人“尊用汉法”，然出入青楼乃官场平常事耳，何至断送功名哉。盖东篱少年得志，必至恃才傲物，睥睨同僚，名显则遭妒，一旦失检，怪名儿如何将息。余谓东篱暮年赋秋思，盖源于此矣。

民初报馆之嬗变

清末京师之《时务报》乃国民崇敬报馆舆论之始也，梁任公假其而一时名噪，于是报馆忽如梨花逢春风矣。然不数年间，报馆嬗变，其声名剥落殆尽焉。

近读辛亥前后旧文，多有言及报馆事，闲暇读之可供浮一大白也。辛亥前二年，章太炎与孙文交恶。斯时田桐主《中兴日报》，护党之心炽，报纸之论遂言“章炳麟叛党”，复臆编章“与刘光汉、汪公权等谋充满洲鹰犬之秽史”（《辛亥革命时期期刊介绍》）。政见异而挟私相讦，以舆论而为攻讦之器，尽失《时务报》当日之风采矣。故人曰京师之报馆几近官场，多网利而私也。《国闻备乘》曰：报馆谋利“凡攻人过恶，必其隐其名而微讽之，不动则甚其辞，直叙其劣迹；又不动则指名而大骂之。故大官而有力者，其于报馆月必馈干修”。以至“善宦之人未有不联络报馆者”（《近代稗海》）。孙宝瑄《忘山庐日记》尝曰：

“盖报馆者，主持天下之公论者也，然必访察明确，褒贬中理，然后为善者有所劝，为恶者有所惩。今其所指摘者，皆不根之谈，与事实相反，不知其所谓公论者安在，其所以有裨惩劝者安在也。”

孙宝暄，字仲玙，钱塘人，乃李鸿章之兄瀚章之婿，有《忘山庐日记》行世。其初亦以亲近报纸为乐事，而后观感既变，则复有所批也。熊希龄尝于长沙首创《湘报》，实为湘人办报之鼻祖，其尝驰函《国报》主笔谓：“鄙人不敏，窃有一言以规阁下，夫报馆者，国民舆论之利刃也，仁人义士持之，足卫国并以保民，若挟意气报私仇，持此凶器，复与独夫民贼何异！”

自清末至民初，人言报馆报人之恶者比比皆是也。严复曰：“北京诸报，实无一佳”；章太炎曰：“今日报纸，皆天师符也”；辜鸿铭曰：“当日秦始皇所焚之书，即今日之烂报纸，始皇所坑之儒，即今日之烂报纸之主笔也”。呜呼，昔之报营名士名士营报之风光尽矣。

《明史》不足传信

今人谈史籍，多以二十四史为正史，他书则为野史也。夫所谓正史野史焉有所准邪？以前四史言，太史公之作《史记》、班固之作《汉书》、范晔之作《后汉书》、陈寿之作《三国志》，皆史家之有志于作，书既成而学人誉之，君主从而认之耳，其始也，固无以国家之意志而修之者。至唐，始有君主倡始，选人而任以修史之事，谓之敕撰。然既为敕撰则必非一人所可任者，皆杂众手而成之。史家多称前四史者，以后二十史皆未尽史家之职矣。清赵翼《廿二史劄记》卷三十一谓：“近代诸史，自欧阳公《五代史》外，《辽史》简略，《宋史》繁芜，《元史》草率，惟《金史》行文雅洁，叙事简括，稍为可观，然未有如《明史》之完善者。”然《明史》可谓其完而善者乎？

《明史》之修盖始于康熙十七年，帝用博学宏词诸臣分纂《明史》，所任者皆一时博学能文，论古有识者。且阅六十年而后讫事，古来修史未有如此日久而功深者也。然史家孟森犹以其“隐没事实，不足传信”。盖其既为敕修，则修史者必尊本朝，而于有碍本朝之事迹自当避讳，既有所避讳其史岂可言信史哉？余阅《清史稿》，虽遗老所编，然未尝有讳于建州女真事。清以肇祖为追尊入太庙之始，成祖永乐间已见其事迹。清之本土所谓建州女真部族，其归附于明在明太祖时。明之一代二百馀年，与建州女真部族无时不相有接。然《明史》全书概无建州女真之字迹，是以讳也。于是，“女真之服而抚，叛而征，累朝之恩威，诸臣之功过，所系于女真者，一切削除之。”（引孟森先生语）

窃谓从古易代之际，以后代之人而修前代之史，于有碍本朝事迹处，例不能无曲笔，然无非文饰之语耳，迥无隐其一族百馀年间事也。赵翼《廿二史劄记》人谓良史，虽有所讳，亦时或有评之。若其谓“《明史》立传多存大体，不参校他书，不知修史者斟酌之苦心也。如《龙兴慈记》，徐达病疽，帝赐以蒸鹅，疽最忌鹅，达流涕食之，遂卒。是达几不得其死，此固传闻无稽之谈。然解缙疏有刘基、徐达见忌之语，李仕鲁疏亦谓徐达、刘基之见猜，几等于萧何、韩信。此二疏系奏帝御览，必系当日实情，则帝于达、基二人疑忌可知也。今《明史》达、基二传，则帝始终恩礼，毫无纤芥”。余阅《明史》诸传，凡明文武诸臣，其涉在辽之事迹，概为删削，几不成传焉。

窃谓自陈寿《三国志》后，所谓正史者皆不可言信史，盖修史者其旨即在宣本朝之圣迹，既有所囿则何言实事焉。野乘俾言，虽不登台阁，实多正史之不敢言者也。

明武宗追赠刘基太师

今处郡人皆称刘基为太师，然其初高皇帝仅封诚意伯耳，洪武四年后，以弘文馆学士告归。初，高皇帝甚任刘青田，称之为老先生，比之于子房，后为胡惟庸所谮，遂恶之。洪武八年三月诏曰：“禽鸟生于丛木，翎干扬去，恋巢复顾，禽鸟如是，况人乎？今可速往括苍，共语儿孙以尽考终之道，岂不君臣两全者与。”基没后十五年，高皇帝方悟其冤，故昭雪青田，命基孙荐袭爵。后荐子又不得袭，至宪宗朝始授五经博士，孝宗改处州卫指挥使，武宗方追赠太师，谥文成。

呜呼，刘基没而至武宗追赠太师，得谥文成，已历十帝矣。吾谓基知天象，晓地理，然未知天命也。

霓裳和泪换袈裟

自宋以降，俗贬比丘尼为姑，厕身“三姑六婆”之内，诋诬丛生，几不可绝。宋元以来，话本、戏曲尤喜以尼姑艳情弹唱于市井，故人多厌之。清初朱彝尊尝作《杂诗》云：

至晋始有尼，入梁俗莫挽。
此辈僧易狎，为态亦婉娩。
一入富家门，内言出于梱。
挟伴湖山游，积金寺塔建。
精舍累百区，有司岂能限。
宣淫青豆房，饱食香积饭。
因之坏风俗，讵可偕息偃。
妇人有妇功，蚕织乃其本。
如何水田衣，娑拖出祇苑。

呜呼，竹垞虽举博学鸿词，何视事偏执如此欤。幽幽尼庵，万境千缘，不乏善行睿思之人，孰以狎、游、淫、贪而概之欤？余谓比丘尼亦芸芸众生，多有弱女、弃妇、寡妻者，其弃尘世而遁空门，皆有无奈之事也。余阅清和邦额《夜谭随录》，叙比丘尼之因缘心路，尤为中肯，其曰：

顾念伊剃度亦有因缘：“或多病而误信星书，父母忍心割舍；或早寡而情伤破镜，闺门绝意修容；或失琴瑟之调，逞小忿而乌云辄剪；或抱琵琶之恨，恐中弃而白发靡依。于是礼金粟以向空门，本图忏悔；拥蒲团而课静室，渐觉孤清。暮鼓晨钟，翻出凄凉之响；春花秋月，暗生活泼之机。既而托钵以延门，每致桑间之约；假安禅而闭户，频来月下之敲。”

庄周智者，而有“嘉孺子而哀妇人”之叹，比丘尼亦妇人，诚亦可哀也。虽为槛外之人，难脱槛内之厄，斯亦悲夫。宋罗志仁有悲比丘尼之词，情切感人，录而诟竹垞之轻薄也。词填《虞美人·净慈尼》：

“君王曾惜如花面，往事多思怨。霓裳和泪换袈裟，又送鸾舆北去，听琵琶。当年未削青螺髻，知是归期来。天花丈室万缘空，结绮临去何处，泪痕中。”

牛金星仕清

牛金星乃李自成丞相，明之国亡君殉，其罪甚巨。值自成据燕京，金星以宰相之威福，纪载洋溢，逮自成败走，金星之归宿，人多亡知。余阅《池北偶谈》卷九，有记常若柱条，曰：“常若柱，顺治四年进士，居谏职数日，上疏劾闯贼伪相牛金星，当明正典刑，以雪普天之恨，坐褫。即日赁一车，夫妇共坐出国门，老仆步行。行路皆叹息。”查《若柱传》载：

若柱疏言：“贼相牛金星，弑君残民，抗拒王师，力尽始降，宜婴显戮，乃复玷列卿寺，靦颜朝右；其子铨同父作贼，冒滥为官，任湖广粮储道，赃私巨万，请将金星父子立正国法，以申公义，快人心。”得旨：“流贼伪官投诚者多能效力。若柱此奏，殊不合理，应议处。”遂罢归。

夫满人入关之初，江南未定，天下扰攘，摄政王招降纳叛，封赏不吝，且持之以久，事之以信。降人封爵，直至清亡而始与同尽者甚多也。牛金星固大奸之人，其谗杀李岩以致义军涣散，宋献策出走，自成之败，其咎不可恕也。金星于顺治二年与子牛佺降清廷，佺乃知黄州。多尔衮一时奇才也，抑不能知金星乎？观其入关后之行为，可见其定天下之气度也。其时，世祖尚未亲政，江南未定，招降之事方急，故待金星如此，以愿来归者无疑矣。昔汉高祖封雍齿，人谓“雍齿且侯，吾属无患”，岂刘氏大度哉？张子房谏之耳。

清世祖朝，多尔衮摄政，于明季朋党相攻，概不理其说。为新朝计，则首召用奄党冯铨，取其明习故事也。冯铨，字伯衡，明万历四十一年进士，附和魏忠贤，与杀杨涟、熊廷弼。顺治元年即受多尔衮征，尝曰：“一心可以事二主，二心不可侍一君。”后以大学士原衔入内院协理机务，累官至礼部尚书。《清史编年》顺治元年七月二十七日记：多尔衮入武英殿，升御座，设故明卤簿、鸣钟鼓奏乐。大学士冯铨等率文武群臣上表称贺。知若冯铨辈实多尔衮所需而乐见者也。至若牛金星父子，所御犬马也。

欧阳修之为文之道

苏轼《东坡志林》卷一记欧阳文忠公论为文之道，语浅而意深，得为文之三昧也。转记于右：顷岁，孙莘老识欧阳文忠公，尝乘闲以文字问之，云："无它术，唯勤读书而多为之，自工。世人患作文字少，又懒读书，每一篇出，即求过人，如此，少有至者。疵病不必待人指擿，多作自能见之。"此公以其尝试者告人，故尤有味。

今之世人，每患子女不能作文，以应试故，有询吾于为文之道者，嗟夫，吾岂知夫为文之道焉。文忠公之"无它术，唯勤读书而多为之，自工"即其道也。然二三子懒于读复患于作，为文焉能达哉。

千古情痴陆放翁

吾谓陆放翁《钗头凤》词实可压倒全宋词矣，何者，盖其情之所至，迥非一时之恸也。搜检《剑南诗稿》与《放翁词》，自绍兴二十五年沈园邂逅唐婉，至嘉定元年重游沈园，六十余年间五游沈园，非绝顶伤心人，非绝顶伤心事，非绝顶痴情人焉能如此哉。

夫放翁自与唐婉挥泪诀别，于绍兴十七年再娶王氏，唐婉亦改嫁山阴宗室士人赵士程。绍兴二十五年沈园偶遇，放翁哀恸之馀题《钗头凤》词，凄恻销魂，痛人心灵。明毛晋论其词以为"有一种啼笑不敢之情于笔墨之外，令人不能读竟"。宋人陈鹄《西塘集耆旧续闻》谓唐氏后重游沈园，睹其词伤心欲绝，和"世情薄，人情恶"词，后唐氏"怏怏而卒，闻者为之怆然"。此放翁一游也。

绍熙三年，放翁年六十有八，皤然老翁也，重阳后游沈园，见其手书移刻于石，感慨之馀，书悼亡诗记之，其诗曰：

枫叶初丹槲叶黄，河阳愁鬓怯新霜。
林亭感旧空回首，泉路凭谁说断肠。

坏壁醉题尘漠漠，断云幽梦事茫茫。
年来妄念消除尽，回向禅龛一炷香。

往事如云，幽梦难续，实古今断肠之作矣。此放翁二游也。

庆元五年，放翁七十有五，暮春时节，重游沈园，书《沈园》二首以寄追思。

城上斜阳画角哀，沈园非复旧池台。
伤心桥下春波绿，曾是惊鸿照影来。
梦断香消四十年，沈园柳老不吹绵。
此身行作稽山土，犹吊遗踪一泫然。

呜呼，诵此等诗直是刀刃心胸，如何当得。时人评曰："无此绝等伤心之事，亦无此绝等伤心之诗。就百年论，谁愿有此事？就千秋论，不可无此诗。"此放翁三游也。

开禧二年，放翁年八十有二，以老弱之躯，拄杖寻梦，复游沈园，重睹词碑，书《城南》一诗：

城南亭榭锁闲坊，孤鹤归飞只自伤。
尘渍苔侵数行墨，尔来谁为拂颓墙。

噫，耄耋之年，一掬真情，词碑蒙尘，墨迹可辨，伤心往事，何处事觅？此放翁四游也。

嘉定元年，放翁乃八十有四颓翁也，沈园春日，其竟于鉴湖三山西村步行至沈园，岂游春者焉，乃寻梦者也。所寻者何？惊鸿一瞥之倩影，红酥黄滕之深情也。感激之馀书《春游》一诗，以尽六十年之幽思，诗曰：

沈家园里花如锦，半是当年识放翁。
也信美人终作土，不堪幽梦太匆匆。

一帘幽梦六十年，当日倩影犹眼前，又二年，放翁卒。此放翁五游也。

余叹放翁真乃古今诗人之至情至性至痴之人，然若非此等至情至性至痴，亦无千古绝唱之词也。

钱柳尼姑缘

钱牧斋、柳如是，明清易代之际江南名士名姬也，其家国恨、风月谈，缠绵悲戚复扑朔迷离，陈寅恪先生考之详也。余读闲书，知钱柳与比丘尼亦复有缘矣。

明清之际，尼众清浊分化，钱氏《有学集》评曰："予观近日宗门女戒锋起，阇黎上座林立，镜奁语录伽陀交加，丹粉咸有尊宿印证，支派流传，可羞可愍，莫斯为甚。"故其尝作《潮音尼画像赞》曰："是比丘尼，却避市廛，远离俗姓，不唱参访之缘，不挂大僧之籍。一声佛号，十念往生。旌表末法，甚难希有。斯则墨穴之电光，狂水之圣药也。"考其尼，俗姓金，名潮音，孀居抚孤，礼尼真如为师。后还里焚修，一心念佛。顺治十二年，坚坐中堂，端然逝化。其尼行迹，从无炫弄，唯自修而。钱氏既叹日下之世风，而欲假潮音以挽释氏之颓风也。盖值易代之时，满人入关甫初，金瓯未全，内乱纷起，于宗教事务莫能顾之，而释氏之于乱世，其混杂鱼龙，必有所显，亦势之所然也。黄宗羲《南雷文集》卷七《七怪篇》亦直指其弊，曰："棒篦以为仪仗，鱼螺以为鼓吹，寺院以为衙门，语录以为簿书。"故钱氏视老尼潮音之清苦静修为"墨穴之电光、狂水之圣药也"。

柳氏居常熟，与直指庵尼行玄善。行玄俗姓曹，字圆鉴。幼出家，于报国寺受具足戒，严持律范，精究禅理。《续比丘尼传》卷四"清常熟直指庵尼行玄传"记其与河东君禅谈：钱宗伯夫人问："如何是万法归一，一归何处？"玄曰："秀水年年秀，青山岁岁青。"机锋皆健，可作晨昏谈也。河东君亦与吴县西洞庭山德隐尼为密友。德隐尼人称"吴中奇女子"，能诗善画，乃禅房中之诗尼也。《续比丘尼传》卷四载其假并蒂莲歌钱柳情缘曰：

虞山钱太史柳君，春日采兰，忽得双丫。复以并蒂植之庭中，命余图焉。时席试汤饼会，诸名闺共赋采兰词，余亦成咏："日照鲜肤露未干，轻罗徐酌唤人看。若因野客良缘好，两席花前看浴兰。"

余谓牧斋之于释教，实无心向之诚，其取佛经开宗明义语"如是我闻"

为二，上截为河东君名，下截为寝处名，是亦亵佛也。

钱穆批龙场悟道

王守仁素以诸葛武侯自喻，吾谓其固喜装神弄鬼也。夫其正德元年谪贬贵州龙场驿丞，而自谓夜半忽尔顿悟，感知心即是理，“圣人之道，吾性自足，向之求理于事物者误也。”自龙场悟道，而阳明之学兴矣。朱熹、守仁俱言天理，然朱子之天理须以格物而得，而阳明之天理乃在人心，以“致良知”而可“安天下之民”，“成天下之治”。吾以王守仁之心说固亦成一家之言，然其龙场顿悟，实类于禅宗之顿悟也。

吾阅钱宾四先生《论语新解》，其居台岛素书楼，寿已九十有三，序其文有言：“阳明求为圣人，及其龙场驿自悟乃曰，‘圣人处此，更有何道？’则岂不先世之孔子，亦当学后代之阳明。此乃禅宗一悟成佛，己身成佛，立地成佛之余意。此语实易引人入歧途，而其流弊有不可胜言者。”

王守仁求为圣人，一求字则坠入欲界也，夫复可悟者哉。其龙场驿自悟本源自释家，《坛经·般若品》曰：“我於忍和尚处，一闻言下大悟，顿见真如本性，是故将此教法，流行后代，令学道者顿悟菩提，令自本性顿悟。”吾观其龙场之悟直若孔明之装神弄鬼之举，岂圣人之为者焉。

乾嘉宗师不能为人师

乾嘉两朝宋学式微，治汉学者多弃明心见性之圣贤功夫，故学问与立身泾渭而分矣。

余友文水先生尝赠《王国维全集》，卷帙浩繁，力不能尽阅，权取《观堂集林》读，卷十二《聚珍本戴校水经注跋》云：

“东原学问才力，固自横绝一世。然自视过高，骛名亦甚。其一生心力，专注于声音、训诂、名物、象数，而于六经大义，所得颇浅。晚年欲夺朱子之席，乃撰《孟子字义疏证》等书。虽自谓欲以孔孟之说还之孔孟，宋儒之说还之宋儒，顾其书虽力与程朱异，而亦未尝与孔孟合。其著他书，亦往往述其所自得，而不肯言其所自出。其平生学术出于江慎修，故其古韵之学根于等韵，象数之学根于西法与江氏同；而不肯公言等韵、西法与江氏异。其于江氏，亦未尝笃在三之谊，但呼之曰：‘婺源老儒江慎修’而已。”

盖戴震以训诂考辨而得大名，生前施教燕京而其学益远被，岸岸然为一时学界领袖也。至其卒，因其撰《水经注》事则为人所诟。先是魏源作《书赵校水经注后》，发摘“近世赵一清《水经注》为戴氏所剿”。近人汪辟疆云：“东原素负征实之学，不知何以闇取东潜，托辞大典。此不解者一也。《畿辅安澜志》十卷，王履泰撰。其实王本窃东原旧稿，排比成书。惟戴书亦非自出，实窃赵东潜。”戴震乃“经学为当世冠”之大儒，何须剿窃而锦绣添花哉？盖东原三经会试而未登第，及其奉召入四库馆校《永乐大典》，乾隆赏许可不经会试，径与新进士“一体殿试”。故“以《水经注》自任”，而“窃赵书以应诏”。其窃也固不在学问而在功名也，迨馆事了结，东原果以校书之功恩赏“进士”“翰林院庶吉士”。

无独有偶，乾隆时内阁大学士兼礼部侍郎王鸣盛，经学、考据大家也，以《十七史商榷》获盛名。《啸亭杂录》载其：

“王西庄未第时，尝馆富室家，每入宅时必双手作搂物状。人问之，曰：‘欲将其财旺气搂入己怀也。’及仕宦后，秦诿楚誰多所干没，人问之曰：‘先生学问富有，而乃贪吝不已，不畏后世之名节乎？’公曰：‘贪鄙不过一时之嘲，学问乃千古之业。余自信文名可以传世，至百年后，口碑已没而著作常存，吾之道德文章犹自在也。’故所著书多慷慨激昂语，盖自掩贪陋也。”

噫，王氏之言贪，条分理析，不愧考据大家之手笔，其“自束发至垂白，未尝一日辍书”，惜其日与圣贤交，然治学立身既分，圣贤与其亦远焉。

汪中亦乾嘉间经学大师也，《清代朴学大师列传》记其“不喜宋儒性命之学。朱子之外，有举其名者，必痛诋之。于时流不轻许可，有盛名于世者，益肆讥弹”。《新世说》载：

“汪容甫少狂放，肄业安定书院。每一山长至，辄挟经史疑难数事请质，孙志祖、蒋士铨、皆为所窘。在院中遍观藏书，遂为通儒。然性卞急，无容人之量。商总某尝报效十万金，得赏二品衔。汪瞰其每出拜客也，乘驴从其从，其后戴草制暖帽，以红萝卜为顶，以松枝为孔雀翎，于项间挂冥镪一串，商行亦行，商止亦止。商恨甚，而无如何，以五千金为寿，始寝其事。”

于戏，其戏商也诚可谓士人蔑视捐官之鄙，然“以五千金为寿，始寝其事”，则其狂放、蔑视亦为人所轻也。汪中时人谓之通儒，然其出妻事则尤为人诟。《清稗类钞·著述类》儒林外史条记：

“汪容甫於当时最负盛名，而《儒林外史》中之匡超人，或谓即指容甫。世传其有出妻之事，与小说所载微异，然即此，亦足见人言啧啧之有自来矣。容甫初娶孙氏，工吟咏，尝有句云：‘人意好如秋后叶，一回相见一回疏。’最为容甫所不怿。一日晨出，忽潜回房，时孙方梳头，容甫出不意，自其后抱之。孙骇问曰：‘是何人，敢尔相戏？’容甫遽怒曰：‘岂尚有他人敢如此乎？’即以此为罪，出之，自是遂为时论所薄。”文士出妻，固亦常事，如容甫者，则太不近情矣。

宋明六百年间，诚亦有伪道学者，然以经立说，人奉宗师者则皆规行矩步，凝重肃穆，其人格风采实亦足为人师。观夫乾嘉儒师，心中固少君子之义，故仅可任经师而不能为人师也。至于今日登坛讲经者，则声音、训诂、名物且未知，复又逊乾嘉儒师远矣。

秦宣太后淫亵语于朝

秦宣太后，楚人也，芈姓。东周诸侯娶行媵妾制，盖严于嫡庶之分也。凡为正妻者，必王侯之嫡女，庶出之女若陪嫁，则呼为“媵”。秦惠文王娶于楚，后为陪嫁曰“芈八子”。待秦昭王立，芈为宣太后（《史记·穰侯列传》）。太后之称始于此也。时昭王少，故宣太后自治。败东方六国，霸主之位定矣。后三十年，昭王之曾孙嬴政为始皇帝。

宣太后之机谋权术诚为人所叹服，然其会韩使于朝，以床笫之事而喻军国，实惊世骇俗，吾国史中所绝无也。盖昭王七年，楚围韩重镇雍氏五月，韩令使求救于秦。太后楚人，不肯救。《战国策·韩策二》载：

楚围雍氏五月。韩令使者求救于秦，冠盖相望也，秦师不下殽。韩又令尚靳使秦，谓秦王曰：“韩之于秦也，居为隐蔽，出为雁行。今韩已病矣，秦师不下殽。臣闻之，唇揭者其齿寒，愿大王之熟计之。”宣太后曰：“使者来者众矣，独尚子之言是。”召尚子入。宣太后谓尚子曰：“妾事先王也，先王以其髀加妾之身，妾困不疲也；尽置其身妾之上，而妾弗重也，何也？以其少有利焉。今佐韩，兵不众，粮不多，则不足以救韩。夫救韩之危，日费千金，独不可使妾少有利焉。”

呜呼，余谓太后方言时，必惊骇朝中诸人也。清王士禛《池北偶谈》曰：“此等淫亵语，出于妇人之口，入于使者之耳，载于国史之笔，皆大奇。”窃谓芈氏之心性固如此，夫复责于斯欤。观其后来与义渠事可知也。

初，秦之西、北有义渠，强悍不能治。《史记·匈奴列传》载：“义渠之戎筑城郭以自守，而秦稍蚕食，至于惠王，遂拔义渠二十五城。惠王击魏，魏尽入西河及上郡于秦。”及昭王即位，义渠王朝贺，太后年三十余也。《后汉书·西羌传》载：“及昭王立，义渠王朝秦，遂与昭王母宣太后通，生二子。至王赧四十三年，宣太后诱杀义渠王于甘泉宫，因起兵灭之，始置陇西、北地、上郡焉。”夫宣太后与义渠王通好三十余年，而终诱杀之，时宣太后年七十矣。及其亡，尚欲以男宠魏丑夫殉之。《战国策·秦策二》载：

秦宣太后爱魏丑夫。太后病将死，出令曰：“为我葬，必以魏子为殉。”魏子患之。庸芮为魏子说太后曰：“以死者为有知乎？”太后曰：“无知也。”曰：“若太后之神灵，明知死者之无知矣，何为空以生所爱，葬于无知之死人哉？若死者有知，先王积怒之日久矣，太后救过不赡，何暇及私魏丑夫乎？”太后曰：“善。”乃止。昭王四十二年，“十月，宣太后薨，葬芷阳骊山。”（《史记·秦本纪》）

噫，秦宣太后之言行，后世多有诟之者，然多以儒家正统之理念而考之于斯人也，方其时，儒学未行，必不以其行事为大谬也。若非，则其与义渠王通，育二子，朝野必责之也，昭王何以亦容之哉。故读史者不可以后世之理而究之于前朝人事矣。宣太后既卒，后九百年而有武则天，所谓无独有偶，较之两人，多有似处。其出身也不贵，其入宫也位卑，以子而贵耳。及为太后，则控大权、善治国；况亦喜男宠。然唐时儒家行世，人或责之于武后或亦有所据也。

清季名士

自魏晋始，名士一流生也。至清季，则清流与名士交织，先是清流起于庙堂之内，继之名士起于庙堂之外，两者不复分矣。余阅野史笔记，感斯时之名士别有风骨，虽亦多有袁子才之举，然名士作派甚矣。

夫既为名士，才学固秀出一时，其间则志度与气度多有不合者，各成形相，亦若世间之众生相也。《眉庐丛话》记乾隆朝名士汪中：

“汪容甫先生经术湛深，文采焰烂，而恃才傲物，多所狎侮。灵严毕公抚陕时，知先生名而未之见也，先生忽以尺书报之，书仅四句云：‘天下有中，公无不知之理；天下有公，中无穷乏之理。’毕公阅竟大笑，即以五百金驰送其家。”

盖斯时之名士亦多依傍达官公卿，天下尚文治，则达官公卿亦多以圈拢名士而噢咻。至嘉道间，所谓名士派最足者当以龚定庵为第一也。《故都见闻录》记：

“定庵性不喜修饰，故衣残履，十年不更。尝访宪曾之子元禄于京师七井胡同。时九月也，秋气肃然，侍者觳觫立，而定庵着纱衣，丝理寸断，脱帽露顶，发中生气蓬蓬然。又谈次兴酣，每喜自击其腕。尝乘驴车独游丰台，于芍药深处藉地坐，拉一短衣人共饮，抗声高歌，花片皆落。”

汪中之名士相乃自大出格，定庵之名士相则为深疾时俗，然“不觉矫枉过正也”。咸丰间之名士王韬亦不羁之人，其居沪间，以名土论名士，目中所见竟一无可取，尝曰：“至沪名士，岂真有真实本领？不过提绫文刺三百，为名利之奴耳。求其能砥节砺行，气谊相孚，清操拔俗，一介不取者，岂可得乎？”闻其言俨然一五柳先生也，然咸丰八年岁末，其致书上海道吴健彰打秋风则宛若袁子才辈矣。其书曰：

“今者节逢送腊，时值迎年，贾岛祭诗亦须枣，杜陵守岁尚办酒浆。酌邻款客，非空厨之可延；折券偿逋，必障簏之始举。凡此皆有待卢侔，而实深欣瞩。仰惟大人盼接之殷，凡士皆感，煦妪之被，与春俱融。减太仓一稊之米，已饱侏儒，注大海半勺之泉，即苏涸鲋。”

于戏，文则既雅且丽，然无掩其求乞之卑辞也。惜吴道台起于买办，固不足与毕抚台同语，而致“书去，仍复杳然”。韬怅恚之余，日记书曰：“贬节以谋利，吾诚过矣。沪城赫寇之乱，酿之者实吴君也。”复曰：“将来邑志中载其秽迹，定不曲笔相宥。”（《王韬日记》）时逢衰世，穷境气短，则虽名士亦等而下之矣。

屈君而伸天

董仲舒“天人感应”说，流弊至今未休，盖人多取其表而弃其本也。东汉王充称其“文王之文在孔子，孔子之文在仲舒”（《论衡·别通》）。余谓仲舒之“天人感应”实有其隐者也。

余谓世之哲学有三：一谓求真之科学哲学，一谓求善之政治、宗教哲学，一谓求美之艺术哲学。董仲舒之学乃求善之政治哲学也，概而言之则可谓“屈民而伸君，屈君而伸天”（《春秋繁露·玉杯》）。奈何言“屈民而伸君”者，盖周之末季，诸侯强而周室弱，礼崩乐坏，天下分裂，春秋战国，战乱频繁，民不聊生，以无天子之威也。欲社会之稳定，人民之安逸，则必有一极具权威之君主。故其倡“屈民而伸君”，实乃有所思矣。景帝之时，方值吴楚七国之乱，仲舒身历之也，政治之大一统实民之所望，势之所需也。然秦亦大一统之世，何致乱起哉。盖君主极权而无所制约，上骄奢而民水火，亦必致天下乱也。故其复言“屈君而伸天”也。民既统于君，而君复统于天，天道者何，儒学之术也。

窃谓董仲舒之“天人感应”乃其表也，臣民之言为君者易轻之，假之于天则为君者必重之也。故嘉禾、灵芝、甘露、瑞草之祥瑞，山崩、地动、母鸡报晓之怪异生也。夫有所言则假之于吉凶之象，此所以天人感应之说盛矣。余谓董仲舒焉不知祥瑞、怪异之虚哉，天命之说乃无奈何之举也。天人感应虽神学之论，其里乃儒家之学也。

商贾士人孙殿起

清乾隆间修《四库全书》，以收书之广博而称，然四库成书之时，正值文网森严之际，故所收书每有忌讳辄任意抽毁。人或谓四库之修实中华图书之灾也，所毁之书胜于所收，且其未经著录者尚多也。今人欲检书目，多有假之《贩书偶记》。余翻检斯书，俨然有清以来之著述总目，宛若《四库全书总目》之续补也。

撰是书者孙殿起，字耀卿，别字贸翁。河北冀县人氏。年十五迫于生计乃辍读而厕身厂肆，以贩书为业，五十余年间，眼过书籍不知其数，然其既为贾复亦效士之行，于贩书间，随收随售随录，乃成是编，以书贾之身而成鸿儒之业，不亦伟也。耀卿精于版刻，勤于考订，凡手过书，辄亲手著录，勘明异同，并以详注。其后得识徐鸿宝（字森玉）、张鸿来（字劭园）、陈垣（字援庵）、孙人和（字蜀丞）诸大家，得其指点，裨益匪浅。友人忆其于过眼之书版，勤于析疑辨异，为鉴别一善本，每盘桓至午夜，饥充食，倦忘息。凡校勘一书，点画未曾疏忽，盖恐有半点鱼鲁豕亥之误。余尝欲寻清至民国间《论语》之资料，检之是书，竟载六十有八种，先生分明版本目录学家也。

昔北平国史馆馆长金毓黻尝赠诗耀卿曰："断简零缣满架尘，陈思应为访书金。筑台市骏都无济，君是燕中第一人。""辛苦何曾为贩书，梳篇理叶亦寒儒。"所誉之词实无过矣。

盛唐白话诗人寒山

五四新文化之际，绩溪胡适之著《白话文学史》，其将唐之寒山、王梵志、王绩并为唐之白话大诗人。余数岁前尝游天台国清寺，得赐《寒山诗》一册，以是得知寒山一二。寒山乃唐长安人氏，出身官宦，数考不第，三十后乃隐于浙东天台山，享寿百岁馀。严振非《寒山子身世考》以《北史》《隋书》与寒山诗相印，谓其乃隋皇室后裔杨瓒之子杨温，因皇室内争而遁迹空门，隐于天台山寒岩。其自述生平诗亦云："寻思少年日，游猎向平陵。……联翩骑白马，呵兔放苍鹰。"

余读寒山诗，窃谓寒山虽以民间口语书通俗诗，然其实长沮、桀溺人物也。宋王应麟尝谓其诗若"族家两儿，事出《列子》；公羊鹤，事出《世说》，又如子张、卜商、侏儒、方朔，涉猎广博，非但释子语也"。细审其诗，则儒、释、道驳杂，或谓其诗"似儒非儒，非儒亦儒；似道非道，非道亦道；似僧非僧，非僧亦僧；似俗非俗，非俗亦俗"也。《四度全书总目提要·寒山诗集提要》谓"其诗有工语，有率语，有庄语，有谐语"。余谓其诗不拘格律而直抒胸臆，或俗或雅，涉笔成趣。程德全《寒山子诗集跋》谓其"以诙谐谩骂之辞，寓其牢愁悲愤之慨，发为诗歌，不名一格，莫可端倪”。禅宗重人伦日用中明禅理，故其诗亦多直抒本心，非求外面之雕琢矣。黄宗羲尝评寒山诗云：“夫寒山、拾得村墅屋壁所抄之物，岂可与皎然、灵澈挈其笙簧？然而皎然、灵澈一生学问，不堪向天台炙手，则知饰声成文，雕音作蔚者，非禅家本色也。”读唐人之诗，诚高雅典范之章，然寒山之诗如空谷传声，仿佛乾坤间一丝真韵天籁矣。

考寒山生平，其生也寂寂而身后声誉日隆，绵延千载未息，实亦奇事也。人皆以其为释子，然其名之播乃赖以道家，唐人志怪小说多言其乃登仙羽士下凡者。至宋时，佛家皆称其乃文殊菩萨转世。清世宗雍正佞佛，复敕封寒山、拾得二僧为“和合二圣”，为世俗礼拜之婚姻神，位类月光菩萨也。

诗无达诂

新购周振甫先生《诗经译注》，阅之有耳目一新之感。盖其思维多有异于胡适之、顾颉刚诸君，若《秦风·蒹葭》即一反郭沫若之译，亦异于余冠英。余复叹诗无达诂也。

夫《蒹葭》素享盛名，尤以近岁，附庸风雅者莫不能咏之，然皆从郭鼎堂情诗之说，训伊人为心仪，闻一多先生《风诗类钞乙》归《蒹葭》于“男词”，则所思者乃女也。余冠英先生《诗经选》亦谓“此篇似是情诗”。余既感于振甫先生之说，复取毛《诗》《毛诗笺》及朱熹《诗集注》诸书校之，心愈惑也。

夫《蒹葭》作于春秋，毛《诗》诸篇概有小序，是篇小序曰：“《蒹葭》，刺襄公也，未能用周礼，将无以固其国焉。”郑玄《毛诗笺》则曰：“秦处周之旧土，其人被周之德教日久矣，今襄公新为诸侯，未习周之礼法，故国人未服焉。”盖秦于周初之时，乃西北穷邑也，力既孱弱文亦未昌，中原之人视为蛮夷焉。值其犬戎破镐京，弑幽王，太子宜臼立为王，王畿尽毁，平王东迁洛邑，是时襄公护之。以是得封为诸侯。《史记·秦本纪》曰：

“西戎犬戎与申侯伐周，杀幽王郦山下。而秦襄公将兵救周，战甚力，有功。周避犬戎难，东徙雒邑，襄公以兵送周平王。平王封襄公为诸侯，赐之岐以西之地，曰：‘戎无道，侵夺我岐、丰之地，秦能攻逐戎，即有其地。’与誓，封爵之。襄公于是始国，与诸侯通使聘享之礼。”

是故汉人以为《蒹葭》乃状襄公不得周民之尴尬也。“伊人”者，西周之遗民也。彼在水之一方，襄公在水之彼方，襄公之寻觅者，冀获周之遗民所拥也，郑康成以“伊人”为“知周礼之贤人”，后来学者多附其说。明丰坊《诗说》谓：“君子隐于河上，秦人慕之，而作是诗。”清姚际恒《诗经通论》谓：“此自是贤人隐居水滨，而人慕而思见之诗。”

余阅朱熹《诗集传》，夫子曰：“言秋水方盛之时，所谓彼人者，乃在水之一方，上下求之而不皆不可得。然不知其何所指也。”呜呼，夫子之所以为宋之大儒，岂等闲得之哉，“不知其何所指”一言出而千载经学之基为之撼也。然《诗》之义何在哉？夫子《诗集传序》曰：“凡诗之所谓风者，多出于里巷歌谣之作，所谓男女相与咏歌，各言其情者也。”噫，多闻阙疑，慎言其馀，若董仲舒《春秋繁露·精华》所叹“《诗》无达诂，《易》无达占，《春秋》无达辞”。文献之训诂实无通达者矣。

二涯庵曰：学问之道，若追寻“伊人”，既持敬畏，复需存疑，集众家之说而非拘泥旧巢，“伊人”之容光斯在晨曦微茫之蒹葭中矣。

《时务报》造就梁启超

清季之时，清流匿迹，名士纷起，而蓬蓬然起之名士亦以昔清流为源也，唯新会梁任公假《时务报》而旦夕成名矣。

夫《时务报》创于光绪二十二年，乃黄遵宪、汪康年倡维新变法之刊，亦吾国人首创之杂志也。时梁启超任其主笔。盖梁少年才俊也，十七中举，然后六年四应会试，皆落孙山，其以落第举子而入《时务报》，“所撰政论，痛陈救亡，呼吁变法，言论新颖”，“按时立论，畅所欲言，为中国今日对症发药，起痼扶衰之妙剂；兴利除弊，变法致强之初桄，凡关心大局者，无不亟思寓目”（《汪康年师友书札》）。以至“士大夫爱其语言笔札之妙，争礼之下。自通都大邑，下至僻壤穷陬，无不知有新会梁氏者”。其所著《变法通议》《西学书目表》先后出，乃为万人瞩，笔风所至，一时名流望风惊羡。陈三立曰：“见《时务报》册，心气舒豁，顿为之喜。”又曰：“公度书言梁卓兄乃旷世奇才，今窥一斑，益为神往矣。”（《汪康年师友书札》）

呜呼，梁氏之于《时务报》未期年而盛名腾越，为士人之显达也。时年梁氏方年二十有五。

余谓梁任公之横空出世，以一举子而蜕变，据百丈光焰而身负天下望，实赖《时务报》为之供一前所未有之言论之所也。故昔以科举而造就士人，今以刊物而造就梁氏。值清季民初，名士而营报纸，报纸而造名士，以致光绪三十二年报纸已达二百三十有九，方其时，科举之制亦终废也。

士大夫学佛

释氏东渐以来，士大夫学佛者代有其人。若其人真心向佛，吾亦敬之。服佛之服，行佛之行，言佛之言，不失为出世之异人也。近世如李叔同、丰子恺即以士人而学佛者，其志坚行修，无论僧俗皆敬之也。尤不可者，盖非佛之徒，不服佛之服，不行佛之行，而独言佛之言。王摩诘以士大夫而虔诚礼佛，人谓其“诗佛”，柳子厚则主“统合儒释”，是人谓其“韩门之罪人”。余观夫柳之诗文，子厚反天命、反符瑞、反封禅、反鬼神，然耽于佛，且主以佛济儒，岂不谬乎？子厚至永州后，悲天悯人，然当年力主变革之气概荡然无存，亦佛教所谓忍辱无诤者也。其女于元和五年夭，年仅十岁，方其疾，子厚易其名佛婢，且削发为比丘尼，号初心。及夭，为之书《下殇女子墓砖记》以记其事。

余检之《柳河东集》，正集诗文四十有五卷，释教碑占其二，记祠庙、赠僧侣之文各近一卷，百四十馀诗，僧侣赠答，讲说佛理之作近二十馀，以此观之，子厚几近佞佛也。

寿者多辱

《书经·洪范》曰五福者，一福为“长寿”；二福为“富贵”；三福为“康宁”；四福为“好德”；五福为“善终”。而“长寿”为五福之首，人之所贵者也。然人之长寿果寿欤？尧则以为非。《庄子·外篇·天地》云：尧观乎华，华封人曰：“嘻，圣人。请祝圣人，使圣人寿。”尧曰：“辞。”“使圣人富。”尧曰：“辞。”“使圣人多男子。”尧曰：“辞。”封人曰：“寿、富、多男子，人之所欲也，女独不欲，何邪？”尧曰：“多男子则多惧，富则多事，寿则多辱。是三者，非所以养德也，故辞。”尧之言善矣。

人之生于天地之间，则尽其天年耳，既尽其天年，而寿与不寿复何异哉？尧言寿则多辱，孔子言“老而不死，是为贼”。是寿非为福也。王弘撰《山志》卷三云：“秦、豫、吴、闽之间，有数巨公，早年颇著声誉，或以经济，或以气节，或以文艺。天下仰之，如泰山、北斗，而晚节顿异，遂至见诮当时，遗讥后世。盖无其实而冒其名，为造物所忌，故永其年，卒使之败耳。”窃谓今人观夫史之大声誉者，多非长寿者，既卒，则论定盖棺矣。士大夫之节，要其终而后定。而始之区区，皆得以欺人也。白香山诗云：“周公恐惧流言日，王莽谦恭下士时。若使当年身便死，千古忠佞有谁知？”山阴有周氏兄弟，兄中寿而卒，声誉播天下，弟寿八十有二，可谓寿者也，暮年贫病相加，羞辱折节，欲为一贫士亦不可，焉非寿者辱欤？

近岁吾郡以长寿之乡宣于人，感于斯而书之。

太平天国军中隐语

王文濡撰《太平天国野史》，卷十有“隐语”条，恍然如江湖市井语，以是知其不可成大事也。

夫隐语者，古已有之，《文心雕龙》释为“遁词以隐意，谲譬以指事”。明人田汝成《西湖游览志余》云：“乃今三百六十行，各有市语，不相通用。”太平军之隐语则类于草寇，如“科炭”，谓未起兵时头目有急，群下敛钱救之；“泥垅”谓清军营盘；“升天”谓战死；“运化”谓如厕；“润泉”谓小溲；“灯草”谓人心；“潮水”谓酒；“打先锋”谓掳掠别名；“招兄”即掳人别名。余谓其隐语既有广西方言之谐音，亦以其人众芜杂，各行既集，原行业隐语复行之军中也。

余尝见有以数目为隐语者，自非俗人可为也。其隐一为“且底”；二为“断工”；三为“横川”；四为“倒目”；五为“扭丑”；六为“交头”；七为“皂尾”；八为“分头”；九为“未丸”。近世行灯谜，其源于古之隐语乎？予未究之。

汤临川侮圣

汤临川著《牡丹亭》，世视为奇文，其词蒨丽俊颖，尽见才思，然亦仅《游园》《惊梦》数齣，余亦平平也。《道觋》一齣，石道姑援引《千字文》自白，胡判官冥间评花，几近游戏，了无意味矣。至《谒遇》一齣，“则怕呵，重瞳有眼苍天瞎，何波斯赏鉴无差”句，尤无忌惮，侮圣贤矣。盖言重瞳者，舜也。临川亦读圣贤之书人，何侮圣如斯？仕途蹇塞，诚士子所悲者，然焉为而侮及圣人哉？

《牡丹亭》尝由山阴王氏评点梓行，华亭陈氏序谓其“不宜逗漏於碧箫红牙队间”。临川则曰：“某与吾师终日讲学，而人不解也。师讲性，某讲情。”窃谓古之圣贤岂皆无情者焉？三代以来，圣贤所忧所虑所思所为者，皆天下庶民，胡为乎无情焉？圣贤之情在悯人，临川之情在脂粉红牙间，固不可同日语矣。临川尝曰：“生者可以死，死者可以生，生而不可以死，死而不可复者，皆非情之至也。”可知其所述之情乃囿於男女之私情耳。

秦少游填词尝引李长吉诗“天若有情天亦老”句，程子面斥其亵天，如临川侮圣之语使其见之，斥之当逾烈矣。临川之戏文，为世人崇，处州、临川二郡人尤视为天人，余书此，当有违碍也。

唐代诗僧多士人

刘宋之后，佛学昌盛，僧侣多有善诗文者，若支遁开以禅入诗之风，间有诗文成别集而行世者，然尚非可称诗僧者也。刘禹锡《澈上人文集纪》云：“世之言诗僧，多出江左。灵一导其源，护国袭之，清江扬其波，法振沿之。”诗僧之说盖源此也。

余尝私谓所谓比丘者，当遵戒律，《容斋随笔》卷一转引《大集经》六十四种恶口，赞叹之语尚为恶业，况绮丽之诗乎？大乘教言自度度人。自度者以己之修证，参禅悟道；度人者则以诵经著论。禅宗主“不立文学”“以心传心”，文辞尚且不可，况诗焉。僧人而诗，且以诗僧面目行世，不亦怪哉。

盖唐至中晚之时，社会矛盾尤剧，以致仕途遏塞，士人或身归佛门以求进，或遁迹佛寺以避世，周游三教而为干进之资者亦不乏矣。若贾岛之为僧，法号无本，皎然、贯休、齐己等亦寄身空门之士子耳。禅宗既立而复有南北之分，南派禅宗讲究明心见性、心外无佛，佛向自心求，故轻读经、礼佛、持戒，而专于内心悟解用功。寒山、拾得之为诗僧，亦南宗禅大兴而致也。寒山诗曰“无为无事人，逍遥实快乐”即诗僧之写照。故其时士人失意而遁迹佛门，然多以雕章凿句，推敲诗文为生，实乃披袈裟之诗人矣。唐至中叶后，儒、释、道三教调和，释子多与于俗务。士大夫亦外为君子儒，内修菩萨行。僧侣之出入文坛已非方外之人也。故其时僧俗交结攀附，不以为讳。胡震亨曰：“唐名缁大抵附青云士始有闻，后或赐紫，参讲禁近，阶缘可凭；青云士亦复借以自梯。”《苕溪渔隐丛话》卷五十七引《蔡宽夫诗话》曰：

唐缙绅自浮屠易业者颇多。刘禹锡《答廖参谋》：“初服已惊白发长，高情犹向碧云深。”李义山《呈令狐相公诗》曰：“白足禅僧思败道，青袍御史欲休官。”以指其座中人，皆显言之。盖当时不以为讳。近世言还俗，虽里民且耻之也。

士人既周流内外，僧人而涉诗坛亦无以为奇矣。初，寒山、拾得尚且遁迹山林。皎然、灵澈所涉仅士人间耳。至晚唐、五代则诗僧出入宫廷、平交王侯，以至游走于藩镇之间。斯亦世道之败象也。以诗论，唐诗之黄钟大吕之声衰，余馀音者，诗僧之作矣。

余查《全唐诗》收诗僧凡百有九家，计四十五卷，然散佚者必多于此也。今可见者仅寒山、拾得、皎然、贯休、齐己数家耳。

唐婉被谴乃无子

陆放翁之妻唐婉遭谴事，人多詈以恶姑，谬也。近日有友人游绍兴沈园，以《钗头凤》石影见示，偶起笔兴，述于右。

放翁娶唐氏于绍兴十四年夏秋之际，是年放翁年廿岁。唐氏乃其姑表兄妹，放翁母之侄女也。唐氏之名实不可考，今人谓其名婉者，乃源自清修《历代诗馀》未必可信。结缡以来，夫妇“琴瑟甚和”，唐氏亦恪守妇道，放翁有诗其代其立言："妾身虽甚愚，亦知君姑尊。下床头鸡鸣，梳髻着襦裙。堂上奉洒扫，厨中具盘飧。青青摘葵苋，恨不美熊蹯。"呜呼，如此贤妇，何招姑怨。刘克庄《后村诗话续集》卷二载："放翁少时，二亲教督甚严。初婚某氏，伉俪相得。二亲恐其惰于学也，数谴妇。放翁不敢逆尊者，与妇诀。"格于母威，离异后放翁乃置别馆，与之相往。元初词人周密《齐东野语》卷一记曰："陆务观初娶唐氏，闳之女也，于其母夫人为姑侄，伉俪相得，而弗获于其姑。既出，而未忍绝之，则为别馆，时时往焉。姑知而掩之，虽先知挈去，然事不得隐，竟绝之，亦人伦之变也。"余阅此文献，每感其迹悖谬，竟非情理之事。

若夫谓放翁惰于学，有诗为证。"上马击狂胡，下马草军书。二十抱此志，五十犹癯儒。"务观岂溺于私情者乎？况姑舅之姻，其母焉能绝兄妹之情焉。又唐氏亦仕宦之家，其先乃北宋名臣唐介，此般身世岂容易轻出。窃以为后村、周密之说实亦"非君子之言，齐东野人之语也"（《孟子·万章上》）。余少时学诗，尝通读放翁《剑南诗稿》，忆有言其事者，寻之果得，其卷一四有《夏夜舟中闻水鸟声甚哀若曰姑恶感而作诗》，其诗云：

女生藏深闺，未省窥墙藩。上车移所天，父母为它门。妾身虽甚愚，亦知君姑尊。下床头鸡鸣，梳髻着襦裙。堂上奉洒扫，厨中具盘飧。青青摘葵苋，恨不美熊蹯。姑色少不怡，衣袂湿泪痕。所冀妾生男，庶几姑弄孙。此事竟蹉跎，薄命来谗言。放弃不敢怨，所悲孤大恩。古路傍陂泽，微雨鬼火昏。君听姑恶声，无乃谴妇魂。

噫，三年未育，含饴无望，"谗言"相逼，乃有人伦之变也。夫宋时重理学，唐氏既无子，实属犯"七出"矣。《孟子·离娄上》云："不孝有三，无后为大。舜不告而娶，为无后也，君子以为告也。"故知唐氏之出乃无子，其姑岂非无奈矣。

陶渊明求仕

据《晋书·陶潜传》，五柳先生亦尝求仕：渊明"谓亲朋曰：'聊欲弦歌，以为三径之资可乎？'执事者闻之，以为彭泽令。"魏晋南朝时，世族、官宦子弟以"家贫"而求仕者众矣。搜诸晋书权列数例。东晋王述"家贫，求为宛陵令”（《晋书·王述传》）；干宝“以家贫，求补山阴令，迁始安太守”（《晋书·干宝传》）；孙盛“以家贫亲老，求为小邑，出补浏阳令”（《晋书·孙盛传》）；罗企生“以家贫亲老，求补临汝令”（《晋书·罗企生传》）。陶潜则尤三求而三退，可谓随其意也。《五柳先生传·序》曰：“余家贫，耕植不足以自给。幼稚盈室，瓶无储粟，生生所资，未见其术”，“诸侯以惠爱为德，家叔以余贫苦，遂见用于小邑”。

于戏，求仕岂如是之易乎？夫东晋南朝之时，选官必世族子弟，故若渊明辈之求仕，其必属世族或官宦之子弟也。其父祖或端委庙堂，或守职于地方，实无下品之人也。当斯时，地方官吏官禄尤厚，故世族子弟皆欲求之，而朝廷以地方官为恤贫之资，实弊政也。五柳先生固世族，复以诗文名优，其挂印归田，世人视为高洁，吾以为其得之易也。得之易而弃之随，焉知其不复求之哉。读渊明诗文，固知其性情，然其求仕弃官之举，亦当晓斯时世族子弟之求仕之易矣。

王季重买官诗

捐官之制始于汉，武帝时，边关多事，国库不支，故行捐纳之制以补不足也。东汉末，刘宏即于鸿都门悬内外大小官爵之价，禄位二千石者价二千万，四百石者价四百万，“三公”价一千万。曹操之父曹嵩即以一万万捐太尉，崔烈因贿灵帝乳母而以半价捐司徒。故捐纳之制自汉始至清末，未之绝也。

王思任，字季重，山阴人，万历二十三年进士。季重仕途坎坷，时运多蹇，三仕三黜。尝作《无不可买谣》，云：“上好黄钱，童生买起到状元。绝大元宝，童生买起到阁老。”捐纳之制既行，科考之途愈艰，故士人多有所怨矣。罗隐有《送灶》诗云：“一盏清茶一缕烟，灶君皇帝上青天。玉皇若问人间事，为道文章不值钱。”可以觇时矣。

捐纳之制清时尤甚，例捐、常捐，实职、虚衔，莫不可捐者也。所捐者无论出身，除罪人及旗下包衣奴，皆可捐矣。胡开文墨庄，胡天柱所创也，其墨位有清四大名墨，今日书画者尚喜其墨。天柱因墨而富，亦尝捐九品头衔，赐奉天大夫。

清人欧阳昱《见闻琐录》曰：捐官到任“如委群羊于饿虎之口，虽有强弓毒矢在其后，亦必吞噬无所顾”。余谓捐纳之制，其弊在害民，官场既如市，则所捐之银必欲倍而获之，焉有营市而亏者哉。近世亦时闻有买官者，旧时所捐，财货皆归于公，今之买者，财货皆归于私，其弊则尤甚于旧时矣。

王荆公废科举诗赋

自隋唐始行科举选才，其制固优於察举与九品中正之制，北宋初，科举之制已臻备善也。然唐人科举独重进士科，且多据诗赋之优劣取舍，故有“高第由佳句”之说。宋初承唐制，至太宗端拱元年，殿试或仅有诗赋题，进士科惟重诗赋。然“诗赋小才，不足观士，愿先策论，以擢优长”（晏殊语）。变革科举内容之声日增。

天圣五年，朝廷诏：“贡院将来考试进士，不得只于诗赋进退等第，今后参考策论以定优劣。”范仲淹庆历间变革，亦倡“先策论而后诗赋”。王安石熙宁变法尤重科举，其谓“宜先除去声病对偶之文，使学者得以专意经义”（《乞改科条制札子》）。时司马光、吕公著等皆表赞同。盖熙宁间无新旧党争之别，两党领袖皆以科举应罢试华糜不实之诗赋，而以策论、经义取士。是时，朝廷上下，众口一词，惟东坡见解则异。其《议学校贡举状》云：

“自文章而言之，则策论为有用，诗赋为无益；自政事言之，则诗赋、策论均为无用矣……近世士人纂类经史，缀缉时务，谓之策括。待问条目，搜抉略尽。临时剽窃，窜易首尾，以眩有司，有司莫能辨也。且其为文也，无规矩准绳，故学之易成；无声病对偶，故考之难精。以易学之士，付难考之吏，其弊有甚于诗赋者矣。”

呜呼，东坡逆潮流而发此声，知其不可为而为之，实亦其性使然也。熙宁科举变革后，恶果彰矣。进士科殿试取中者多阿谀之徒，且文风日下，其害巨也。

顾炎武《日知录》卷十九曰：“今之经义论策，其名虽正而最便于空疏不学之人。唐宋用诗赋，虽曰雕虫小技，而非通知古今之人不能作。今之经义始于宋熙宁中王安石所立之法……经义之文流俗谓之八股。”亭林公之论与东坡之见类焉。

王实甫乱点鸳鸯谱

自唐元微之撰《会真记》，元王实甫复演义而成《崔莺莺待月西厢记》，德信亦因其剧垂世矣。然其未经思虑，于人物之行迹实大诬于古人也。王弘撰《山志》云："崔莺莺，郑恒夫人也。恒字行甫，有子六人，女一，适卢损。崔年七十六与郑合葬。此见《崔夫人埋志碑》，成化间出于旧魏县废冢。盖恒祖世斌为磁、隰二州刺史。碑，衢州参军陈贯纂述，大中十二年立也。"是以郑恒者，乃崔莺莺之夫也，而戏中恒易为老夫人之侄，崔莺莺以恒之妻而易为姑，实乱其人伦也。戏剧之人物，本乌有、亡是之类，今以实有之人而擅以演义，乱人名节，崔莺莺虽有百喙而莫能自白，其罪大矣。若佛家言有"拔舌地狱"者，实甫固当不免矣。

文征明和岳武穆《满江红》

岳武穆《满江红》词屡见于词翰，《词苑丛读》引《词统》曰："某掘地得宋高宗赐岳飞诏书刻石。文征明阅而谓岳飞之冤狱，实乃高宗惧中原既复，徽、钦两帝得归，则已之帝位不保。未尽之言乃高宗构风波亭冤狱也。感慨盈怀，赋《满江红》和之。"其词云：

拂拭残碑，敕飞字、依稀堪读。慨当初、倚飞何重，后来何酷。果是功成身合死，可怜事去言难赎。最无辜、堪恨更堪怜，风波狱。

岂不惜，中原蹙；岂不念，徽钦辱。但徽钦既返，此身何属？千载休谈南渡错，当时自怕中原复。笑区区、一桧亦何能，逢其欲。

余嘉锡先生尝考岳武穆《满江红》词乃伪作，然既流于世，人皆以之为然也。凡读北宋史者莫不扼腕宋高，切齿秦桧。余谓桧诚为凶者，然主其凶者实高宗也。衡山此词始发其隐乎？

吴王图虚名而处实祸

夫句吴夫差，於吴越之战始赢而终败，葬祖宗之基业，身败名裂，魂归黄泉，以致奚落於后人，可谓悲矣。然世之谓其于夫椒之战后，即踌躇满志、趾高气扬，受佞臣伯嚭之蛊惑，而未能“尽敌为上”，灭越而诛勾践，致“一日纵敌，百世之患”，尤以其身陷温柔之乡，蛊於西施之妩媚，而践不归之路。呜呼，此小说家言，闾巷之人固喜而谈，然焉为史实哉。浣沙之女，其能复吴乎？花蕊徐氏《述国亡诗》云：“君王城上竖降旗，妾在深宫那得知。十四万人齐解甲，宁无一个是男儿。”斯言善矣。

余阅吴越春秋之文献，感吴之亡夫差固难辞其咎，然终非西子之祸也。方其夫椒大捷之时，伍子胥力言一举灭越，吴王之欲乃在“北威齐晋”、称霸中原。以致勾践得“十年生聚，十年教训”之喘息良机，卧薪尝胆，韬光养晦，终至复旧国而诛夫差。夫差之亡，人或悲之，或叹之，其亡之因则归于梨园优伶之随意矣。

夫其春秋争战之时，皆奉古司马兵法，所谓“服而舍之”“又能舍服”者也。《司马法·仁本》云：“又能舍服，是以明其勇也。”《左传·僖公十五年》载：“贰而执之，服而舍之。德莫厚焉，刑莫威焉。”《左传·文公七年》云：“叛而不讨，何以示威；服而不柔，何以示怀。”《左传·宣公十二年》言：“叛而伐之，服而舍之，德、刑成矣。伐叛，刑也；柔服，德也，二者立矣。”孔子所谓“克己复礼为仁”，崇“兴灭国，继绝世”，礼之所尊者也。周武王于牧野之战后封黄帝后裔于蓟，尧之后于祝，舜之后于陈国，亦斯意也。值其夫椒之战，纵勾践，维其国祚，续其世统，乃合於军礼之仪，于理有据，与史相契，焉可责之甚焉？夫差为周室泰伯、仲雍之后裔，焉能弃周礼而行不义哉。若其於越“堕其城，隳其国”，“夷其宗庙，而火焚其彝器”，而使越君臣民众“子孙为隶而不夷于民”，其则非周之后矣。但凡受一种文化熏染之人，则必于言行之中体显之，是亦无可奈何者矣。

夫春秋之际，大国争霸，“取威定霸”乃有为者“念兹在兹”之念，召诸侯之会，歃血为盟，而为盟主名分，夫复何求哉。值其“黄池之会”，夫差以“于周室，我为长”为由，而“三军……振旅，其声动天地”（《国语·吴语》)力压晋定公,率而歃血,其不亦乐乎？然其图之虚名而终处实祸,又岂所可料者焉。吴之国祚戛然中绝,又岂夫差可止之者欤?

五杂组

古乐府歌诗有五杂组,组者,杂色斑斓组锦也,明李维桢《五杂组序》曰:“五杂组诗三言,盖诗之一体耳”。汉之后,人多有模仿写作者,渐成诗体也。其体以首句名篇,偶句叶韵,诗格为三言六句,首句切题为“五杂组”,三句为“往复还”,五句为“不得已”,皆为定格。二、四、六句则配以新词。自南北朝起,多有书此体者。唐时有颜真卿《三言拟五杂组二首》曰:

五杂组,绣与锦。往复还,兴又寝。不得已,病伏枕。
五杂组,甘咸醋。往复还。乌与兔。不得已,韶光度。

至宋,范成大有《五杂组四首》曰:

五杂组,同心结。往复来,当窗月。不得已,话离别。
五杂组,流苏缕。往复来,临行语。不得已,上马去。

陆放翁亦有《五杂组二首》曰:

五杂组,山雉羽。往复还,江头路。不得已,贵臣去。
五杂组,机上绮。往复还,冶游子。不得已,富儿死。

明刘基有《五杂组》三首曰:

五杂组,原上翮。往复还,小贩客。不得已,滹沱麦。
五杂组,百衲衣。往复还,燕双飞。不得已,赋式微。
五杂组,市卖果。往复还,邮传马。不得已,死垓下。

自明后，余检之清诗诸本，则均未见作五杂俎体者。其体若词之小令，然拘于格式，限人情思，故亦未能成其气候也。蒙学之《三字经》，宋人王应麟所作，宋时文士多有作五杂俎体者，余疑王应麟之以三字体作《三字经》抑或源自五杂俎也。

西施何曾归范蠡

东汉袁康《越绝书》云："吴亡后，西施复归范蠡，同泛五湖而去。"后世小说传奇所云西施范蠡之事，盖源于此也。然不知吴亡后西施亦沉于江矣。《墨子·亲士》篇云："故比干之殪其抗也；孟贲之杀其勇也；西施之沈其美也；吴起之裂其事也。"《国语·越语》《史记·越王勾践世家》记范蠡退隐之事甚详，然无一言及于西施，故知小说家言之谬也。唐时，西施沉江之说颇行。李义山《景阳井》诗云："肠断吴王宫外水，浊泥犹得葬西施。"皮日休《馆娃宫怀古》诗云："不知水葬归何处，溪月湾湾欲效颦。"

后世言吴越兴亡事，多喜以浣沙女说事，余尤厌之也。吴之亡实在杀伍员而任伯嚭，岂西施之祸哉。使夫差斥伯嚭而任伍员，其即日与西施流连於锦帆、馆娃之间，吴焉为而亡？恨优伶无知，专喜演义取悦于人，冤浣沙女于江底千载矣。

西太后护阉人

清承明制，惟于寺人则宫禁素严。顺治十二年六月谕旨命工部立内十三衙门铁敕，谕曰："中官之设，虽自古不废，然任使失宜，遂贻祸乱。近如明朝王振、汪直、曹吉祥、刘瑾、魏忠贤等，专擅威权，干预朝政，开厂缉事，枉杀无辜，……以致国事日非，覆败相寻，足为鉴戒。……特立铁板，世世遵守。"余阅《国朝宫史》，自顺治而康、雍、乾历代多有严峻阉官之记录。然至清季，西太后擅权，变祖宗之法，则尤宠幸阉人，亦复蹈前明之覆辙也。

《方家园杂咏纪事》记：光绪五年，慈禧遣阉人赴太平湖旧醇王府，出午门。凡阉人出入例由旁门，不得由午门，值日护军依例阻之。阉持势用武，护军不让。阉归告慈禧，谓护军殴骂。时慈禧在病中，遣人请慈安太后临其宫，哭诉被人欺负，谓不杀此护军则妹不愿复活。慈安怜而允之，立交刑部并面谕兼南书房行走之刑部尚书潘祖荫，必拟以斩立决。

噫，君权之于法度，孰为轻重，实乃为人臣者之难解也。帝师翁同龢尝记曰："昨日午门案上，圣意必欲置重辟，枢臣力争不奉诏，语特繁。今日命传谕内务府、刑部堂官，仍须加重罪名也。"西太后尝抱病召不肯枉法之刑部尚书潘祖荫，"斥其无良心，泼辣哭叫，捶床村骂，祖荫回署，对司官痛哭"（《近代稗海》）。窃谓太监与护军争殴本属宫中细事也，而因君权之牵以为"枢臣不能解，刑部不敢讯"之困局。时有翰林院讲官陈宝琛及张之洞同日"上疏切论之"。援引二百年事例，以阉竖弄事为纲纪之大戒：

"本朝宫府肃清，从无如前代太监假窃威福之事。盖由列圣防驭之严，二百年中，但有因太监犯罪而从严者，断无因与太监争执反得重谴者。……此案在皇上之仁孝，不得不格外严办，以尊懿旨，而在皇太后之宽大，必且格外施恩，以抑宦官。"

夫清流之议，以举"列圣"为理，由一案之轻重说祖宗之家法尤能醒神而制怒，终至西太后懿旨从轻发落护军。陈、张各以一折为西太后正乖错，而后全身以退，是亦异数也。光绪一朝，因劾阉人而招祸者众矣。光绪十一年，御史朱一新以"抑宦官"起讲，专论"今夏巡阅海军之役，太监李莲英随至天津，道路哗传，士庶骇愕"，引"唐之监军"以为鉴。"疏上，太后怒，诘责"，继之"诏切责，降主事"（《清史稿》）。后有御史屠仁守"请太后居慈宁宫，节游观"招至"严责"，并"革职永不叙用"；御史吴兆泰谏修颐和园而致"太后怒，罢其官"；台谏之官，因言而获罪者，历代皆有，然若光绪朝如是则鲜矣。

余谓清流之奏疏在以文字造秋霜之肃杀，而秋霜之肃杀实乃矜名节尚骨鲠之气象也。张之洞曰："大憨直激切之言，或不丁谴怒，而招怨必多，于国则利矣，于身何利焉。愚则愚矣，谓非忠乎。"那拉氏毁国，由其私护阉人可窥一二也。

谢康乐诗祸

“池塘生春草，园柳变鸣禽。”本谢康乐佳句也。何焯《义门读书记》曰：“谢灵运《登池上楼》，只似自写怀抱，然刊置别处不得，循讽再四，乃觉巧不可阶。池塘一联，惊心节物，乃尔清绮，惟病起即目，故千载常新。”元好问《论诗绝句》称：“池塘春草谢家春，万古千秋五字新。”宋吴可曰：“春草池塘一句子，惊天动地至今传。”今人谈山水诗，莫不道谢康乐，道谢康乐则必言此联。康乐此联乃久病初起，登楼眺望，池园风光，一变如画，猝与景遇，情动于衷，以至斐然成章也。然如此佳句竟至罹祸，令天下赋诗人一大恸矣。

宋陈应行《吟窗杂录》云：灵运坐此诗得罪，遂托以阿莲梦中授此语。有客以请舒王，舒王曰“权德舆已尝评之”。客求之不得，复问，舒王曰：“池塘者，泉州潴溉之地，今日‘生春草’，是王泽竭也。《豳》诗所纪，一虫鸣则一候变，今日‘变鸣禽’者，侯将变也。”客以此益服舒王之博。余谓王荆公此解实属附会之词，若如此解诗，古今诗人皆可罪也。然以诗而罹祸者，岂康乐一人哉？西汉杨恽因《田彼南山》诗被武帝腰斩，隋薛道衡因“暗牖悬蛛网，空梁落燕泥”被炀帝诛，继之王胄因“庭草无人随意绿”以讥讽而诛，至清则有徐骏“清风不识字，何须乱翻书”被诛。呜呼，余悲夫诗祸之人，复庆其因祸而诗名传之于世，亦可谓不朽者也。

徐珂妄言吸鸦片始于尼

《清稗类钞·方外类》有“吸鸦片始于尼”条，云：

“鸦片之入我国也，殆百余年，流毒遍各省。其吸食之始，则肇端于乾隆时粤东之富妇。妇年少丧夫，因出家为尼。其母家为筑庵以居之。郁郁数十年，渐得瘫痪之疾，两腿木强，不能起坐。母家悯其孤苦，乃多方以娱之。家故世族，亲交多豪富，时各遗以珍玩。有某者，为十三行富商之一，赠以西人手执竹制油棍一枝，花露水一瓶，跳舞会所用灯一具，又鸦片膏一器，乃彼时用以为药者。尼以无事故，常燃灯帐中，偶拨簪挑鸦片膏，置灯火上，辄发泡甚大。尼见其可喜，因常燃之以为玩。一日，偶取瓶棍玩弄，忽误将棍木插入瓶中，辄执棍挑瓶摇之，以为戏。不意瓶触木，适穿一孔，因烧鸦片膏涂穿处，忽闻香气刺鼻。戏就灯，以吸旱烟法吸之，则烟入腹中，异常舒泰。吸竟，欲稍转侧，则两腿忽如常，遂矍然起坐，前患洒然若失。次日病如故，又试吸之，则立时能起，乃遂日日吸之。且出诣戚里，咸讶其病愈之奇，询其故，以实对，人怪之。戚里中有病气喘者，发肝气者，胃脘痛者，试仿服之，无不立愈，于是人知鸦片作药之灵效，而普遍于天下矣。”

徐珂者，近时掌故名家也。清光绪间举人，长于文学，善于诗词，尤喜搜辑有清一代朝野遗闻，闾巷杂谈，晨钞露纂，著述不辍，以此终老，《清稗类钞》者用力最勤也。然其著书，所闻听者，不言所由，大半乃“檃括其事，贯串而成斯篇，未能悉记其来历”。故不免稗官之弊也。若此言吸鸦片之始于尼，则荒诞不经，谬诬佛门矣。

考鸦片之于中土已千年也。《旧唐书·拂菻传》：“乾封二年，遣使献底也迦。”拂菻者，古之东罗马国，即拜占廷帝国也，其辖境为小亚细亚，正盛产罂粟之西戎之地也。底也迦者，《唐本草》谓“出西戎，彼人云用诸胆作之。状似久坏之丸药，赤黑色。胡人时将至此，甚珍重之。试用有效”。此为贡品，而含鸦片，唐时用以疗痢疾也。至宋时，有“大食蕃客”者，以阿拉伯传入罂粟而制麻醉之剂，名“阿芙蓉”。明代方有“鸦片”之名。方其时，鸦片乃为外番贡吾中华之品。其吸食之法，李圭《鸦片事略》明言：“明末，苏门答腊人变生食为吸食。其法：先取浆蒸熟，滤去渣滓，复煮和烟草叶为丸，置竹管就火吸食。”清初，此吸食法由沿海而入内陆。“康熙二十二年，海禁驰，南洋鸦片列入药材，每斤征税银三分。其时，沿海居民，得南洋吸食法而益精思之，煮土成膏，镶竹为管，就灯吸食其烟。不数年，流行各省，甚至开馆卖烟。”徐珂所言吸鸦片之始作俑者，乾隆间人识，而康熙间各省已甚行，故知其说无稽之甚矣。

选官重容止

魏晋时选官行九品官人法，其容止亦为标准。《世说新语》第十四门即以容止为名。容止之名渊于《礼记·月令》：“有不戒其容止者。”夫容者，人之貌也；止者，人之行也。选官而重其容止，后世不复有，若晏婴之辈，岂有为相者欤？余搜检《后汉书》诸列传，多有言容貌者，自太史公《史记》而至《清史稿》不复有也。若状马援“为人明须发，眉目如画”。状郑玄“身长八尺，饮酒一斛，秀眉明目，容仪温伟”。状郭林宗“身长八尺，容貌魁伟，褒衣博带，周游郡国”。《世说》状魏武见匈奴使事，可知阿瞒亦重容止也。

“魏武将见匈奴使，自以形陋，不足雄远国，使崔季珪代，帝自捉刀立床头。既毕，令间谍问曰：‘魏王何如？’匈奴使答曰：‘魏王雅望非常；然床头捉刀人，此乃英雄也。’魏武闻之，追杀此使。”

汉乐府《陌上桑》言罗敷夸夫曰“为人洁白皙，鬑鬑颇有须。盈盈公府步，冉冉府中趋”，可知东汉时士人即以身伟白皙者为美矣。

容为天之所赋，而止则人之所修者也。《孟敏传》记：

孟敏字叔达，钜鹿杨氏人也。客居太原。荷甑堕地，不顾而去。林宗见而问其意。对曰：“甑以破矣，视之何益？”林宗以此异之，因劝令游学。十年知名，三公俱辟，并不屈云。

余谓容止者，品鉴其形神也。《三国记·蜀书·诸葛亮传》状孔明曰：“身长八尺，每自比于管仲、乐毅，时人莫之许也。”借形而察其神，似亦理之存也。嵇康《养生论》曰：“形恃神以立，神须形以存。”形神之间，道之存矣。

杨修之死

杨修，字德祖，弘农华阴人。弘农杨氏，三世公卿。修又为袁术外甥，博学多才，尤与曹植性情相合，交往甚密，《文选》中多有二人往还书信。杨德祖之被诛，后世多以其恃才而见恶于魏王，《世说新语》记其事甚详，故皆以魏王忌德祖之才而借故诛之也。

余读《古文苑》及《殷芸小说》，乃知德祖之死实乃受累于子建矣。据史书载，魏王有子二十有五，最喜者小儿冲也，惜未冠而夭。诸儿中，才华卓著者惟卞夫人所育之三子，曹丕、曹彰及曹植也。彰乃武夫，太子之位惟丕与植之争，魏王原属意于植，然植狂傲任纵，故有私启司马门及醉酒不能受命领兵之事，魏王度其未可任以大事，于建安二十四年立丕为太子。然既立丕则必戬其党，德祖自成患者也。鸡肋之说，小说家言，魏王借以诛之，顺其意矣。

魏王既诛修，复书《与太尉书论刑杨修》曰："足下贤子恃豪父之势，每不与吾同怀，即欲直绳，顾颇恨恨，谓其能改，遂转宽舒，复即宥贷，将延足下尊门之累，便令形之。"太尉者修之父杨彪也。杨彪接魏王书，亦作《答曹公书》，殊无惊骇之言。时植之母卞夫人亦与修之母作《与杨太尉夫人袁氏书》，袁氏亦有《答书》，唯哀修"始立之年皆命"。《三国志》裴注载杨修临刑语故人曰："我固自以死之晚也。"呜呼，以德祖之智，岂不明被诛之由哉。夫才智之士，须当效力于艺文之中，焉可涉事于宫廷哉。以德祖之才智，岂逊于建安诸子，叹叹。

雍乾间士风日衰

康熙一朝，尊崇儒学，士风亦正且盛，至雍乾间则士风日衰，不复前朝鼎盛之气象也。究其因乃自雍正始于士人著作妄加文字之狱故。

以雍正言，其于儒学知之甚少，所深谙者佛典也。余阅《清代文字狱档》愈感其所构之狱仅见杀气，其撰文字多显词未达意，浮躁之心见于纸上。注经读史，本士人之传统，汉以降至明，无不如此。王船山尝著《读通鉴论》，陆生枏则著《通鉴论》，陆所读者《资治通鉴》也，所论者《通鉴》之故事也，其去本朝已九百余年，然雍正读其论皆以谓讽己之说，以至大狱兴矣。其书上谕批诘《通鉴论》达四千余字，愤懑之情溢于纸上。曰：

"其论人主云：'人愈尊，权愈重，则身愈危，祸愈烈。盖可以生人、杀人、赏人、罚人，则我志必疏而人之畏之者必愈甚。人虽怒之而不敢泄，欲报之而不敢轻，故其蓄必深，其发必毒'等语。人主身为天子，富有四海，自尧舜禹汤以来，一人有庆，兆民赖之，岂有位尊而即危祸者乎？至于生杀赏罚，人主皆奉天命天讨以行之；其生杀赏罚者，皆其人之自取耳。”

陆氏所言史也，所论亦前代儒家之以史为鉴之谓，然雍正读之则以己之身而临之，焉有公允哉？其复曰：

“朕临御以来，日理万机，皆奉若天道，因物以付，未尝以己意生杀人，赏罚人。而陆生枬为畏之、怒之、报之之说。试问在廷诸臣，朕自雍正元年以来，曾因藩邸旧人而擢用者何人？曾因当时宿怨而治罪者何人？且朕从前与外廷之人毫无恩怨，又何所庸其畏，何所庸其怒，何所庸其报哉。”又云：

“虽怒之而不敢泄，欲报之而不敢轻，乃陆生枬自述其心也明矣。虽蓄怒而不敢显言，是以托于论列《通鉴》，以微泄其愤，又怨而欲报，欲报而不能，但以身危祸烈等语肆为咒诅，其逆谋发露，公然形于纸笔矣。”

呜呼，自孔子而始，士人读史在借史鉴而发论，以前人之行迹而讨成败之理。凡论史者，概多危惧之词以警后人，自无谀颂之媚而喜当政。夫危惧者以申殷勤之心也。子承父业，乾隆一朝，以文字而构祸尤胜前朝。陆生枬以“悖逆”罪而“军前正法，以正人臣怀怨诬讪者之戒”。阅《清代文字狱档》则乾隆一朝闻于天下之案即六十有四，其在位六十年，几年有文字之狱有余矣。兹以四十六年尹嘉铨案例之。尹嘉铨本一致休京官，值乾隆西巡之际，愦愦然中途上折，“为父请谥”，复“请将伊父从祀文庙”。其所为诚痴迷亦属热衷名利，然究属无知，于谋逆无涉。乾隆称其“丧心病狂，实出寻常意料之外”，并思其“尹嘉铨如此肆无忌惮，恐其平日竟有妄行撰著之事”。“如果有狂妄字迹诗册及书信等件，务须留心搜检，据实奏出。”欲加之罪，何患无辞，故于其文稿复寻无数入罪之言。尹嘉铨可谓为名称所驱，自入罗网，然自乾隆六年谢济世著书案始自四十八年乔廷英李一互讦诗句悖逆案，冤狱叠起，所涉者千万，一时之间，士子禁其口，论史者几绝矣。阅雍正、乾隆父子之涉文字狱之谕，笔下流泻者非理性之论，无非帝王之霸气耳。

夫司马君实撰《资治通鉴》之初，其《进书表》即云：“关国事盛衰，系生民休戚，善可为法，恶可为戒”。此乃撰史、论史、读史者所需持之者。窃谓雍正父子之所以罗网文字者，盖其以满人而入于汉，其内心固不能不存猜忌也，俗谓疑心生鬼，故能于文字中寻出他人不知之处，此亦帝王之易患之疾也。

雍正佞佛

清世宗雍正自府邸时即喜阅内典，慕有为佛事，至登大位，则愈佞佛矣。然考其信佛之言语行事，则多有不可解处。

夫圣祖康熙以宋儒性理之学为宗，乃欲滋养士大夫风气，其于致用则倡导科学，学于西方之先进，实为中国帝王之空前绝后之人也。故康熙间稽古右文，公卿风雅，天下翕然。至雍正则独以禅学而鸣之于世矣。细检其行事，康熙五十一二年间，正太子复废之会，其时亲近沙门，当乃自明无意逐鹿耳。雍正八年前，诸兄弟间意所不慊者，尽已除之。十年后，即多刻佛经，又自操语录，自称圆明居士，并将己所作，列为语录之一家。既传语录，自是禅宗一派，然挟万乘之尊，而列宗教，不亦怪乎？其选语录，首为姚秦之肇法师，而复杂出一紫阳真人，禅门之外之净土宗莲池大师，己则以居士厕禅宗诸师之后。既而又以章嘉胡土克图为师，则又入西藏密宗喇嘛教也。雍正选历代禅师语录集而刊之，其序之云："朕少年时，喜阅内典，惟慕有为佛事。于诸公案，总以解路推求，心轻禅宗。谓如来正教，不应如是。圣祖敕封灌顶普慧广慈大国师章嘉胡土克图喇嘛，乃真再来人，实大善知识也。……藩邸清闲，时接茶话者十余载，得其善权方便，因知究竟此事。"据其自言得道乃在禅门，为已得正果；在喇嘛门下，谓已成呼土克图。呜呼，窃谓雍正帝以己身直接历代高僧，著语录，求解悟，实当掩其平生之残也。观其于佛之诸事，绝无释子之弊，其于佛者，实非迷信。即以本师言，若真正信于佛，则当以禅宗大德为师，而其不以禅宗大德为本师，而认章嘉为佛，不亦谬乎？

清廷之尊黄教，本以驭藩，喇嘛在所必尊，则即用以为学佛之帜也。《大藏》中于世宗选辑之书，及其自著读录，皆为著录，引之为荣耳，孰论宗派之异哉。康熙学佛，乃学流行中国之佛，视喇嘛为己所用者。雍正学佛意在语录，虽谓学中国之佛，而以黄教之人为师，舍雍邸故宅为雍和宫，为章嘉佛诵经之所，己称居士，自谓得教外别传。及高宗嗣位，雍正假佛而行掩饰事，知其无益，故于雍正朝之佛学，绝无表章。高宗杀曾静，毁《大义觉迷录》，亦类於斯矣。

余嘉锡考《满江红》乃伪作

岳飞《满江红》词自明中叶始传播天下，妇孺皆知，然近人余嘉锡考其乃伪作。余氏著《四库提要辩证》，其卷二十三“岳武穆遗文”曰：“《满江红》词尤脍炙人口，虽妇人儒子无不能歌之者，不知其为赝本也。然以伪为真，实自徐阶始，阶不足道也，四库馆诸臣何其一无鉴别也哉。”

盖余氏考，岳飞孙岳珂尝编《金陀粹编》，斯编收《岳王家集》，然无此词。珂富收藏，精鉴赏，与父岳霖毕生搜访岳飞遗稿，然端平元年重刊是书仍未收此词。谓岳飞所书《满江红》始见于明嘉靖十五年徐阶所编《岳武穆遗文》，所据乃弘治十五年浙江提学副使赵宽所书岳坟词碑。数百年间，不见于宋元人片纸，何以至明凸显，即赵宽亦未言岳坟词碑所据何本，其疑尤甚。

余氏谓：“《满江红》词真伪皆无实据，其中如‘莫等闲白了少年头，空悲切’，及‘壮志饥餐胡虏肉，笑谈渴饮匈奴血’等句，足以励迈往之风，而作忠义之气，於世道人心，深为有裨。”既作如是语，而复曰：“考证之学之於古书也，但欲考其文之真伪，不必问其理之是非。”“号称武穆之《满江红》词，虽为人所信，以视经典，则有间矣。”余氏禀考证家之严谨，既不违史家之天良，复从于人心之所向，善哉。“疑之而其词不因我而废，听其流行可矣，至其为岳珂所未见，《鄂王家集》所无有，突出於明之中叶，则学者不可不知也。”

二涯庵曰：岳穆者有二，一为小说家言之岳穆，一为史之真岳穆，二者岂尽同矣。余幼时即喜读《说岳》，然考之文献，焉能尽实。若“枪挑小梁王”事，据《朱子语类》卷一三二载：“岳太尉飞本是韩魏家佃客，每见韩家子弟必拜。”《建炎以来系年要录》卷八曰：岳飞“尝为人庸耕，去为市游徼”。夫此等身份岂有欲夺武状元，枪挑小梁王之事。即如朱仙镇之役，据《建炎以来系年要录》亦属子虚。故岳穆乃民心所欲之岳穆，既欲之则必善之，于史何干哉。若深考之史实，余谓岳穆之前亦有此等事，岳穆之后亦必有此等事，焉可一一细考之焉。

俞荫甫祖孙三代才子

聪慧之士代有其人，然鲜有祖孙三代皆才人者。若眉山苏氏，老泉父子三人皆一时英才已属奇数，近代则有江阴三刘，兄弟皆文艺才子，山阴三周，兄弟亦皆一时名士，然其后嗣终不能继其业也。

俞荫甫，名樾，道光卅年进士，是科曾文正公为阅卷官，荫甫试帖诗曰："花落春仍在，天时尚艳阳。"曾赏识有加，以为咏落花而无衰瑟之意。荫甫终其生，不志于仕而志于著作，终成清末朴学泰斗也。为感曾文正之赏识，以"春在堂"为号。其弟子之名显者有章炳麟、吴昌硕等。其子阶云，《清稗类钞·考试类》记曰："俞荫甫太史之孙阶云，光绪戊戌科以第三人入选。闻报，大喜，撰一联榜其室，句云'叹老夫皆世居稽，藏书数万卷，读书数千卷，著书数百卷；喜小孙连番侥幸，院试第一人，省试第二人，廷试第三人。'阶云，字阶青。"余藏阶云民国卅八年著《诗境浅说》，手书绳头，绢秀内蕴，阅之可洗眼矣。阶云子平伯，以红学名世，才识胜人，亦近世之才人也。

于戏，或曰德清山水之灵气岂尽注于俞门哉，吾谓非也，不求仕进而专于学，诗书传家，仁德惠世，此荫甫公之贤而传于后世者也。曾文正性诙谐，尝评门下弟子曰：李少荃拼命做官，俞荫甫拼命著书。可谓知人矣。然今人尽以李少荃卖国，而以俞荫甫为才人，故知为官固不如著书者也。

珍妃干政

今人言光绪朝事，多谓西太后性残而杀珍妃，然究之文献，珍妃诚死于西太后，然其贪婪干政，实亦有档可寻也。

夫恪顺皇贵妃，他他拉氏，原户部右侍郎长叙之女，满洲镶红旗人。光绪十五年选入宫。光绪二十年因卖官鬻爵干政，忤西太后，降为珍贵人。据清宫档记载，珍妃于光绪二十年十月二十八日遭"褫衣廷杖"，乃有清一代所绝无事也。据《翁同龢日记》载：

甫抵都虞司，又传有起，驰入，会于西河沿朝房。皇太后召见枢臣于仪鸾殿，先问旅顺事，次及宫闱事。谓瑾、珍二妃有祈请干预种种劣迹，即着缮旨降为贵人等因（鲁伯阳、玉铭、宜麟皆从中官乞请，河南抚裕宽欲营福州将军未果。内监永禄、常泰、高姓皆发，又一名忘之，皆西边人也）。臣再三请缓办，圣意不谓然。是日上未在坐，因请问上知之否。谕云：皇帝意正尔。

二日后复召见，先“论兵事，斥李相贻误”，后历历说“二妃”事，“谓种种骄纵，肆无忌惮，因及珍位下内监高万枝诸多不法，若再审问，恐兴大狱，于政体有伤，应写明发，饬交刑部即日正法等因。臣奏言明发即有伤政体，若果无可贷，宜交内务府扑杀之。圣意以为大是”。

此番风波起于瑾、珍二妃“祈请干预”，吏部司官何刚德知之甚详，其叙曰：

凡放缺放差，必由军机进单，御笔圈出。若单内无名，便不能放。有一日，上海道缺出，上要放鲁伯阳，军机大臣曰：鲁伯阳单内无名，不知何许人，似不能放。上曰：汝再查之。次日，军机上去，言复如前，上曰：鲁伯阳系江苏候补道，李鸿章曾经保过。军机曰：既系江苏候补道，须电询两江总督刘坤一再定。嗣刘复电到，谓确有其人。是日遂特简焉。军机出来，不免有一番议论，语便外扬，于是物议纷纭。有谓用廿万金运动者，有谓其目不识丁者，而御史之参奏上矣。不得已乃令送部考验。后鲁伯阳终被“开缺”，“同时又放四川盐茶道玉铭，后亦因资格不称，被参开缺”。

窃谓甲午年风波虽因西太后一己私意，而以事实论因果，其起端亦属珍妃过于恃宠恣肆，至光绪帝以人君之尊而自坏朝规。然帝王之家事一旦入于国事，则珍妃被抑遂同光绪被抑，夫妇恩怨，母子恩怨与国事掺杂，则广被演绎，小说家言，尤喜如此焉。

郑庄公首毁周礼

春秋之际，礼崩乐坏，至平王东迁，诸侯蔑天子，礼乃危矣。据《左传》，发难于周天子之始作俑者，郑庄公也。

《左传·隐公三年》载，平王欲弱庄公，使虢公与庄公为左右卿士掌王事。

"王贰于虢，郑伯怨王。王曰：'无之'。故周、郑交质。王子狐质于郑，郑公子忽质于郑。"呜呼，君臣交质，以钳周室，天子之尊贻矣，君与臣无异于诸侯也。至鲁桓公五年，庄公与周桓王繻葛之战，"射王中肩"，天子之威尽也。其后，复有郑文公执周王使臣伯服、游孙伯(《僖公二十四年》)，楚庄王之观兵问鼎（《宣公三年》），晋平公与周王争阎田（《昭公九年》，周王室西风残照，复兴无期也。

礼既毁，王权衰，则诸侯间争斗兴也。纵观三千年史，天下无共主则争霸狼烟必起。自郑庄公小霸叱咤于诸侯，复有齐桓公九合诸侯，一匡天下，秦霸西戎，楚霸诸蛮，天下无宁日矣。周礼既毁，其制亦随之毁。少长嫡庶间篡弑日增，弑君夺位事屡见不鲜也。君礼既乱，臣礼宁可守欤？故僭越之事众，"诸侯僭于天子，大夫僭于诸侯久矣"(《公羊传·昭公二十五年》)。《论语·八佾》载孔子闻季氏以八佾舞于庭，怒而斥曰："八佾舞于庭，是可忍也，孰不可忍也。"

郑伯固伪，观夫其克段，黄泉见母事可知其伪也。然称霸之欲始终未渝，故周室既衰，其必首起也。

朱元璋禁四六文词

明太祖出身农家，贫而未入学，及得天下，于表章浮华之词尤厌之。洪武六年九月谕群臣曰：

"唐虞三代，典谟训诰之词质实不华，诚可为千万世法。汉魏之间，犹为近古。晋宋以降，文体日衰，骈丽绮靡而古法荡然矣。唐宋之时，名儒辈出，虽欲变之，而卒未能尽变。近代制诰表章之类，仍蹈旧习。朕尝厌其雕琢，殊异古体，且使事实为浮文所蔽。其自今凡告谕臣下之词，务从简古，以革弊习。尔中书宜播告中外臣民，凡表笺奏疏，毋用四六对偶，悉从典雅。"

夫为文贵在简而得要，文章莫妙于简也，然亦莫难于简。不学者其文必繁，盖其不能简也。余观夫今之所谓大家者，岁而能书百万言，人或以之为奇，而莫能卒读也。窃谓唐宋之际，韩柳之文，子瞻之赋，多千馀言耳，然传之后世，人奉为臬。今人求文，以简为嫌，而为文者亦以简为歉。呜呼，文如肩挑之菜矣。明太祖未尝进学且知为文当简古，今之大家者逊于牧牛童也。

子路谓何必读书

《论语·先进》云：子路使子羔为费宰。子曰："贼夫人之子。"子路曰："有民人焉，有社稷焉。何必读书，然后为学？"子曰："是故恶夫佞者。"《四书章句集注》范祖禹注曰："古之学而后入政，未闻以政学者也。盖道之本在于修身，而后及于治人，其说具于方册。读而知之，然后能行。何可以不读书也？子路乃欲使子羔以政为学，失先后本末之序矣。不知其过而以口给御人，故夫子恶其佞也。"

子路曰"何必读书"句，朱熹注曰："子路之言，非其本意，但理屈辞穷，而取辩于口以御人耳。故夫子不斥其非，而特恶其佞也。"窃谓子路所言读书者，岂所谓书本焉？《论语》："子所雅言。诗书执礼，皆雅言也。"谓夫子诵《诗经》《尚书》时皆以周之雅言。《孟子·万章下》："诵其诗，读其书，不知其人，可乎？是以论其世也，是尚友也。"其言诵读者，《诗经》《尚书》也。如为他人之所书，焉以诵之？予谓斯时所言书者，或谓《尚书》，或谓六书之书，即今之字也。如"书同文"，"礼乐射御书数"是也。子路所言书者，《尚书》也。《尚书》所载，政事、民人、社稷也，故言子羔为费宰"有民人焉，有社稷焉"。余求之朱子既未解，复求之宾四先生、伯峻先生，然其注皆以书本解之，余逾惑，是知读书不易也。